中国烟草控制的经济研究

主编　胡德伟　毛正中

经济科学出版社
Economic Science Press

责任编辑：吕　萍　于海汛
责任校对：张长松
版式设计：代小卫
技术编辑：邱　天

图书在版编目（CIP）数据

中国烟草控制的经济研究／主编胡德伟，毛正中. —北
京：经济科学出版社，2008.9
ISBN 978 - 7 - 5058 - 7528 - 9

Ⅰ. 中…　Ⅱ.①胡…②毛…　Ⅲ. 烟草 - 控制 - 经济分析 -
中国　Ⅳ.F426.89

中国版本图书馆 CIP 数据核字（2008）第 135210 号

中国烟草控制的经济研究
主编　胡德伟　毛正中
经济科学出版社出版、发行　新华书店经销
社址：北京市海淀区阜成路甲 28 号　邮编：100142
编辑室电话：88191350　发行部电话：88191540
网址：www. esp. com. cn
电子邮件：esp@ esp. com. cn
北京汉德鼎印刷厂印刷
德利装订厂装订
787×1092　16 开　16.25 印张　300000 字
2008 年 9 月第 1 版　2008 年 9 月第 1 次印刷
印数：0001—2000 册
ISBN 978 - 7 - 5058 - 7528 - 9/F·6779　定价：26.00 元

序

　　控制烟草消费，促进人们的健康已成为全球的共识，绝大多数国家都已签署了《烟草控制框架公约》，就是一个有力的证明。中国政府也签署了该公约，全国人大已于 2005 年批准了这个公约。

　　中国控烟面临前所未有的紧迫性。我国有 3 亿人吸烟，3.5 亿人被动吸烟，俱带来了巨大的经济负担。然而这种负担是悄悄地分散在大量的人群之中，不易为人们明确地感受，因而至今人们尚未把控烟放到其应有的优先位置。为履行框架公约义务的庄严承诺，我们需要加大在政策上和资源上的投入。

　　烟草消费有记载的历史至少有四五百年，控烟的道路也一定是漫长的、渐进的，需要经过许多人的长期努力、逐步积累，才可得以实现。本书的作者是一群长期致力于中国控烟的中外学者，本书是他们十余年研究中国烟草经济问题的成果。他们主要从经济的视角来审视烟草这一种特殊物品的消费，通过大量的调查研究，对控烟可能带来的后果（无论是"正面"的还是"负面"的）做了科学的实证分析，为我国制定用经济手段控烟的政策提供了可资借鉴的大量信息及依据。我在这里慎重地向广大的公共政策、卫生经济和公共卫生领域的决策者和研究者推荐这本研究文集。也许有人会有不同的看法，但大量翔实的数据、细致的分析，以及由此获得的发现和建议都是有启发性、建设性的。当然，关于控制烟草消费的问题尚有许多议题值得进一步研究。例如，价格提高后各种收入群体的消费行为如何变化，是转向更便宜的牌号，是减少吸烟量，还是放弃吸烟？本书只涉及提高烟税的合理性与可行性，但如何具体操作，提高到什么水平等，仍需进一步廓清。烟草经济研究也还有很长的路要走。

　　是为序。

韩启德

2008 年 5 月

前　言

　　中国政府 2003 年签署了《烟草控制框架公约》，全国人大于 2005 年正式批准了该公约，中国政府正在全面履行《烟草控制框架公约》规定的义务。最近，北京实施了更严格的公共场所"禁烟令"，媒体也以前所未有的规模和声势开展控烟的宣传，这些都表明了中国政府实行控烟的决心。

　　烟草危害健康，因而带来沉重的经济负担，这在今天已经成为人们的常识。控制烟草消费，保护和增进人们的健康、保护劳动力资源已形成一种世界性的潮流。许多国家和地区的经验已经表明，采用经济手段，即提高烟草税赋水平从而提高烟草的价格是最有效的控烟手段之一。但是，另一方面，烟草又是中国经济中的一项重要产品，它提供了可观的就业机会，是不少人生计的主要来源；由于实行国家烟草专卖，烟草更是政府收入的重要来源。因此，政府的有关决策部门要对如何用经济手段控制烟草消费做出适当的选择，这就需要对我国的烟草经济状况做出科学具体的分析，包括控烟对经济可能的正向和负向的影响。本书是我们 15 年来研究中国烟草经济成果的集结。我们从必须控制烟草使用的基本价值判断出发，比较全面地研究了中国烟草经济的各个方面，从烟草的使用及需求（从而测算价格弹性）、烟草带来的经济负担、烟草工业、烟草农业，到烟草税收的状况以及提高烟草税赋水平可能带来的影响，都有所涉及。为了给政府决策部门制定烟草政策提供科学、翔实而又有说服力的证据，我们做了大量的现场调查，又利用了公布的统计数据，本书中所有的初步发现和结论都是以大量的数据为依据的。我们希望不久的将来能够采用提高卷烟税赋作为控烟的有效手段。当然，烟草经济还有很多问题尚待研究。例如，如何提高烟草赋税水平，是以从量税还是从价税？是在生产环节征收还是在消费环节征收？是否可以征收专项烟草税？在烟草制成品不同品牌间价格差别很大的情况下，如果价格提高了，吸烟者的行为会如何变化？等等。对此，我们也有意开展进一步研究。

　　多年来，我们的研究得到许多机构的支持，包括中国卫生部、世界银行、洛克菲勒基金会、加州大学，尤其是美国国家卫生研究院 Fogarty 国际中心项目（No. R01 – TW05938）等。在研究过程中，本书的作者们也得到许多地方机构和个人的热情支持和帮助。虽然我们这里没有一一列出他们的名字，但我们会始终铭记他们做出的贡献。当然，我们的作者对本书中的所有内容负责，我们并不代表给我们提供资助的机构的观点。限于我们的水平，书中难免有所错漏，尚祈读者不吝赐教。

胡德伟　　　　毛正中

［美］伯克莱　［中国］成都

2008 年 5 月

目　录

第四部分 烟草税

第五部分　政策方向

第一部分

烟草使用及其影响

第一章　中国人群烟草使用的流行特点和变化趋势

杨功焕

很多文献表明（刘铁男，2004），烟草自 16 世纪末 17 世纪初传入中国。从吕宋（今菲律宾）入台湾，进入福建；也提到 16 世纪末由葡萄牙人带入日本。康熙十年日本向中国进贡，除了常规供品，增加了烟叶；康熙十三年增加烟丝烟作为贡品，烟草制品在中国宫廷开始流行。烟草从日本传入朝鲜，17 世纪 20 年代，朝鲜吸烟者已经不少，并由政府以礼物赠建州官员或由商人输入沈阳等地，进入民间社会。还有文献表明，烟草从南洋进入澳门，传入广东。总的来说，当时烟草已经从欧洲传入亚洲，中国幅员广大，从不同途径进入中国是可以理解的。

从 16 世纪烟草传入中国，中国人不仅逐步养成了吸食烟草的习惯，更重要的是，开始了烟草种植。从 16 世纪到 19 世纪的 300 多年间，我国种植的烟叶均为晒烟，由外国传入我国的晒烟，已完全发展成为带有中国特色的晾晒烟。优质的地方晾晒烟逐渐连片种植，形成集中的产区。1949 年，全国地方晾晒烟种植面积为 176.3 万亩，总产量达到 11.13 万吨。

烟草使用包括很多种形式，其中卷烟是世界上最流行的烟草制品，目前有过滤嘴的卷烟比没有过滤嘴的更加普遍；其次是手卷烟、雪茄在世界范围内也十分普遍，中国的农村地区，特别在年龄较大的人群中，使用烟丝较为普遍，这些烟丝都是利用水烟袋、烟斗或手卷的方式吸入的。这里介绍中国人群的吸烟流行情况，其中提到烟草使用包括上述所有烟草制品的使用情况。

一、烟草的使用

（一）20世纪50年代以来中国人群烟草消费的水平和变化趋势

20世纪初，随着烟叶种植和卷烟的生产，很多著名的电影明星为烟草公司做广告，吸烟逐渐被中国社会所接受，并成为一种时髦的行为。

1949年中国卷烟生产量只有160万箱；1951年为200万箱；自20世纪50年代以后，烟草生产量逐年递增，1968年以前，卷烟产量在500万箱；1968～1979年，烟草生产量缓慢上升，1979年的烟草生产量达到1300万箱；1980～1990年，为快速增长期，1990年的烟草生产量达到3260万箱；1991到现在，为平稳期，特别是1996年以后，产量基本保持不变，2001年的烟草生产量和1996年基本相同，为3400万箱。中国的销售量约为生产量的98%～99%，而且基本在国内市场销售。根据以上数据进行估计，人均每日烟草消费量，20世纪50年代为1支，70年代为2支，80年代为4.3支，90年代为5支。这个估计和1996年吸烟流行病学调查结果，估计吸烟者（占总人群的1/3）平均吸烟量是15支是相吻合的。

（二）烟草使用的变化趋势

1984年以前，没有全国性的吸烟流行病学调查资料。1984年第一次全国吸烟行为的流行病学调查，覆盖了29个省、自治区、直辖市，共计调查15岁以上人口519 600人，其中男性258 422人，女性261 178人。

1996年全国吸烟流行病学调查是在全国疾病监测系统覆盖的所有城市和农村针对15岁以上人口进行的，样本人数为128 766人，完成调查人数为120 783人，男性和女性分别为63 793人和56 020人。根据世界卫生组织的定义：一个人在一生中无论是连续还是累积至少6个月吸过烟，则为吸烟者，在调查时视吸烟者为现在吸烟者。

1984年的调查结果显示，15岁以上人群平均吸烟率为34.45%，男性吸烟率为61.01%，女性吸烟率为7.04%（翁心植等，1987）。男性吸烟者每人每日平均吸烟13支，女性为11支。

1996年的调查结果显示，15～69岁以上人群的现在吸烟率为

35.3%，男性和女性现在吸烟率分别为63.0%和3.8%（中国预防医学科学院，1997）。

2002年调查结果显示，15～69岁以上人群的现在吸烟率为31.4%，男性和女性分别为57.4%和2.6%，估计目前15～69岁人群中现在吸烟者为3亿人。

1996年调查结果显示，45岁以前人群吸烟率均呈上升趋势；而2002年调查结果显示，与1996年的调查结果相比，男性除15～19岁年龄段，女性除15～19岁、20～24岁年龄段外，其余人群的年龄别吸烟率都低于1996年人群的年龄别吸烟率（见图1－1和图1－2）。

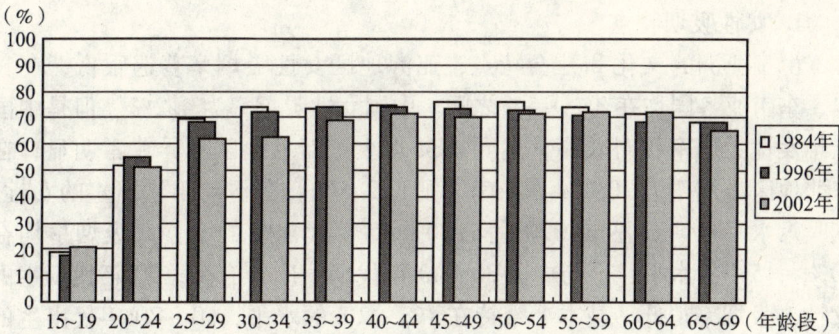

图1－1 中国男性人群的年龄别吸烟率

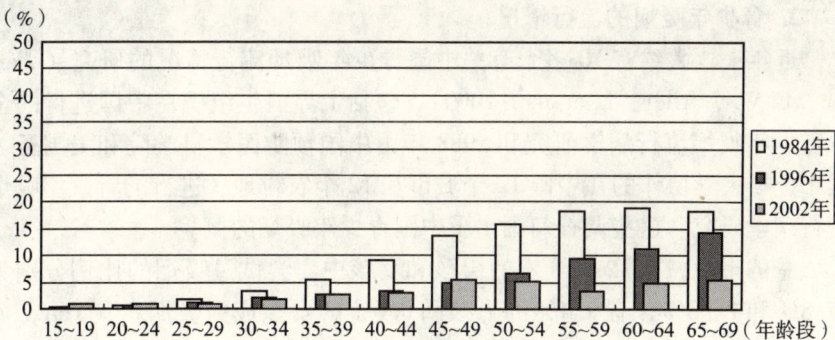

图1－2 中国女性人群的年龄别吸烟率

1996年的调查结果显示，大多数的吸烟者都在20岁左右开始吸烟，男性吸烟者和女性吸烟者每日平均吸烟量为15支和10支，2002

年的调查显示了类似结果，没有变化。从 1984 ~ 1996 年，开始吸烟
的平均年龄提前了 3 岁，男性开始吸烟的年龄从 22 岁降到 19 岁，女
性开始吸烟的平均年龄也从 28 岁提前到 25 岁（Yang，Fan，Samet，
1999）。

这些结果提示，虽然中国人群男性吸烟率依然处在高水平，但是 25
岁以上人群中，人群吸烟率是呈下降趋势。但是，开始吸烟的年龄继续低
龄化，年轻人，特别是年轻女性，虽然吸烟水平依然在低水平，持续上升
的趋势却是令人忧虑的。

（三）不同类别人群的吸烟流行水平

1. 女性吸烟特点

由于亚洲的文化和社会特点，亚洲地区女性吸烟率普遍很低，在日
本、东南亚各国均在 3% ~5% 之间。中国女性吸烟率为 4.2%，但是中国
老年女性吸烟率相对较高，达到 10% 以上，而且地区差异非常明显，在
东北地区吸烟率为 10.2%，在南方则为 2.5%。在不同年代出生的女性，
其吸烟水平也明显不同，20 世纪 20 ~40 年代出生的女性，吸烟率均在
10% ~15% 的水平，这与中国 30 ~40 年代烟草广告有关；50 年代出生的
女性，吸烟率很低，基本上维持在 1% ~2% 的水平；60 ~70 年代出生的
女性，由于在烟草消费增加的年代成长起来，这一代女性，尤其生活在沿
海一带和广东地区的女性，其吸烟率有所上升。

2. 青少年吸烟的流行情况

近年来，大约有 10 多个有关中国青少年吸烟流行情况的研究（War-
ren，C. W.，Riley，L. et al.，2000），包括世界卫生组织在中国进行的全
球青少年吸烟流行病学研究和 1988 年由中国预防医学科学院和美国圣·
霍布金斯大学协作的在中国 12 个城市和 12 个农村地区进行的青少年吸烟
流行病学研究。这些调查勾画出了中国青少年吸烟的概貌。

总的来说，在 12 ~18 岁的男孩和女孩中，尝试过吸烟的比例分别为
47.8% 和 12.8%，有 9.4% 的男孩和 0.6% 的女孩成为吸烟者（Yang, et
al.，1998）。在中国进行的全球青少年吸烟流行病学调查证实，在 12 ~15
岁的学生中，其男性和女性的尝试吸烟率分别为 32.5% 和 13.0%，平均
尝试吸烟的年龄为 10.7 岁。对于 15 ~16 岁的男性，绝大多数均有尝试吸
烟的历史，15 ~16 岁的女性，20% 也尝试过吸烟。比较早期和相对晚期
的调查，中学生的尝试吸烟率和吸烟率有所上升，女学生的吸烟率依然极

大地低于男学生的吸烟率，但是在大城市，女学生的尝试吸烟率和吸烟率均有所上升。

　　在城市和农村，青少年的尝试吸烟率没有明显的差异，分别为 48.1% 和 47.4%。但是女性青少年的尝试吸烟率在城市和农村有明显的差异，分别为 15.6% 和 7.6%，相差 1 倍以上。好奇、同伴的压力以及社会交往都是他们尝试吸烟的理由。

　　92% 的学生都了解吸烟是有害的，而且 85% 的学生的家长都不允许他们吸烟，他们的知识和吸烟的行为之间并没有联系，也就是说，虽然他们了解吸烟对健康的危害，但是并不能阻止他们去尝试吸烟或成为吸烟者。

　　1988～2000 年，几项研究集中在了解影响青少年吸烟的因素上。研究表明，从青少年自身的因素来看，朋友的影响与尝试吸烟和成为吸烟者都有密切的联系（Crowe, J. W., Torabi, M. R., Nakornkhet, N., 1994；Osaki, Y., Minowa, M., Mei, J., 1999）；从外部环境因素来看，烟草广告对于促使青少年吸烟有明显的关联（Lam, T. H., Chung, S. F., Betson, C. L., et al., 1998），而且，全社会的风气，包括成人对烟草的态度和吸烟行为对青少年吸烟的总体水平有非常明显的影响（Sun, W. Y.；Ling, T., 1997）。

3. 不同教育水平人群的吸烟特点

　　不同教育水平的人的吸烟率不同。2002 年调查结果显示，男性人群中，受过高等教育的人的吸烟率为 54.2%，而文盲或半文盲人群的吸烟率为 72.4%，除了文盲和半文盲人群受年龄和性别因素影响外，教育程度越高者，吸烟率越低。

　　从 1996～2002 年，各类人群的吸烟率有所降低，但是，从人群教育水平来看，高教育水平男性人群吸烟率的下降并不比低教育水平人群明显（见图 1-3）。

4. 不同职业人群的吸烟率

　　不同职业人群吸烟率差异并不明显，男性人群中，除学生外，排在最低位的医务人员的吸烟率依然为 56.8%；女性人群中，一般都很低。

　　从男性人群的吸烟率来看，70% 以上的工人、农民都是吸烟者。医生和教师的吸烟率分别为 60% 和 54%，虽然他们较其他职业人群略低一些，但是依然处在相当高的水平。

　　但是有一个值得注意的现象是，从 1996～2002 年，医生人群的吸

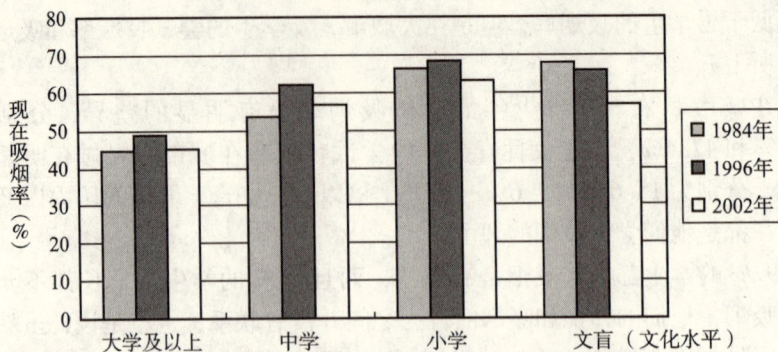
图 1-3　中国男性不同教育水平人群的吸烟率

烟率下降较其他职业人群明显，但比多数国家医生人群的吸烟率高（见图 1-4）。

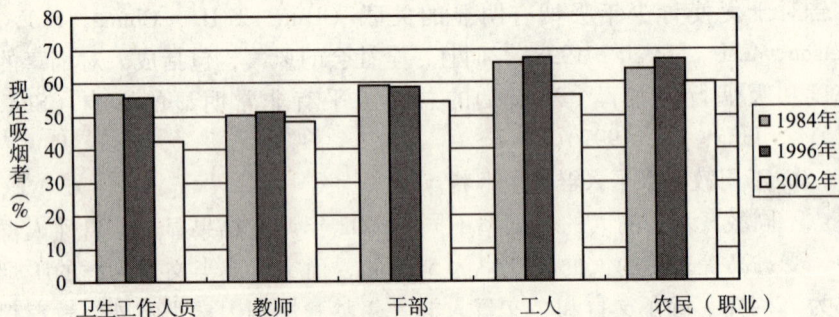
图 1-4　中国男性不同职业人群的吸烟率

5. 不同地区人群的吸烟率

1996 年，城市和农村人群的吸烟率分别为 34.5% 和 39.2%，其现在吸烟率分别为 31.8% 和 36.9%。2002 年调查结果显示，城市和农村人群的吸烟率分别为 29.5% 和 37.8%，其现在吸烟率分别为 25.0% 和 33.0%，虽然都有下降，然而城市人群的吸烟率下降明显快于农村，致使两者差别更加明显（见图 1-5）。

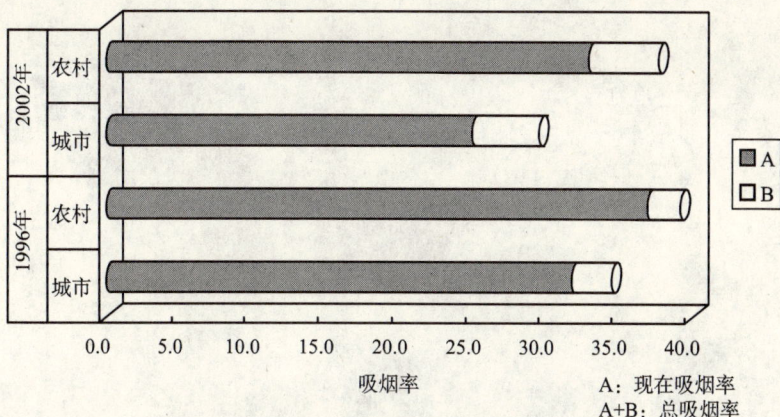

A：现在吸烟率
A+B：总吸烟率

图1-5　中国城市和农村人群吸烟率的变化

　　城市和农村年龄段现在吸烟率显示，在任何年龄段，农村男性人群吸烟率都高于城市人群，城市年轻女性吸烟率高于农村。

　　使用各省的年龄性别人口进行标化，分性别的不同地区人群的吸烟水平如图1-6和图1-7所示。从图中可见，男性吸烟率高的省依然在云南、

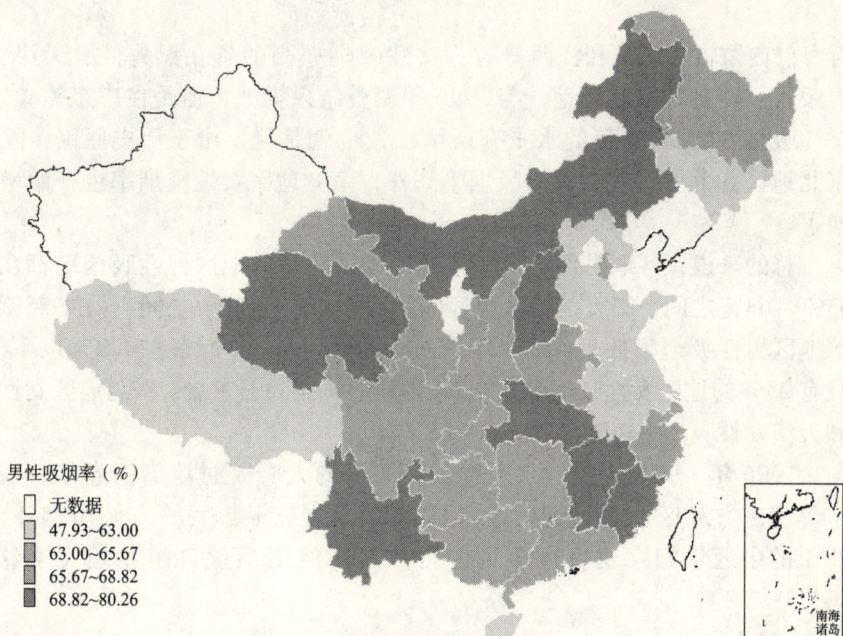

男性吸烟率（%）
　无数据
　47.93~63.00
　63.00~65.67
　65.67~68.82
　68.82~80.26

图1-6　中国不同地区男性吸烟率

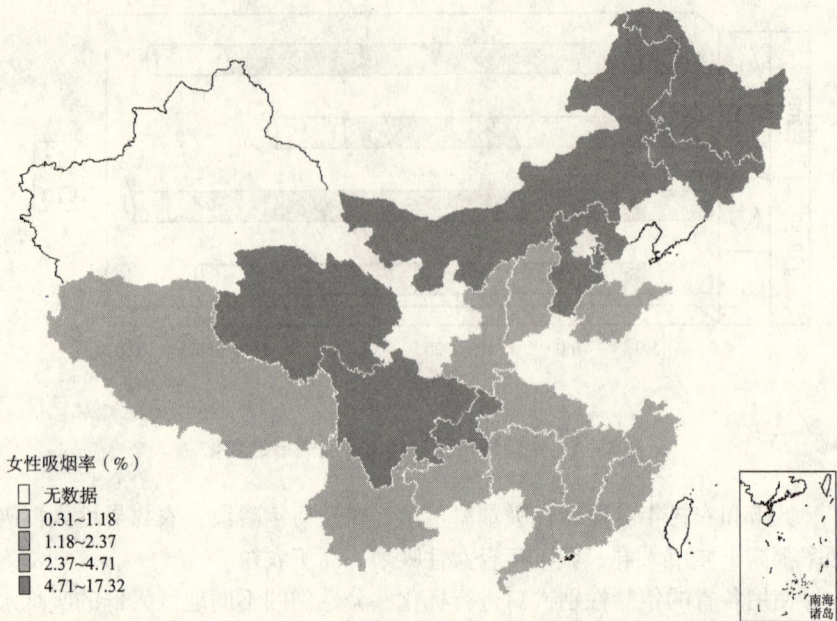

女性吸烟率（%）
☐ 无数据
▨ 0.31~1.18
▨ 1.18~2.37
▨ 2.37~4.71
▨ 4.71~17.32

图1-7　中国不同地区女性吸烟率

青海、内蒙古、广东和江西等省；女性吸烟率高的省在黑龙江、天津、内蒙古、吉林和河北等地，与1996年调查结果类似，但是在广东等省，女性吸烟率比1996年的水平有所增加，也就是说，由于历史原因，除东北地区和北方一些省女性吸烟率高外，南方地区女性吸烟率也开始增加了。

　　总的来说，各地男性吸烟率差别不大，50%的地区男性吸烟率都在63%～68%之间，25%的地区男性吸烟率在68%～80%之间，另外25%的地区男性吸烟率低于63%；而75%的地区女性吸烟率在4.7%以下，只有25%的地区女性吸烟率在4.7%～17.3%之间，东北、华北地区女性和天津女性吸烟率最高。

　　1996年，90%以上的人吸卷烟，80%的人吸带过滤嘴的卷烟。在东部和南方地区农村，还有少量的人，特别是年龄大的人使用烟斗，20%的中老年妇女也吸烟斗。在北方人们使用烟丝自制卷烟（手卷烟）。

二、烟草成瘾和戒烟

(一) 戒烟人数增加了 1 000 万

戒烟能够改善烟草带来的健康危害，但是戒烟并不容易。

1996 年的中国吸烟行为调查，按照吸烟动力学详细描述了中国人群的戒烟模式（Yang, et al., 2001）。根据对 43 593 例吸烟者的回答，64.9% 的吸烟者没有任何戒烟的打算，仅有 15.0% 的吸烟者打算戒烟，目前正在戒烟的人占全部吸烟者的 9.5%，还有 10.5% 的吸烟者曾经戒过烟，但是失败了，在调查时已经又吸烟了，只有 3.5% 的吸烟者戒烟成功。这种模式在不同年龄段有所不同，打算戒烟、戒烟和戒烟成功的比例随着年龄的增大而增加。同时，这个比例随着职业和教育水平的不同而不同，一般来说，教育水平越高，如从事专业技术的人员，这个比例越高；而在低教育程度，以及农民、工人、流动人口这个比例很低。但是有必要提到的是，虽然国家干部教育程度较高，但是戒烟愿望和戒烟率比例也较低。戒烟的主要原因是已经患病，66% 的戒烟者报告已经生病，少量的人由于吸烟者家庭的反对或经济原因戒烟。

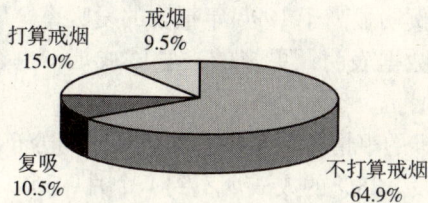

图 1-8 1996 年不同状态的吸烟者（调查样本个数：43 593 人）

2002 年的调查结果表明，11.6% 的吸烟者已经放弃了吸烟，增加的这 2% 的戒烟者中有 66.7% 的人已经戒烟 2 年以上，12.6% 的人刚开始戒烟，未达到 6 个月，其余 20.7% 的人戒烟时间在 6 个月到 2 年之间。与 1996 年调查结果相比，2002 年的戒烟率有提高，从 3 040 万戒烟者（占 3.2 亿吸烟者的 9.42%）增加到 4 025 万戒烟者（占 3.5 亿吸烟者的 11.5%），将近增加了 1 000 万戒烟者。戒烟超过 2 年以上的比例在增加，从 38% 上升到 66.7%。男性吸烟者和女性吸烟者的戒烟率分别为 11.42% 和 13.14%，女性戒烟率大于男性。

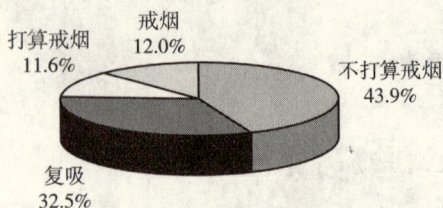

图1－9　2002年不同状态的吸烟者（调查样本个数：5 440人）

戒烟率在不同年龄人群中差异明显，15～19岁人群中，戒烟率达到12.3%，20～39岁年龄段吸烟者戒烟比例最低，戒烟成功的比例也低一些。

排除年龄因素的影响，大学及以上人群、医务人员和教师中，戒烟比例和戒烟成功的比例均高一些。

城市和农村吸烟者分别为14.15%和10.85%，城市高于农村，戒烟成功的比例城市也高于农村。

（二）复吸率和原因分析

复吸率指现在吸烟者中报告曾经戒过烟的人占吸烟者的比例。

2002年调查表明，有32.5%的吸烟者戒过烟，但是失败了，复吸率为32.5%。这个比例明显高于1996年报告的复吸率，1996年报告的复吸率为10.5%。这个数据表明，更多的人尝试戒烟，也有更多的人需要指导，即如何科学戒烟。

戒烟是一项困难的事情。从复吸者的戒烟时间分布看，戒烟的前6个月是容易失败的阶段。28%的人戒烟不到1个月，35%的人戒烟小于6个月（见图1－10）。

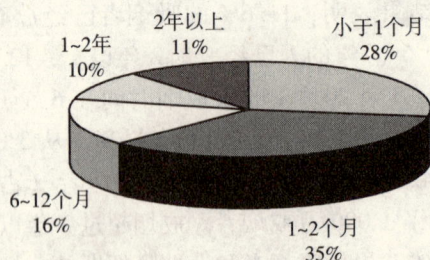

图1－10　复吸者的戒烟时间分布（2002年）

由图 1-10 可以看出，复吸者的戒烟时间与正在戒烟者的时间分布完全不一样，因此推论，戒烟的前 6 个月，是戒烟最容易失败的阶段，渡过这个阶段，戒烟就比较容易成功。当然也有小部分的人（11%）已经戒烟 2 年后又复吸的。

（三）大多数吸烟者依然没有戒烟的打算

与 1996 年的结果比较，不打算戒烟的人群占 64.9%，但 2002 年的结果表明，打算戒烟的人群有很大幅度上升，但是不打算戒烟的比例依然达到 43.9%。

不同职业、教育水平和年龄段的吸烟者的这种分布没有大的差异，虽然教育程度高一些的白领阶层人群中，低于 20 岁和 60 岁以上的人戒烟比例高一些，但是在现在吸烟者中，不想戒烟的人占绝大多数，愿意和准备戒烟的比例都很低。不同年龄段吸烟者的差距是最大的。

三、被动吸烟

（一）人群中暴露被动吸烟的水平没有下降趋势，估计目前有 5.4 亿非吸烟者遭受被动吸烟的侵害

对被动吸烟现状的测量，包括问卷调查和采用生物学标记测定被动吸烟暴露。中国的问卷调查进行过 3 次，均使用问题 "通常情况下，你是否每周至少有 1 天以上，至少 15 分钟遭受到被动吸烟暴露？" 以此来测量人群中非吸烟者遭受被动吸烟暴露的情况。

1984 年的调查显示，39% 的非吸烟者报告遭受被动吸烟的危害。1996 年全国吸烟流行病学的调查显示，有 53.6% 的非吸烟者每周至少有 1 天遭受到被动吸烟的危害。而 2002 年的调查显示，有 52.9%（51.9% ~ 53.9%）的非吸烟者遭受到被动吸烟的危害，城市人群没有变化，而农村还略有增加，估计有 5.4 亿不吸烟者遭受被动吸烟的危害（见表 1-1）。但是在女性生育年龄，被动吸烟率有所降低，其余没有明显变化，男性人群中，被动吸烟暴露比例还有所增加（见图 1-11 和图 1-12）。

表 1 – 1　　　　　　　不同人群被动吸烟暴露水平的变化　　　　　　单位：%

类别＼年份	1996	2002
合计	53.00	52.90
男性	45.46	49.17
女性	56.99	54.64
城市	55.40	49.68
农村	52.40	54.04

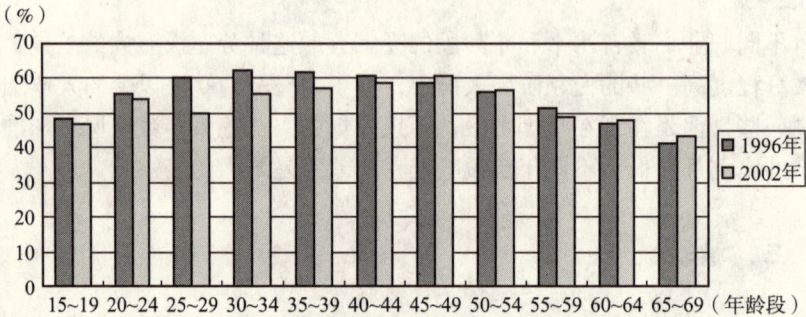

图 1 – 11　中国男性不同年龄人群被动吸烟暴露情况

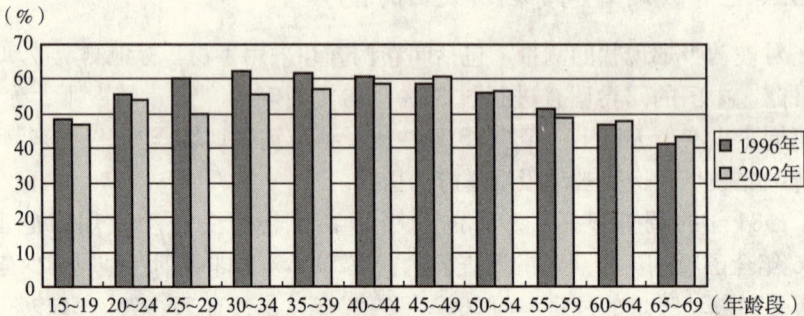

图 1 – 12　中国女性不同年龄人群被动吸烟暴露情况

　　城市和农村人群报告被动吸烟暴露率分别为 49.7% 和 54.0%，农村略高于城市。

　　有 20 个省 50% 以上的人报告被动吸烟暴露，其中青海、甘肃、陕西、山西、吉林、内蒙古等北方地区遭受被动吸烟暴露的比例高于 60%（见图 1 – 13）。

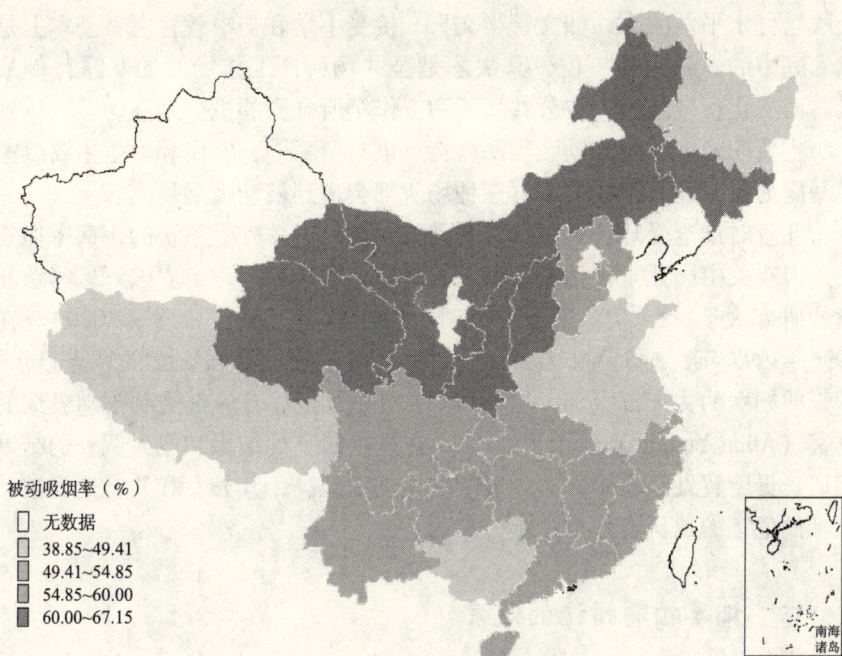

被动吸烟率（%）
□ 无数据
□ 38.85~49.41
▨ 49.41~54.85
▨ 54.85~60.00
■ 60.00~67.15

图1-13 中国不同地区人群被动吸烟暴露情况

（二）被动吸烟的暴露地点

家庭、公共场所和工作场所都是遭受被动吸烟暴露的地方。在遭受被动吸烟暴露的人群中，82%的人报告在家中受到暴露，67%的人报告在公共场所受到暴露，35%的人报告在工作场所受到暴露。

在被动吸烟暴露人群中，人群的特点不同，在各类场所暴露的比例也不同。

女性在家庭中遭受被动吸烟暴露是最主要的来源，遭受被动吸烟暴露的女性，90%的人都在家庭中遭受暴露，不同年龄段人群的差异并不明显；男性则在家庭和公共场所暴露机会均等，20~59岁的男性，在公共场所遭受暴露的比例更大，而且在工作场所受到暴露的比例也高。

农村女性在家中遭受被动吸烟暴露的比例最高，达到90%，而在公共场所，特别是工作场所暴露的比例较低；城市女性和农村男性，家中和公共场所是遭受暴露的主要场所；而城市男性，则以公共场所暴露更为主要。

教育水平低的人，如文盲半文盲，接受小学和初中教育者，基本上是以家庭中的暴露为第一位，其次才是公共场所，工作场所的暴露比例最低。而文化程度越高，在公共场所和工作场所暴露的机会越高。

主要职业人群的被动吸烟暴露特点也有所不同，农民和学生主要以家庭暴露为主，而其他职业人群三种场所都会遭到被动吸烟暴露。

儿童时期遭受环境烟草烟雾暴露与儿童时期的呼吸系统的疾病密切相关，但有关中国儿童被动吸烟情况的研究相对较少。对 7 岁以下患哮喘儿童的研究表明，54.7% 都受到被动吸烟的危害（汤泰秦等，2000）。在 1996～1997 年，对 1 449 名到广州市立医院就诊的妊娠妇女的调查显示，60% 的妇女的丈夫都吸烟，这些妇女在妊娠期间，71% 都受到被动吸烟的危害（Alice Yuenloke，et al.，2001）。这些研究的结果和成人调查的结果相似。毋庸置疑，在中国男性吸烟的比例如此高，其妇女和儿童遭受被动吸烟的危害的比例自然也是十分高的。

四、烟草控制措施的效果

《烟草控制框架公约》简称 FCTC，是卫生界第一部国际法。FCTC 于 2005 年 2 月 27 日正式生效，是遏制全球烟草流行的重要武器。中国于 2005 年 8 月批准了该公约，于 2006 年 1 月 8 日在中国生效。该公约得到了 192 个国家和地区的支持，目前有 154 个国家和地区正式批准了公约。这表明各国（地区）政府都承诺控制烟草流行，控制烟草流行是关注人群健康的重要举措。

自 2000 年召开第一次中国烟草控制行动计划的国际研讨会以来，中国的烟草控制形势发生了很大的变化，特别是全球《烟草控制框架公约》在中国正式生效以来，成立了国家发展改革委、卫生部、外交部、财政部、国家质量检验局等 8 个部委的控烟协调机制，烟草控制初步显示了效果。

（一）人们对烟草危害健康的知识的变化

人们对吸烟危害健康的知识有明显的变化。表 1 - 2 显示了 2002 年与 1996 年的调查结果，2002 年人们对吸烟、被动吸烟和孕妇吸烟对胎儿健康有严重危害的比例，以及吸烟易患肺癌、冠心病和支气管炎的认识的比例均有很大的提高。

表 1 – 2   人们对烟草危害健康认识的变化：1996 年与
2002 年两次调查的比较   单位：%

年 份 项 目	1996	2002
吸烟对健康有害	31. 39	37. 22
被动吸烟对健康有害	14. 89	31. 72
怀孕妇女吸烟对胎儿健康有害	26. 64	43. 82
吸烟者更容易患肺癌	42. 69	69. 21
吸烟者更容易患慢性呼吸系统疾病	72. 59	82. 13
吸烟者更容易患心脏病	6. 93	22. 20

虽然对烟草危害健康知识的掌握仍然显示这样的特点：城市人群高于农村人群，受教育程度高的人高于受教育程度低的人，医生、教师和学生对烟草危害健康的认识高于其他职业人群，农民中掌握这些知识的比例最低，但是从 1996～2002 年，以不同教育人群的知识的改善为例，有关烟草对健康危害知识的传播在各个层面都非常普遍，各类人群相关知识的改善都很大。

但是城市和农村人群对吸烟有害健康的认识差异比较明显，尤其是农村人群对被动吸烟对健康的危害和吸烟增加患冠心病的风险的认识仍然维持在 20%～30% 的水平。

地区间差异也非常明显，以吸烟更易于患肺癌的认识为例，西藏只有36% 的人知道吸烟更易于患肺癌，云南、贵州、广西、青海和河南等地区人群认识这点的比例也很低（见图 1 – 14）。

（二）人们对烟草控制措施态度的变化

人们对烟草控制措施的态度以主要公共场所禁止吸烟和全面禁止烟草广告的赞同情况来测量。

人们对不同措施的赞同有程度上的差异，对公共场所，即学校、医院、政府机关大楼、交通工具及各类等候室禁止吸烟持积极的态度，有61.1% 的人赞成在以上场所禁止吸烟。赞成全面禁止烟草广告的比例低一些，有 23.8% 非常赞成，19.6% 比较赞成全面禁止烟草广告；反对的人并不多，不赞成的为 15.9%，很不赞成的只有 2.9%；37.8% 持无所谓的态度。

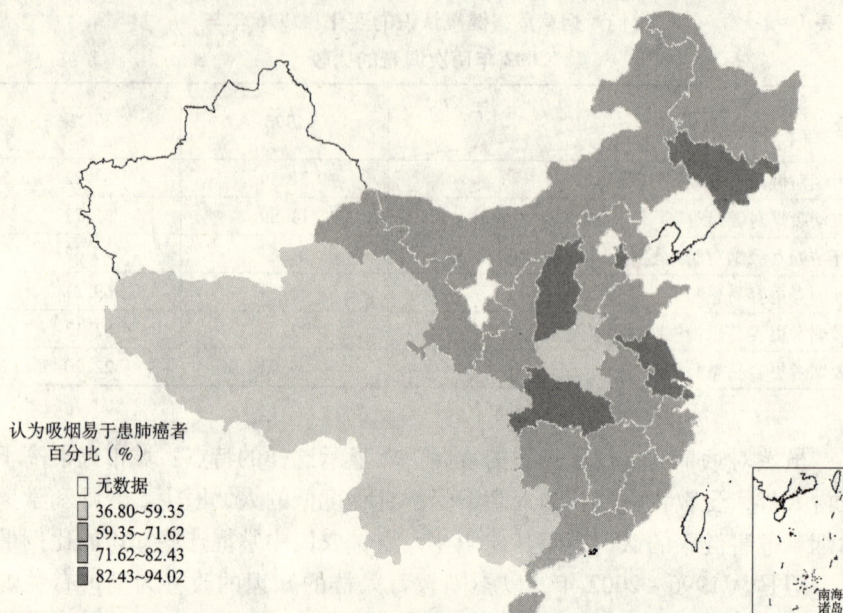

认为吸烟易于患肺癌者
百分比（%）

☐ 无数据
▨ 36.80~59.35
▨ 59.35~71.62
▨ 71.62~82.43
■ 82.43~94.02

南海
诸岛

图 1-14　人们对烟草危害健康的知识的地区差异

　　人们对烟草控制措施的态度的变化和吸烟有害健康的知识掌握情况类似，与教育程度和职业有关。教育程度高的人、医生、教师、学生中更多的人赞同在公共场所禁止吸烟和全面禁止烟草广告；而文盲和只接受小学教育的人、农民的赞同比例都低一些。

　　同样，赞同在公共场所禁止吸烟和全面禁止烟草广告的比例城市高于农村，在西南地区，特别是贵州、云南、西藏、广西等地区，人们的赞同率都明显低于其他地区。

　　但是人们对公共场所和工作场所禁止吸烟的态度，只是一般性支持，在自己所在的地方，支持力度就有所降低，因此，公共场所禁止吸烟的政策不能得到有效执行。由彭博控烟项目基金支持的《迈向无烟中国》项目，对 20 个省的 20 个城市和 20 个县进行了调查，验证了这个结果，如表 1-3、图 1-15 所示。

表1-3   不同职业人群对公共场所禁止吸烟的态度（支持）   单位：%

	医院	学校	办公室	公共交通工具	餐厅	酒吧
医生	82.9	92.9	77.1	89.8	54.2	37.3
医务人员	71.9	86.7	73.9	88.7	48.8	37.0
病人	80.6	89.5	64.1	79.7	42.5	30.7
教师	90.8	78.6	76.2	91.7	60.8	39.9
学生	90.3	77.2	71.9	83.3	60.7	36.1
干部	87.7	90.2	52.7	89.6	41.1	29.3
服务人员	81.2	86.2	50.4	75.3	27.3	16.5
合计	85.7	84.9	67.6	84.4	49.7	32.2

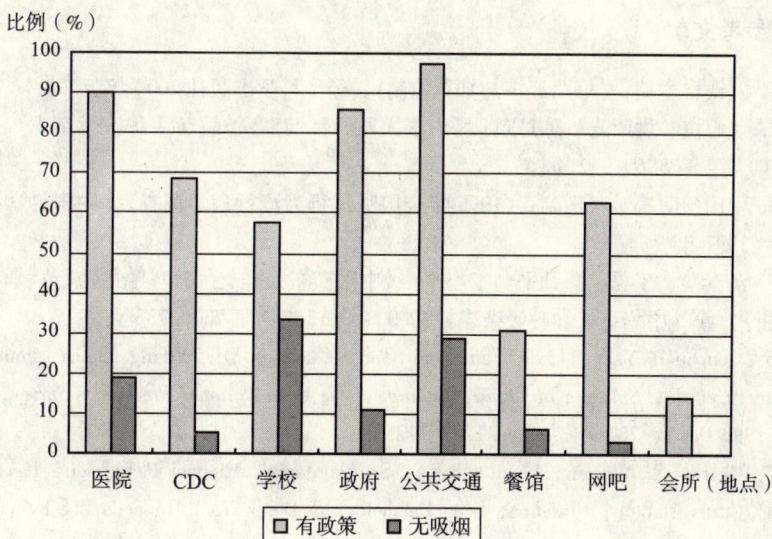

图1-15 公共场所禁止吸烟的政策情况

五、总结

目前在中国，烟草使用依然是一个严重的公共卫生问题。在大多数国家，特别是发达国家烟草消费在下降的时候，中国的烟草消费却维持在相当高的水平。

一方面，开始吸烟的年龄越来越低龄化，25岁以下人群的吸烟率在上升。吸烟者中，接近一半的人不打算戒烟，而尝试戒烟者没有得到很好

的支持，复吸率很高。这需要公共卫生部门考虑是否把戒烟干预列入公共
卫生服务的范围。

中国女性吸烟率依然保持在相当低的水平，但是被动吸烟的暴露却很
高，且一直没有明显的改善。目前缺乏全国性政策，地方法规和部门法规
在多数地方的执行效果不佳。

根据其他各国的经验，当跨国烟草公司进入以后，女性吸烟率均会呈
上升趋势。如何降低男性吸烟率，避免女性吸烟率的上升，包括提高烟草
税，全面禁止烟草广告、促销和赞助，健康警语等一系列措施的有效执
行，也就是有效执行《烟草控制框架公约》，逐步消除国内法和框架公约
的差别，是目前中国烟草控制的关键。

参考文献：

1. 刘铁男主编：《烟草经济与烟草控制》，经济科学出版社 2004 年版。

2. 翁心植、洪昭光、陈丹阳：《中国人群的吸烟率》，载《中华医学杂志》1987
年第 11 期，第 886～992 页。

3. 中国预防医学科学院：《1996 年全国吸烟行为流行病学调查》，中国科学技术
出版社 1997 年版。

4. 汤泰秦、丁勇、郑劲平、王小平：《中国广东人群支气管哮喘的流行病学调查
和分析》，载《中华结核和呼吸杂志》2000 年第 12 期，第 730～733 页。

5. Gonghuan Yang, Lixin Fan, Jian Tan, Guoming Qi, Yifang Zhang, Jonathan
M. Samet, et al., *Smoking in China: findings of the* 1996 *National Prevalence Survey*, JA-
MA, 1999 Oct 6, 282 (13): pp. 1247 – 1253.

6. Charles W. Warren, Leanne Riley, Samira Asma, Michael P. Eriksen, Lawrence
Green, Curtis Blanton, Cliff Loo, Scott Batchelor, & Derek Yach. Tobacco Use by Youth:
A Surveillance Report from the Global Youth Tobacco Survey Project, *Bulletin of the World
Health Organization*, 2000, 78 (7): pp. 868 – 876.

7. Yang G. H., Ma J. M., Samet J. et al., Smoking among Adolescents in China:
1998 Survey Findings, International Journal of Epidemiology, 2004, 33: pp. 1 – 6.

8. Crowe J. W., Torabi M. R., Nakornkhet N. Cross-cultural Study of Samples of
Adolescents' Attitudes, Knowledge, and Behaviors Related to Smoking. Psychol Rep. 1994
Dec, 75 (3 Pt 1): pp. 1155 – 1161.

9. Osaki Y., Minowa M., Mei J. A Comparison of Correlates of Cigarette Smoking Be-
havior between Jiangxi Province, China and Japanese High School Students. J Epidemiol 1999
Aug, 9 (4): pp. 254 – 260.

10. Lam T. H., Chung S. F., Betson C. L., et al., Tobacco Advertisements: One of

the Strongest Risk Factors for Smoking in Hong Kong Students. Am J Prev Med 1998 Apr, 14 (3): pp. 217 – 223.

11. Sun W. Y. , Ling T. , Smoking Behavior among Adolescents in the City, Suburbs, and Rural areas of Shanghai. Am J Health Promot 1997 May-Jun, 11 (5): pp. 331 – 336.

12. G. Yang, J. Ma, A. Chen, Y. Zhang, J. Samet, et al. , Smoking Cessation in China: Findings from the 1996 National Prevalence Survey, Tobacco Control 2001, 10: pp. 170 – 174.

13. Alice Yuenloke, Tai Hinglam, Su Cipan, Su YunLI, Xiao Jiangao, Yan Yan-song. Exposure to and Actions Against Passive Smoking in Non-smoking Pregnant Women in Guangzhou, China, Acta Obstetricia et Gynecologica Scandinavica, 2001Dec, 79 (11): pp. 947 – 952.

第二章 2000 年中国吸烟的经济负担

宋海燕　王丽萍　金水高　胡德伟　姜　垣

一、引言

中国是全球最大的烟草消费国，每年烟草的消费量超过全球烟草消费量的 1/4。2002 年，在 15 岁以上的成人中约有 3.5 亿人是曾经吸烟者，其中 3 亿人是现在吸烟者（杨功焕、马杰民、刘娜等，2005）。目前，中国处于烟草流行的早期阶段。2002 年，在 15 岁以上的男性和女性中，曾经吸过烟的人群吸烟率分别为 66.0% 和 3.1%，略低于 1996 年的 66.9%（男性）和 4.2%（女性）。虽然中国男性的吸烟率似乎已处于稳定状况，但却并未有所下降。2002 年每位吸烟者的平均吸烟量与 1996 年的一样——14.8 支/日。

在多数高收入国家和愈来愈多的低、中收入国家中，吸烟是引起可预防性死亡的主要的原因（Jha, P., Chaloupka, F. J., 1999）。吸烟同样也引起了由于早死而带来的失能和生产力损失（U. S. Department of Health and Human Services, 2004）。要证明和评估吸烟对社会带来的健康危害，有一个方法是将吸烟引起的疾病、早死和生产力的损失都从经济学的角度来衡量。换句话说，吸烟的经济成本可作为通用的指标来衡量吸烟的危害。

在中国，仅有两项研究估计过吸烟的经济成本。Chen 和 Cao 等人（Chen, J., Cao, J. W., Chen, Y., Shao, D. Y., 1995）使用了一种医疗成本会计学方法来计算疾病别的医疗成本，他们估计在 1988 年总的吸烟归因医疗成本为 23 亿元，即 3 亿美元（按 8.2784 的汇率）。通过使用基于流行率的方法，Jin 和 Lu 等人估计出 1989 年总吸烟经济负担为 271 亿元（33 亿美元），其中包括 69.5 亿元（8.5 亿美元）的直接医疗成本和 201.5 亿元（24.5 亿美元）的间接疾病和死亡成本（Jin, S. G., Lu,

B. Y. et al. , 1995）。在这两项研究之后的 10 年里，中国的医疗费用急剧上升，人群吸烟率也增加了。为了改善公共卫生和减少由于吸烟所导致疾病的资源消耗，我们必须监控吸烟导致的经济负担的进展并更新对吸烟经济成本的估计。

本章的目的在于评估 2000 年由于吸烟给中国社会造成健康危害的经济负担，我们希望其结果能够为中国制定合理的控烟政策提供信息，并指导卫生政策和倡导禁烟立法计划。

二、方法和资料

吸烟的经济负担包括三个组成：治疗吸烟相关疾病的直接医疗成本、吸烟的间接疾病成本和因吸烟相关疾病引起早死的间接死亡成本。我们使用基于流行率和疾病别的方法（Luce，B. R. ，Schweitzer，S. O. ，1978；Office of Technology Assessment，US Congress，1985；Rice，D. P. ，Hodgson，T. A. ，Sinsheimer，P. ，Browner，W. ，Kopstein，A. N. ，1984；Warner，K. E. ，Hodgson，T. A. ，Carroll，C. E. ，1999）来测量在 2000 年由于现在和过去吸烟导致的吸烟相关疾病和死亡的成本。我们考虑了三种主要的吸烟相关疾病：癌症［恶性肿瘤的所有类型（ICD - 9 代码：140 - 208）］、心血管疾病［中风、缺血性心脏病、风湿性心脏病等（ICD - 9 代码：390 - 414，418 - 459）］和呼吸性疾病［慢性阻塞性肺疾病、呼吸性肺结核、肺源性心脏病等（ICD - 9 代码：011 - 012，018，415 - 417，460 - 519）］。由于吸烟对健康的不利影响是个慢性过程，需要长时间后才会表现出来，并且由于大多数的吸烟者在 20 岁之前就开始吸烟，所以，我们仅将年龄大于等于 35 岁的人纳入分析中。

（一）吸烟归因分值的估计

对吸烟经济负担的三个组成，我们根据疾病种类、城市/农村地区、性别和年龄分别计算其吸烟归因分值（SAF），也称为人群归因危险度。然后将估计的 SAF 乘以相关的成本估量来得到吸烟的归因成本（Max，W. ，Rice，D. P. ，Sung，H. Y. ，Zhang，X. ，Miller，L. ，2004）。例如，SAF 和总住院费用的乘积是归因于吸烟的住院成本；SAF 和总疾病成本的乘积是归因于吸烟的疾病成本。通过下面的流行病学公式（Lilienfeld，A. M. ，Lilienfeld，D. E. ，1994）可以详细说明 SAF：

$$SAF_{ijga} = \frac{(PN_{jga} + PS_{jga} \times RR_{ijga}) - 1}{PN_{jga} + PS_{jga} \times RR_{ijga}} \qquad (2-1)$$

其中，PN 和 PS 分别表示非吸烟者和吸烟者的流行率；RR 表示吸烟者和非吸烟者相比的死亡相对危险度；下标 i 表示疾病的种类，j 表示是农村还是城市地区，g 表示性别，a 表示划分的两个年龄组：35 ~ 64 岁和大于等于 65 岁。当 RR 值小于 1 时，相应的 SAF 值会变为负数，意味着吸烟者与非吸烟者相比具有一个减少的危险。但由于大量的证据已明确证明了吸烟会导致多种致命疾病，所以，这似乎是不合实际的。因此，我们假设这种情况下的 SAF 值为 0 而不使用负的 SAF 值。

我们使用死亡的相对危险度（RR）值来估计死亡的吸烟归因分值（SAF），然后将这些 SAF 估计值运用到吸烟经济成本三个组成的总估量中。

（二）数据来源

原始数据来源于中国卫生部 1998 年的第二次国家卫生服务调查（NHSS）（卫生部，1999）。NHSS 是一个具有全国代表性的样本，采用多阶段分层整群随机抽样的方法，在全国共抽取了 56 994 户家庭中的 216 101 人。使用面对面访谈法来收集这些家庭及其所有家庭成员的详细信息，包括年龄、性别、文化程度、就业状况、疾病史、健康行为以及因每种伤病的医疗卫生服务的利用和费用情况（包括截止到访谈日期前的两周内门诊次数和自购药次数、过去 12 个月里的住院次数以及过去两周内因每种伤病而休工的天数）。

根据 1998 年 NHSS 资料中对所有 15 岁及以上成人的吸烟情况询问，我们得到了按城市/农村地区、性别和年龄分组的吸烟率。我们将成人分为非吸烟者（从不吸烟）和吸烟者（现在和过去吸烟），由于还没有研究把中国的过去吸烟者和现在吸烟者分开来估计死亡相对危险度（RR），而在计算 SAF 值时需用到此 RR 值，所以我们没有将现在吸烟者和过去吸烟者分开计算。

其他的数据来源包括 Liu 和 Peto 等人发表的死亡相对危险度（RR）估计值（Liu, B.Q., Peto, R., Chen, Z.M., Boreham, J., Wu, Y.P., Li, J.Y., Campbell, T.C., Chen, J.S., 1998）、2000 年人口普查数据（国家统计局，2001）、卫生部下属的死亡登记系统所得到 2000 年的死亡率（卫生部，2001）、世界卫生组织所报道的 2000 年中国的生命统计表（World Heath Organization，2004）以及《中国统计年鉴》中的收入数据（国家统计局，2004）。

（三）直接医疗成本

吸烟的直接医疗成本包括治疗吸烟相关疾病的所有医药卫生费用。中国的医疗卫生服务类型有三种：住院、门诊和自我医疗。住院和门诊成本包括看病时在医院和门诊购买处方药的费用；自我治疗指病人在没看医生的情况下从药店购买药品。

我们依据疾病的种类、城市/农村地区、性别和年龄（35～64 岁，等于 65 岁）信息对样本进行了划分，根据以下的公式用 SAF 值乘以其相应的卫生总费用值（THE）来估计每一亚组的吸烟归因卫生费用（SAE）值：

$$\begin{aligned} SAE_{ijga} &= THE_{ijga} \times SAF_{ijga} \\ &= [\, PH_{ijga} \times QH_{ijga} + PV_{ijga} \times QV_{ijga} \times 26 \\ &\quad + PM_{ijga} \times QM_{ijga} \times 26\,] \times POP_{ijga} \times SAF_{ijga} \end{aligned} \qquad (2-2)$$

其中，PH 是每次住院治疗的平均费用；QH 是 12 个月内人均住院治疗的次数；PV 是每次门诊的平均费用；QV 是两周内人均门诊次数；PM 是两周内发生自我医疗的人群中的人均自我医疗费用；QM 是两周内发生自我医疗人数占总人口的比例；POP 是指 2000 年的人口数。下标 i，j，g 和 a 的含义与式（2-1）中的一样。

我们从 1998 年的全国卫生服务调查（NHSS）数据来估计平均费用和医疗卫生利用率。在 NHSS 的问卷中，受访者被要求填写其住院治疗的费用，以及由医疗保险和自己支付的数量。由于问卷结构上的逻辑性，我们认为自我报道的住院费用代表了实际的费用，这包括保险和现金的支付。对自我医疗来说，由于未经过医生的处方来购买药品，所以保险不太可能支付其费用。对于两周内发生的门诊，受访者仅被要求填写总费用而未被要求回答现金支付和医疗保险支付的数量。

为了保证自我报告的卫生费用是实际费用的一个好的代表，我们采用了一个调整方法。首先，我们利用 1998 年 NHSS 的数据，按城市/农村地区、性别和年龄分组估计每种疾病的人均卫生费用。其次，对每一亚组，我们用 2000 年的人口数量来乘以其人均卫生费用值，然后汇总全部亚组的所有费用来推导出 2000 年全国卫生费用的估计值。我们的估计值是 402 亿美元，这低于官方公布的 554 亿美元（卫生部卫生经济研究所，

2004）。最后，我们计算出一个调整因子 1. 38（554/402），并用它来乘以从 NHSS 数据估计出的平均费用。

（四）间接疾病成本

间接疾病成本包括由于吸烟相关疾病而看门诊和住院治疗花在交通、陪护人和营养伙食方面的费用，以及由于吸烟相关疾病所损失的生产力价值。

对于每一个按疾病种类、城市/农村地区、性别和年龄（35 ~ 64 岁，大于等于 65 岁）分层的亚组，我们根据以下公式用 SAF 值乘以相应的总间接疾病费用值（TIE）来估计其吸烟归因间接疾病成本（SAI）：

$$SAI_{ijga} = TIE_{ijga} \times SAF_{ijga}$$
$$= [\,PHI_{ijga} \times QH_{ijga} + PVI_{ijga} \times QV_{ijga} \times 26 + PW_{ijga}$$
$$\times QW_{ijga} \times 26 \times Y_j\,] \times POP_{ijga} \times SAF_{ijga} \qquad (2-3)$$

其中，PHI 是指平均每次住院治疗用于交通、营养伙食和陪护人的费用；PVI 是平均每次门诊用于交通和其他非医疗费的费用；PW 是两周内平均每位在岗的人由于吸烟相关疾病而导致的休工日数；QW 是根据目前在岗的人数占总人口比例而定义的就业比；Y 是 2000 年的日收入。

交通、营养伙食和陪护人费用以及休工天数来源于 1998 年的 NHSS 数据。由于我们不能获得按年龄和性别划分的平均收入资料，我们使用两套 2000 年的收入数据来评估休工日的经济损失：对于城市居民，我们使用的是中国职工年均工资；对于农村居民，我们使用的是农村家庭的人均年纯收入乘以平均每个劳动力负担人口数。用年收入除以 366（ = 2000 年总日数）可得到日收入。

（五）间接死亡成本

我们使用人力资本方法（Rice, D. P. , Cooper, B. , 1967）来测量 2000 年由于吸烟导致早死而损失的未来生产力的期望值。根据疾病的种类、城市/农村地区、性别和年龄（35 ~ 64 岁，大于等于 65 岁）分层的每一亚组，我们用 SAF 值乘以其相应的死亡总数来估计其归因于吸烟的死亡人数。用归因于吸烟的死亡人数估计值与死亡时所剩余的平均期望寿命值的乘积来估计归因于吸烟的潜在减寿年数（YPLL）。中国 2000 年的期望寿命值来源于世界卫生组织所报道的按性别和 5 岁年龄别分层的生命统计表（World Heath Organization, 2004）。

对每一个死亡的人，根据其死亡年龄，我们用归因于吸烟的死亡人数估计值乘以因早死而放弃的终生收入现值（PVLE）来估计归因于吸烟的死亡成本。对每一个城市/农村地区、性别和 5 岁年龄别的亚组，我们应用 Max 和 Rice 等人提出的方法（Max，W.，Rice，D. P.，Sung，H. Y.，Michel，M.，2000）来估计 PVLE 值。我们考虑了不同性别和年龄亚组别的期望寿命值，按不同城市/农村地区、性别和 5 岁年龄别而变化的就业比数据和 3% 的贴现率，把一连串的未来收入转化为现值。为了考虑到未来收入的潜在增长，我们假定年生产力增长率为 8%，这个比率近似于 1998 ~ 2002 年间国内生产总值（GDP）的平均增长率。利用 1998 年的 NHSS 资料，我们用目前在岗的人口数除以总人口估计出就业比。收入的定义和计算同上述方法一样。

三、结果

中国在 2000 年有 12.43 亿人口，4.27 亿人口年龄处于 35 ~ 64 岁之间，0.88 亿人口年龄大于等于 65 岁（国家统计局，2001）。在 5.15 亿年龄大于等于 35 岁的人口中，有 3.23 亿（63%）人口居住在农村，有 1.92 亿（37%）人口居住在城市。中国的吸烟情况很普遍。据 1998 年的 NHSS 资料，在年龄等于 35 岁的成人中有 38% 为曾经吸烟者（包括 34.5% 为现在吸烟者，3.5% 为过去吸烟者）。在城市地区的男性中，年龄 35 ~ 64 岁组的吸烟率为 75.3%，年龄大于等于 65 岁组的吸烟率为 61.0%，这分别低于农村地区相应的 84.8% 和 73.4%。对于这两个年龄组别，城市地区女性的吸烟率都高于农村地区（6.1% 和 14.8% 对比 5.3% 和 10.3%）。年龄为 35 ~ 64 岁组男性的吸烟率高于年龄大于等于 65 岁组的，而女性的情况正好相反。

利用我们的吸烟率估计值以及 Liu 和 Peto 等人所估计的死亡相对危险度（RR）值，我们计算了 SAF 值（见表 2 - 1）。由于女性的吸烟率相当低，所以女性的 SAF 值明显小于男性的值。对于男性，最高的疾病别 SAF 值是癌症，而对于女性却是呼吸系统疾病。注意，由于估计的 RR 值小于 1，所以农村地区女性吸烟者心血管疾病的 SAF 值为 0（Liu，B. Q.，Peto，R.，Chen，Z. M.，Boreham，J.，Wu，Y. P.，Li，J. Y.，Campbell，T. C.，Chen，J. S.，1998）。

表 2-1　　　　　按疾病、城市/农村、性别和年龄划分中国 2000 年
　　　　　　　　与吸烟相关死亡的吸烟归因分值（SAFs）　　　　　单位：%

| | 城市 | | | | 农村 | | | |
| | 男性 | | 女性 | | 男性 | | 女性 | |
年龄	35~64	65+	35~64	65+	35~64	65+	35~64	65+
癌症	28.9	24.7	3.9	9.0	26.1	23.5	1.1	2.1
心血管疾病	10.0	8.3	0.8	2.0	9.4	8.2	0.0	0.0
呼吸系统疾病	23.9	20.3	7.2	15.9	17.1	15.2	2.2	4.2

　　表 2-2 给出了按疾病种类、城市/农村地区、性别和年龄信息分组的住院、门诊和自我医疗的 SAE 值。SAE 总值达到了 17.057 亿美元。在这三种主要的吸烟相关疾病中，对城市吸烟者（6.041 亿美元）和农村吸烟者（2.74 亿美元）来说，治疗呼吸系统疾病的花费均为最高——8.782亿美元，约占 SAE 总值的 51%。对医疗卫生服务类型进行分解性分析，除了以下例外情况，结果亦显示出相似的模式。这些例外包括：对住院费用而言，年龄在 35~64 岁的农村男性和城市女性中治疗癌症的花费最多，年龄在 35~64 岁的城市男性中治疗心血管疾病的花费最多；对自我医疗费用而言，年龄在大于等于 65 岁的城市男性中治疗心血管疾病的花费最多。治疗癌症和心血管疾病的 SAE 值分别为 3.002 亿美元（18%）和 5.273 亿美元（31%）。大体上，中年组的 SAE 值高于老年组。

　　2000 年，中国归因于吸烟的死亡人数为 68.8512 万例，占死亡总数的 8.3%。其中，男性为 59.9723 万例，女性为 8.8789 万例；城市地区有24.8808 万例，农村地区有 43.9704 万例。表 2-3 显示了这些归因于吸烟的死亡潜在减寿年数（YPLL）估计值为 970 万年——男性为 860 万年，女性为 110 万年；城市吸烟者为 340 万年，农村吸烟者为 630 万年。根据死亡的原因来进行分解性分析，可以看出老年组女性的吸烟归因 YPLL 值通常高于中年组女性，但是农村地区由癌症引发的死亡除外。对男性来说却相反，中年组的吸烟归因 YPLL 值高于老年组，但是城市和农村地区由呼吸系统疾病引发的死亡除外。每例死亡的平均减寿年数为 14.1 年——男性为 14.4 年，女性为 12.2 年；城市吸烟者为 13.9 年，农村吸烟者为14.2 年。

表 2－2 按疾病、服务类型、城市／农村、性别和年龄划分 2000 年中国吸烟归因医疗费用（SAEs） 单位：千美元

疾病	住院治疗						门诊						自我医疗						总计
	男性			女性			男性			女性			男性			女性			
	35~64	65+	合计	35~64	65+	合计	35~64	65+	合计	35~64	65+	合计	35~64	65+	合计	35~64	65+	合计	
城市																			
癌症	61 275	52 339	113 614	13 834	8 277	22 111	37 239	9 156	46 395	2 398	2 569	4 968	4 524	0	4 524	23	0	23	191 634
心血管疾病	115 158	74 653	189 810	5 836	6 076	11 912	105 406	69 650	175 056	9 254	10 982	20 227	15 880	11 811	27 691	2 616	2 845	5 461	430 158
呼吸系统疾病	44 350	96 918	141 268	9 664	23 181	32 845	173 116	80 829	253 944	49 647	42 382	92 029	45 222	10 680	55 902	18 019	10 114	28 133	604 123
合计	220 784	223 909	444 692	29 334	37 534	66 868	315 761	159 635	475 395	61 291	55 933	117 224	65 626	22 491	88 117	20 658	12 959	33 617	1 225 915
农村																			
癌症	35 600	12 280	47 880	1 000	263	1 263	49 072	8 892	57 964	671	53	723	332	440	771	1	5	6	108 608
心血管疾病	24 268	15 291	39 559	0	0	0	36 391	16 555	52 945	0	0	0	3 046	1 600	4 645	0	0	0	97 149
呼吸系统疾病	30 131	18 297	48 429	3 437	2 284	5 720	132 542	34 464	166 988	17 437	10 272	27 709	15 538	5 481	21 019	2 814	1 356	4 170	274 035
合计	89 999	45 868	135 867	4 436	2 547	6 983	217 986	59 911	277 897	18 108	10 324	28 432	18 915	7 520	26 435	2 815	1 362	4 177	479 792
总计	310 783	269 777	580 560	33 771	40 081	73 851	533 747	219 545	753 292	79 399	66 258	145 656	84 542	30 011	114 552	23 473	14 321	37 794	1 705 707

注：《中国统计年鉴（2003）》中表 17－2，人民币与美元的汇率是 8.2784。

表 2 -3　　　　　按疾病、城市/农村、性别和年龄划分 2000 年
中国的吸烟归因潜在减寿年数（YPLL）

疾病	性别 年龄	男性			女性			总计
		35~64	65+	合计	35~64	65+	合计	
城市								
癌症		1 179 329	568 724	1 748 053	113 417	152 301	265 718	2 013 770
心血管疾病		322 819	287 313	610 132	18 205	78 012	96 217	706 350
呼吸系统疾病		167 638	292 788	460 426	36 876	228 890	265 766	726 192
合计		1 669 786	1 148 824	2 818 611	168 498	459 203	627 701	3 446 312
农村								
癌症		2 372 443	816 935	3 189 378	64 682	51 212	115 894	3 305 273
心血管疾病		583 184	542 704	1 125 888	0	0	0	1 125 888
呼吸系统疾病		593 305	892 537	1 485 842	63 760	272 176	335 936	1 821 778
合计		3 548 933	2 252 176	5 801 109	128 442	323 388	451 831	6 252 939
总计		5 218 720	3 401 000	8 619 720	296 940	782 592	1 079 532	9 699 251

　　表 2 -4 显示了 2000 年按城市/农村地区、性别和年龄划分，平均每个中国人的 PVLE 估计值。表 2 -5 显示了 2000 年因归因于吸烟的死亡而损失的生产力价值总计为 29.355 亿美元——男性为 28.163 亿美元，女性为 1.192 亿美元；城市地区为 7.904 亿美元，农村地区为 21.451 亿美元。平均每例死亡的生产力损失价值为 4 264 美元——男性为 4 696 美元，女性为 1 342 美元；城市吸烟者为 3 177 美元，农村吸烟者为 4 878 美元。归因于吸烟的死亡成本的首要原因是癌症，为 19.031 亿美元（65%），接下来是呼吸系统疾病 5.344 亿美元（18%）和心血管疾病 4.98 亿美元（17%）。

表 2 -4　　　　　按城市/农村、性别和年龄划分 2000 年
中国终身收入现值（PVLE）　　　　单位：美元

年龄（岁）	城市		农村	
	男性	女性	男性	女性
<1	238 235	158 620	189 567	185 462
1~4	218 518	145 609	173 878	170 249
5~9	177 523	73 636	141 258	85 974
10~14	140 524	93 525	111 817	109 351
15~19	110 887	73 636	88 027	85 974
20~24	85 897	56 320	68 479	66 757

续表

年龄（岁）	城市		农村	
	男性	女性	男性	女性
25 ~ 29	64 626	41 330	52 623	51 202
30 ~ 34	47 457	29 258	40 011	38 830
35 ~ 39	33 848	19 679	30 042	29 042
40 ~ 44	23 051	12 136	22 181	21 315
45 ~ 49	14 466	6 669	16 011	15 249
50 ~ 54	8 050	3 361	11 207	10 543
55 ~ 59	3 843	1 718	7 522	6 979
60 ~ 64	1 769	972	4 842	4 395
65 ~ 69	1 014	575	2 981	2 649
70 ~ 74	632	335	1 751	1 548
75 ~ 79	382	174	1 005	857
80 ~ 84	216	53	583	437
85 +	96	0	288	168

注：①参见《中国统计年鉴（2003）》中表 17 - 2，人民币与美元的汇率是 8. 2784。
②按 3% 的贴现率和 8% 的生产力增长。

表 2 - 5 　　　　　　　　按疾病、城市/农村、性别和年龄划分
2000 年中国的早逝吸烟归因成本 　　　　单位：千美元

疾病 \ 性别年龄	男性			女性			总计
	35 ~ 64	65 +	合计	35 ~ 64	65 +	合计	
城市							
癌症	497 171	36 383	533 555	20 448	3 848	24 297	557 851
心血管疾病	125 219	17 127	142 346	2 492	1 601	4 093	146 439
呼吸系统疾病	60 351	16 437	76 788	5 272	4 057	9 329	86 117
合计	682 742	69 947	752 688	28 213	9 506	37 719	790 407
农村							
癌症	1 161 996	150 866	1 312 862	26 180	6 190	32 370	1 345 232
心血管疾病	261 264	90 261	351 525	0	0	0	351 525
呼吸系统疾病	254 861	144 372	399 232	22 319	26 777	49 096	448 328
合计	1 678 121	385 499	2 063 620	48 499	32 967	81 466	2 145 086
总计	2 360 862	455 446	2 816 308	76 712	42 473	119 185	2 935 493

注：参见《中国统计年鉴（2003）》中表 17 - 2，人民币与美元的汇率是 8. 2784。

表 2 - 6 显示了归因于吸烟的交通、看护人和营养伙食成本是 1. 225 亿美元，这比吸烟的直接医疗成本少很多。另外，由于吸烟相关疾病导致

表 2 - 6　　　　2000 年中国年龄大于等于 35 岁的成人中吸烟的经济成本　　　　单位：千美元

成本类型	城市			农村			城市与农村		
	男性	女性	合计	男性	女性	合计	男性	女性	总计
直接医疗成本									
住院	444 692	66 868	511 561	135 867	6 983	142 851	580 560	73 851	654 411
门诊	475 395	117 224	592 619	277 897	28 432	306 329	753 292	145 656	898 949
自我医疗	88 117	33 617	121 735	26 435	4 177	30 612	114 552	37 794	152 347
合计	1 008 205	217 710	1 225 915	440 199	39 592	479 792	1 448 404	257 302	1 705 707
间接疾病成本									
交通、看护者，等等	63 690	14 239	77 929	41 675	2 860	44 534	105 365	17 099	122 464
工作的缺席	86 023	11 867	97 889	153 118	19 555	172 674	239 141	31 422	270 563
合计	149 713	26 106	175 819	194 793	22 415	217 208	344 506	48 521	393 027
间接死亡成本	752 688	37 719	790 407	2 063 620	81 466	2 145 086	2 816 308	119 185	2 935 493
总计	1 910 606	281 535	2 192 141	2 698 612	143 473	2 842 085	4 609 218	425 008	5 034 226

注：参见《中国统计年鉴（2003）》中表 17 - 2，人民币与美元的汇率是 8.2784。

缺工而引起的生产力损失价值为 2.706 亿美元。把这两项加总起来，在 2000 年归因于吸烟的间接疾病成本总计为 3.93 亿美元——男性为 3.445 亿美元，女性为 0.485 亿美元；城市地区为 1.758 亿美元，农村地区为 2.172 亿美元。

表 2－6 也总结了吸烟经济负担中各项组成部分的估计值。在 2000 年，中国归因于吸烟的总经济成本为 50.342 亿美元，总经济成本中男性所占份额大于女性（46.092 亿美元比 4.25 亿美元），农村地区所占份额大于城市地区（28.421 亿美元比 21.921 亿美元）。2000 年在年龄等于 35 岁的 1.98 亿吸烟者中，平均每位吸烟者带给中国的经济损失值为 25.43 美元——城市吸烟者为 31.46 美元，农村吸烟者为 22.16 美元。以 2000 年中国的卷烟总消费量 3 076 万箱（即 769 亿包）（Liu，T.，Xiong，B.，2004）来计算，平均每包卷烟的经济负担为 0.07 美元。

因吸烟而早死的生产力损失占了总吸烟经济成本的最大比例（58%），为 29.355 亿美元，接下来是直接医疗成本 17.057 亿美元（34%）和间接疾病成本 3.93 亿美元（8%）。归因于吸烟的直接医疗成本占 2000 年中国全国卫生费用 554 亿美元总支出（China National Health Economic Institute，2004）的 3.1%。门诊占了归因于吸烟的直接医疗成本的最高比例，为 8.989 亿美元（53%），接下来是住院治疗 6.544 亿美元（38%）和自我医疗 1.523 亿美元（9%）。

四、讨论

本章的分析结果说明了吸烟对健康的危害给中国社会造成了巨大的经济负担，在 2000 年达到了 50.342 亿美元。我们的结果也显示有 17.057 亿美元的医疗费用用于治疗因吸烟引起的疾病，这占全国卫生费用的 3.1%。

与西方国家相比，如美国归因于吸烟的直接医疗成本占其全国个人卫生费用的 6% ~ 8%（Warner，K.E.，Hodgson，T.A.，Carroll，C.E.，1999），我们的估计值似乎偏低。下列原因可解释为何我们的估计值偏于保守。

第一，我们使用 Liu 和 Peto 等人一项死因回顾调查中所估计的吸烟者和非吸烟者相比的死亡相对危险度（RR）值，这项研究有 100 万例死亡数（Liu，B.Q.，Peto，R.，Chen，Z.M.，Boreham，J.，Wu，Y.P.，

Li, J. Y., Campbell, T. C., Chen, J. S., 1998)，他们的 RR 估计值远低于西方国家的估计值。例如，对肺癌而言，在中国年龄大于等于 35 岁的男性中，城市吸烟者的 RR 值为 2.98，农村吸烟者的 RR 值为 2.57，与美国相比，美国现在吸烟者的 RR 值为 22.36，过去吸烟者的 RR 值为 9.36 (Shultz, J. M., Novotny, T. E., Rice, D. P., 1990)。对冠心病而言，在中国年龄 35~64 岁的男性中，城市和农村吸烟者的 RR 值均为 1.28，而美国现在吸烟者的 RR 值为 2.81，过去吸烟者的 RR 值为 1.75 (Shultz, J. M., Novotny, T. E., Rice, D. P., 1990)。

　　仅有少数的研究曾评估了中国人群的 RR 值 (Liu, B. Q., Peto, R., Chen, Z. M., Boreham, J., Wu, Y. P., Li, J. Y., Campbell, T. C., Chen, J. S., 1998；Yuan, J. M., Ross, R. K., Wang, X. L., Gao, Y. T., Henderson, B. E., Yu, M. C., 1996；Chen, Z. M., Xu, Z., Collins, R., Li, W. X., Peto, R., 1997；Niu, S. R., Yang, G. H., Chen, Z. M., Wang, J. L., Wang, G. H., He, X. Z., Schoepff, H., Boreham, J., Pan, H. C., Peto, R., 1998；Lam, T. H., He, Y., Li, L. S., Li, L. S., He, S. F., Liang, B. Q., 1997)。我们之所以选择 Liu 和 Peto 等人的估计值，是因为他们的研究样本很大并包含全国范围，而且是唯一一个按性别和城市/农村地区提供了 RR 估计值的研究。大体上，Liu 和 Peto 等人估计的 RR 值与中国其他包括前瞻性研究和病例对照研究的结果一致 (Liu, B. Q., Peto, R., Chen, Z. M., Boreham, J., Wu, Y. P., Li, J. Y., Campbell, T. C., Chen, J. S., 1998)。但是，Lam 和 He 等人 (Lam, T. H., He, Y., Li, L. S., Li, L. S., He, S. F., Liang, B. Q., 1997) 指出，大多数关于中国吸烟相关死亡率的研究都往往由于追踪期过短而低估了死亡相对危险度。他们的研究证明，随着追踪期的增加，RR 值也会增加。以 20 年的追踪期为基础，他们估计出的 RR 值与美国和英国的情况相似。在保持其他情况不变的条件下，我们使用 Lam 和 He 等人估计的 RR 值进行了敏感性分析。结果估计出的中国归因于吸烟的经济成本总值翻了两倍多，从 50.34 亿美元增长到 121.51 亿美元，并且归因于吸烟的医疗成本占全国卫生费用的比例增至 7.7%，这与美国的水平相当。

　　第二，当我们估计 PVLE 值时，因受数据的限制，我们假设所有年龄和性别亚组的人均有相同的收入。如表 2-4 所示，在这个假设下，小于 1 岁的人有最高的 PVLE 值，其后随着年龄增长递减。在 Max 和 Rice 等人的研究（Max, W., Rice, D. P., Sung, H. Y., Michel, M., 2000）中，他们根据美国的按性别和 5 岁年龄别而变化的收入数据和 3% 的贴现率，估算出美国 20 ~ 24 岁的男性和女性有最高的 PVLE 值。如果中国按年龄的收入分布情况和美国的相似，那么我们的 PVLE 估计值可能对于 20 岁以下的人是高估了，而对于等于 20 岁的人则是低估了。因此，我们对于大于等于 35 岁的人所估计的吸烟间接成本很可能低估了。还有，我们假设生产力的年增长率为 8%，这低于中国 1979 ~ 2002 年间国内生产总值（GDP）9.4% 的年均增长率（国家统计局，2004）。据中国国家统计局报告，2003 年和 2004 年 GDP 的年增长率达到了 10%。如果我们假设生产力的增长率为 9.4%，那么吸烟的经济成本估计值将会更高。但是，如果我们假设中国生产力的增长率从 2006 年开始会减少到 5% 的话，那么吸烟的间接死亡成本将会从 29 亿美元减少到 22 亿美元。

第三，我们利用 1998 年的 NHSS 资料来估计吸烟率。Yang 和 Fan 等人使用 1996 年全国吸烟行为流行病学调查的资料，对年龄在 15 ~ 69 岁的人群进行曾经吸烟率估计，男性的吸烟率为 66.9%，女性的吸烟率为 4.2%。应用同样的年龄标准，用 1998 年的 NHSS 资料估计出相应的男性吸烟率为 57.5%，女性吸烟率为 3.8%。换句话说，与 Yang 和 Fan 等人的估计相比，我们对男性的估计值比他们低 15%，对女性的估计值比他们低 10%，这可能是由于 1998 年 NHSS 的调查中有些受访者漏报了吸烟的情况导致的。在保持其他情况不变下，我们将每个年龄组的男性吸烟率增加了 15%，进行了另一个敏感性分析，结果归因于吸烟的经济成本总值增加了 10%，从 50.34 亿美元增至 55.69 亿美元。

第四，我们对吸烟经济成本的计算只考虑了三种主要的吸烟相关疾病类型，并没有包括消化性溃疡疾病和肝硬化。据亚洲最近的两项研究，这两种疾病估计占了归因于吸烟的医疗成本、YLLS 和死亡成本的 14% ~ 19%（Kang, H. Y., Kim, H. J., Park, T. K., Jee, S. H., Nam, C. M., Park, H. W., 2003; Yang, M. C., Fann, C. Y., Wen, C. P., Cheng, T. Y., 2005）。另外，Yang 和 Fan 等人（Yang, M. C., Fann, C. Y., Wen, C. P., Cheng, T. Y., 2005）的研究发现，肾脏疾病引起的归因于吸烟的医疗成本值最高。将来我们还需要进一步研究在中国人群中，吸烟对于消化性溃疡、肝硬化和肾脏疾病的发病率和死亡率的影响，以及他们带来的经济成本。

最后，这项研究并没有考虑那些照顾患有吸烟相关疾病的病人家属而休工的经济损失，环境烟草烟雾（ETS）所导致的医疗卫生成本，以及由于吸烟引起火灾所导致的死亡和被动吸烟所导致的死亡。对于 35 岁以下的人，被动吸烟是支气管炎和低出生体重的主要患病风险。Yang 和 Ma 等人（Yang, G. H., Ma, J. M., Liu, N., Zhou, L. N., 2005）估计出在 15 岁以下的中国非吸烟者中约有 50% 受到被动吸烟的暴露。由于这项研究仅评估了主动吸烟的情况，中国真正的吸烟经济负担可能远高于本研究的估计值。

本研究以传统的流行病学方法为基础（Luce, B. R., Schweitzer, S. O., 1978；Office of Technology Assessment, US Congress, 1985；Yang, M. C., Fann, C. Y., Wen, C. P., Cheng, T. Y., 2005），这个方法估计了由三种主要吸烟相关疾病所导致的吸烟归因死亡危险度，而且将此归因死亡危险度应用到疾病费用中。另外一个流行病学方法（Rice, D. P., Hodgson, T. A., Sinsheimer, P., Browner, W., Kopstein, A. N., 1984；Shultz, J. M., Novotny, T. E., Rice, D. P., 1990）则估计了由吸烟相关疾病所导致的吸烟归因医疗卫生利用危险度，并且将其应用到医疗卫生费用中。最近在美国有些研究采用了计量经济学方法（Max, W., Rice, D. P., Sung, H. Y., Zhang, X., Miller, L., 2004；Bartlett, J. C., Miller, L. S., Rice, D. P. et al., 1994；Miller, L. S., Zhang, X., Rice, D. P. et al., 1998；Miller, V. P., Ernst, C., Collin, F., 1999），他们建立了多等式的模型，通过调整其他危险因素、健康状况和个人对医疗卫生消费的偏好，分析吸烟和医疗卫生费用的关系。这个方法考虑了所有的疾病种类，从而估计吸烟者比非吸烟者多出的总超额费用。Warner、Hodgson 和 Carroll（1999）预测这种计量经济学方法将成为吸烟成本分析的规范。由于受到数据的限制，在这项研究中我们没有对医疗卫生利用的吸烟归因危险度和计量经济学的模型进行估计。

总之，我们非常保守的估计结果显示：透过大量可防止的疾病、医疗卫生成本、早死亡人数和生产力损失，吸烟给中国带来了巨大的经济负担。总经济成本已经从 1989 年的 33 亿美元上升到 2000 年的 50 亿美元。因为吸烟对发病率和死亡率的健康影响是累积的，所以如果吸烟按现在的流行趋势继续下去的话，中国在未来将承受一个更为沉重的吸烟经济负担。这个负担在农村地区将尤其令人关注，因为农村地区的人口占全国的比例高，吸烟率高，且很贫穷。为了减少吸烟对社会造成的经济负担，中国需要制定有效的控烟措施并做出持续的努力来控制烟草流行。我们希望这项研究的结果能促使中国决策者在针对烟草预防与控制的研究、公共教育、医务人员的培训和干预项目上给予足够的投资，从而制定一个全面的卫生和经济议程。

参考文献：

1. 杨功焕、马杰民、刘娜等：《中国人群 2002 年吸烟和被动吸烟的现状调查》，载《中华流行病学杂志》2005 年第 2 期，第 77～83 页。

2. 卫生部卫生经济研究所：《中国卫生总费用研究报告》（内部编印）。

3. 刘铁南主编：《烟草经济与烟草控制》，经济科学出版社 2004 年版。

4. 中华人民共和国卫生部：《中国卫生服务调查研究——1998 年第二次国家卫生服务调查分析报告》，卫生部统计信息中心，1999 年。

5. 国家统计局：《中国统计年鉴（2001）》，中国统计出版社 2001 年版。

6. 卫生部：《中国卫生统计年鉴》，中国协和医科大学出版社 2002 年版。

7. 国家统计局：《中国统计年鉴（2003）》，中国统计出版社 2004 年版。

8. Jha, P. , Chaloupka, F. J. , Curbing the Epidemic：Governments and the Economics of Tobacco Control. Washington, DC：World Bank, 1999.

9. U. S. Department of Health and Human Services. The Health Consequences of Smoking：A Report of the Surgeon General—Executive Summary. U. S. Department of Health and Human Services, Centers for Disease Control and Prevention, National Center for Chronic Disease Prevention and Health Promotion, Office on Smoking and Health, 2004.

10. Chen, J. , Cao, J. W. , Chen, Y. , Shao, D. Y. , Evaluation of Medical Cost Lost Due to Smoking in Chinese Cities. Biomed Environ Sci. 1995 Dec；8（4）：pp. 335 – 341.

11. Jin, S. G. , Lu, B. Y. , Yan, D. Y. , Fu, Z. Y. , Jiang, Y. , Li, W. , An Evaluation of Smoking-induced Health Costs in China（1988 – 1989）. Biomed Environ Sci. 1995 Dec；8（4）：pp. 342 – 349.

12. Luce, B. R. , Schweitzer, S. O. , Smoking and Alcohol Abuse：A Comparison of Their Economic Consequences. N Engl Jmed 1978；298：pp. 569 – 571.

13. Office of Technology Assessment, US Congress. Smoking Related Deaths and Financial Costs. OTA Staff Memorandum. Washington, DC：Health Program, OTA, 1985.

14. Rice, D. P. , Hodgson, T. A. , Sinsheimer, P. , Browner, W. , Kopstein, A. N. , The Economic Costs of the Health Effects of Smoking, 1984. Milbank Q. 1986；64（4）：pp. 489 – 547.

15. Warner, K. E. , Hodgson, T. A. , Carroll, C. E. , Medical costs of smoking in the United States：Estimates, Their Validity, and Their Implications. Tob Control 1999 Autumn；8（3）：pp. 290 – 300.

16. Max, W., Rice, D. P., Sung, H. Y., Zhang, X., Miller, L., The Economic Burden of Smoking in California. Tob Control 2004 Sep; 13 (3): pp. 264 – 267.

17. Lilienfeld, A. M., Lilienfeld, D. E., Foundations of Epidemiology. 3ʳᵈ ed. New York: Oxford University Press, 1994.

18. Liu, B. Q., Peto, R., Chen, Z. M., Boreham, J., Wu, Y. P., Li, J. Y., Campbell, T. C., Chen, J. S., Emerging Tobacco Hazards in China: 1. Retrospective Proportional Mortality Study of One Million Deaths. BMJ 1998 Nov 21; 317 (7170): pp. 1411 – 1422.

19. World Heath Organization. Life Tables for 191 Countries, World Mortality in 2000. WHO website: http: //www. who. int/country/chn/en/downloaded on 4/20/2004.

20. Rice, D. P., Cooper, B., The economic value of human life. Am J Public Health 1967: 57 (11): pp. 1954 – 1966.

21. Max, W., Rice, D. P., Sung, H. Y., Michel, M., Valuing human life: Estimating the present value of lifetime earnings, 2000. http: //repositories. cdlib. org/ctcre/esarm/PVLE 2000.

22. Shultz, J. M., Novotny, T. E., Rice, D. P., SAMMEC II: Computer Software and Documentation. Atlanta, Georgia: Centers for Disease Control, Office on Smoking and Health, 1990.

23. Yuan, J. M., Ross, R. K., Wang, X. L., Gao, Y. T., Henderson, B. E., Yu, M. C., Morbidity and Mortality in Relation to Cigarette Smoking: A Prospective Male Cohort Study in Shanghai, China. JAMA 1996; 275: pp. 1646 – 1650.

24. Chen, Z. M., Xu, Z., Collins, R., Li, W. X., Peto, R., Early Health Effects of the Emerging Tobacco Epidemic in China. A 16-year Prospective Study. JAMA 1997 No. 12; 278 (18): pp. 1500 – 1504.

25. Niu, S. R., Yang, G. H., Chen, Z. M., Wang, J. L., Wang, G. H., He, X. Z., Schoepff, H., Boreham, J., Pan, H. C., Peto, R., Emerging Tobacco Hazards in China: 2. Early Mortality Results from a Prospective Study. BMJ 1998 No. 21; 317 (7170): pp. 1423 – 1424.

26. Lam, T. H., He, Y., Li, L. S., Li, L. S., He, S. F., Liang, B. Q., Mortality Attributable to Cigarette Smoking in China. JAMA 1997 No. 12; 278 (18): pp. 1505 – 1508.

27. Yang, G., Fan, L., Tan, J., Qi, G., Zhang, Y., Samet, J. M., Taylor, C. E., Becker, K., Xu, J., Smoking in China: Findings of the 1996 National Prevalence Survey. JAMA 1999 Oct 6; 282 (13): pp. 1247 – 1253.

28. Kang, H. Y., Kim, H. J., Park, T. K., Jee, S. H., Nam, C. M., Park, H. W., Economic Burden of Smoking in Korea. Tob Control 2003 Mar; 12 (1): pp. 37 – 44.

29. Yang, M. C. , Fann, C. Y. , Wen, C. P. , Cheng, T. Y. , Smoking Attributable Medical Expenditures, Years of Potential Life Lost, and the Cost of Premature Death in Taiwan. Tob Control 2005 Jun; 14 Suppl 1: pp. 62 – 70.

30. Bartlett, J. C. , Miller, L. S. , Rice, D. P. , et al. (US Centers for Disease Control and Prevention). Medical expenditures attributable to cigarette smoking—United States, 1993. MMWR 1994; 43: pp. 469 – 472.

31. Miller, L. S. , Zhang, X. , Rice, D. P. et al. State Estimates of Total Medical Expenditures Attributable to Cigarette Smoking, 1993. Public Health Rep 1998; 113: pp. 447 – 458.

32. Miller, V. P. , Ernst, C. , Collin, F. , Smoking-attributable Medical Care Costs in the USA. Soc Sci Med 1999; 48: pp. 375 – 391.

第三章 吸烟和被动吸烟在中国
引起的疾病负担

甘泉　Kirk R. Smith　S. Katharine Hammond　胡德伟

一、背景

中国是世界上最大的卷烟生产国和消费国。1984 年和 1996 年的全国
吸烟调查表明（中国预防医学科学院，1997；Weng，X. Z.，Hong，
Z. G.，Chen，D. Y.，1987；Yang，G.，Fan，L.，Tan，J.，Qi，G.，
Zhang，Y.，Samet，J. M.，et al.，1999），30 岁以上的男性中有 70% 以
上吸烟（见表 3 - 1），全国烟民的总数超过 3.5 亿人。如此高的吸烟率导
致的结果是中国因吸烟造成的健康损失在全世界也是最严重的。在中国被
动吸烟的人比吸烟的人还要多。1996 年的全国吸烟调查显示，超过一半
的不吸烟的人经常性地暴露于二手烟雾中（或者称为被动吸烟者）（世界
卫生组织把被动吸烟定义为：每星期至少有一天暴露于被动烟雾中超过
15 分钟）（见表 3 - 1）。在中国，被动吸烟的人的总数超过了 4 亿人。

表 3 - 1　　　　　　　　　中国的吸烟率和被动吸烟率
（来源：1984 年和 1996 年的全国吸烟行为调查）

百分比（%）		男性					女性				
		30~44岁	45~59岁	60~69岁	70+岁	总和	30~44岁	45~59岁	60~69岁	70+岁	总和
吸烟率	1984[a]	74.1	75.4	71.2	59.7	73.4	5.5	15.6	18.9	16.6	11.2
	1996[b]	73.4	72.6	68.6	61.4	71.6	2.4	6.7	12.7	6.6	5.4
被动吸烟率	1996[c]	45.6	45.3	37.2	34.3	43.4	61.8	56.0	44.3	49.4	56.8

注：a 为 1984 年的吸烟率；b 为 1996 年的吸烟率；c 为 1996 年的被动吸烟率。

为了将烟草在中国带来的健康危害量化，本章我们将介绍 2000 年吸烟和被动吸烟在中国引起的疾病负担。吸烟的疾病负担将主要引用以前的几项研究成果（Ezzati，M.，Lopez，A. D.，2004；Liu，B. Q.，Peto，R.，Chen，Z. M.，Boreham，J.，Wu，Y. P.，Li，J. Y.，et al，1998；World Health Organization，2002），被动吸烟的疾病负担将引用本章作者最近的研究成果（Gan，Q.，Smith，K. R.，Hammond，S.，Hu，T. W.，2007）。

二、疾病负担的计算方法

疾病负担主要有两种表达方式——死亡人数和健康寿命损失（DA-LYs）。死亡人数，顾名思义，即疾病引起的死亡的人数。健康寿命损失的概念是由 Murray 和 Lopez（1996）最先提出来的。Murray 和 Lopez 提出这个概念的原因是因为用传统的死亡人数的概念来概括健康危害不全面，因为很多疾病的发病率很高但死亡率低。健康寿命损失这个概念把因为死亡和生病造成的健康损失综合起来考虑，它包括人口因死亡而损失的健康寿命（Years of Life Lost，YLLs）和因生病而损失的健康寿命（Years of Life Living with Disabilities，YLDs）。即：

DALYs = YLLs + YLDs

三、数据来源

本章用来计算吸烟和被动吸烟疾病负担的死亡和发病率数据来自世界卫生组织的全球疾病负担数据库（Global Burden of Disease Project，2005），吸烟和被动吸烟率数据摘自两次全国吸烟调查（中国预防医学科学院，1997；Weng，X. Z.，Hong，Z. G.，Chen，D. Y.，1987；Yang，G.，Fan，L.，Tan，J.，Qi，G.，Zhang，Y.，Samet，J. M.，et al.，1999）。吸烟和被动吸烟导致肺癌和心脏病的风险数据来自不同的流行病综合分析（Liu，B. Q.，Peto，R.，Chen，Z. M.，Boreham，J.，Wu，Y. P.，Li，J. Y.，et al.，1998；Gan，Q.，Hammond，S.，Colford，Jr. J.，Hu，T.，2007；He，J.，Vupputuri，S.，Allen，K.，Prerost，M. R.，Hughes，J.，Whelton，P. K.，1999；He，Y.，Lam，T. H.，1999）。

四、吸烟在中国引起的疾病负担

（一）吸烟与肺癌、冠心病的关系

在中国，关于吸烟导致肺癌的研究有很多（Liu，B. Q.，Peto，R.，Chen，Z. M.，Boreham，J.，Wu，Y. P.，Li，J. Y.，et al.，1998；Yu，S. Z.，Zhao，N.，1996）。其中有代表性的 Liu 等人（Liu，B. Q.，Peto，R.，Chen，Z. M.，Boreham，J.，Wu，Y. P.，Li，J. Y.，et al.，1998）的一项大规模的研究中发现了类似的结果：男性 RR = 2.72（95% CI：2.62 ~ 2.82）；女性 RR = 2.64（95% CI：2.48 ~ 2.80）。一个有趣的现象是，西方国家吸烟者得肺癌的相对几率（RR 在 10 ~ 15 倍之间）比中国高得多（只有 2 ~ 3 倍）。我们认为，中国烟民患肺癌的相对风险低主要有以下两个原因：首先，中国相比一些吸烟历史更长的国家，烟民的平均烟消费量要少一些（考虑到肺癌的潜伏期）。1970 年左右中国烟民的平均消费量是 4 支/天（Liu，B. Q.，Peto，R.，Chen，Z. M.，Boreham，J.，Wu，Y. P.，Li，J. Y.，et al.，1998），而美国烟民的消费量为 1 盒/天（1960 年左右）（Garfinkel，L.，Silverberg，E.，1991）。另外，烧煤和生物燃料也是肺癌的重要发病因素（Zhang，J. J.，Smith，K. R.，2007）。20 世纪后半叶中国曾经广泛地使用煤和生物燃料，由此而引发的基线肺癌发病率升高很可能导致吸烟和肺癌的关系变得相对不明显。

（二）吸烟引起的疾病负担

Liu 等人（1998）估算了 1990 年吸烟在中国引起的各种疾病的死亡人数并预测了 2000 年吸烟在中国引起的总死亡人数。我们据此推算出了 2000 年吸烟引起的各种疾病的死亡人数。世界卫生组织（World Health Organization，2002）估算出 2000 年吸烟在中国引起的总健康寿命损失。随后我们又根据 Liu 等人（1998）的各种疾病的相对比例计算出了 2000 年吸烟引起的各种疾病的健康寿命损失。另外，我们根据 Gan 等人（2007）的结果更新了吸烟引起的肺癌和冠心病的死亡人数和健康寿命损失。

2000 年吸烟在中国引发的肺癌分别占男性和女性总肺癌的 14% 和 9%。吸烟导致的肺癌死亡总人数达到 13 万人，其中绝大多数是男性，约为 11.5 万人（见表 3 - 2）。除了肺癌，还有很多种癌症和吸烟有直接关系，比如食道癌、胃癌和肝癌。在呼吸系统疾病中，吸烟主要可以导致慢阻肺和肺结核。吸烟和慢阻肺的相关性（RR）要比肺癌低，但因吸烟导致的慢阻肺死亡病例却是所有疾病中最多的。39% 因吸烟死亡的病例都是慢阻肺，总共达到 36.3 万人（见表 3 - 2）。另外，还有 4 万个肺结核的死亡病例也是由吸烟引起的（见表 3 - 2）。第三类和吸烟相关的疾病是心血管疾病（主要包括中风和冠心病）。由吸烟直接引发的中风和冠心病的死亡病例达到了 23 万例（其中 17 万例冠心病，6 万例中风），占吸烟总致死病例的 1/4，仅少于慢阻肺和癌症。

表 3 - 2　　　　2000 年中国吸烟导致的死亡人数和健康寿命损失

疾病类别	归因死亡人数（千人）			归因健康寿命损失（千人）		
	男性	女性	总数	男性	女性	总数
癌症	271	26	297	3 487	252	3 739
肺癌	115	15	130	1 054	107	1 161
食管癌	41	3	44	549	32	581
胃癌	42	3	45	711	39	750
肝癌	53	3	56	906	40	946
五种非主要癌症	20	3	23	267	34	301
慢阻肺	273	90	363	1 644	577	2 221
肺结核	34	5	40	600	91	691
中风	60	0	60	1 215	0	1 215
冠心病	119	51	170	1 037	358	1 395
总数	758	172	930	7 983	1 278	9 261

资料来源：据 WHO，Liu 和 Gan 等人的研究结果。

平均每个因吸烟致死的男性烟民损失约 9 年的健康寿命，女性烟民损失约 7 年（World Health Organization，2002）。吸烟致死的病例中慢阻肺最多，但健康寿命损失最多的是癌症（大约占总寿命损失的 40%）。2000 年吸烟总共导致 93 万中国烟民死亡（见表 3 - 2）。14% 的男性死亡人数和 3% 的女性死亡人数是由吸烟引起的。吸烟总共导致 9.28 万年的健康寿命损失，占全国总健康寿命损失（211 万年）的 4.4%。2002 年的世界健康报告（World Health Organization，2002）指出，2000 年中国导致死亡人数最多的是高血压，其次就是吸烟（见表 3 - 3）；健康寿命的损失吸烟排第三位，在饮酒和高血压之后（见表3-4）。在中国，因吸烟死亡的人数大约是因城市空气污染死亡人数的2倍多，是因不安全饮用水死亡人数的10倍。在全世界范围内，2000年490万人死于吸烟，有大约20%在中国。

表3-3　　　　　　　2000年中国排在前10位的致死因素

危险因素	死亡人数（千人）		
	男性	女性	总数
高血压	604	644	1 249
吸烟	758	172	930
饮酒	395	56	451
室内固体燃料污染	116	311	428
水果和蔬菜摄入量过低	229	197	426
胆固醇高	189	225	414
室外空气污染	150	152	302
肥胖	139	156	295
缺乏运动	112	114	226
工作环境中的危险因素	193	27	220

表3-4　　　　　　2000年中国引起健康寿命损失的十大危险因素

危险因素	健康寿命损失（千人）		
	男性	女性	总数
饮酒	12 020	1 941	13 961
高血压	6 783	6 044	12 827
吸烟	7 983	1 278	9 261
出生体重不足	4 048	3 972	8 020
工作环境中的危险因素	5 720	1 010	6 730
室内固体燃料污染	2 569	3 528	6 097
肥胖	2 430	2 804	5 234
水果和蔬菜摄入量过低	2 718	2 042	4 760
胆固醇高	2 376	2 195	4 571
缺铁	1 876	2 462	4 338

资料来源：根据WHO的研究结果。

五、被动吸烟在中国引起的疾病负担

以往的关于吸烟引起的疾病负担的研究很少考虑过被动吸烟。在关于被动吸烟疾病负担的计算中，我们尽可能地采用中国卫生部发表的官方数据。但是，为了和世界卫生组织全球疾病负担项目以及相对风险评估项目（Global Burden of Disease Project，2005）关于其他国家疾病负担的估算保持一致，我们计算中使用的人口和发病率的数据都来自世界卫生组织（Global Burden of Disease Project，2005）。中国占西太平洋 B 地区（低儿童和总人口死亡率的国家）人口的 85%，在某些情况下，世界卫生组织的数据和中国卫生部的官方数据有一些出入，但对于我们计算结果的影响很小。另外，我们只计算了 30 岁以上的肺癌和冠心病的疾病负担，因为大部分儿童肺癌都和吸烟或被动吸烟无关（Liu, B. Q., Peto, R., Chen, Z. M., Boreham, J., Wu, Y. P., Li, J. Y., et al., 1998）。为了和世界卫生组织的计算方法保持一致，健康寿命损失的估算我们采用了 3% 的折扣和年龄加权。

（一）被动吸烟与肺癌、冠心病的关系

考虑到很多疾病的死亡和发病率数据都有比较大的不确定性，本章中我们只计算了被动吸烟导致的两种最主要疾病的负担——肺癌和冠心病。

因为非吸烟人群的总肺癌负担是未知，所以在计算被动吸烟的肺癌负担之前，我们先算出了非吸烟人群的总肺癌负担：

$$D_{nons} = (D_{total} - D_{smka}) \times (1 - P_s)$$

其中，

D_{nons}——非吸烟人群的总肺癌疾病负担；

D_{total}——全部人群的总肺癌疾病负担；

D_{smka}——吸烟人群的总肺癌疾病负担；

P_s——全部人群的吸烟率。

吸烟人群的总肺癌疾病负担是用归因方法计算得出的。吸烟导致肺癌的比率比参照的是 Liu 等人的研究结果（1998）。计算非吸烟人群冠心病疾病负担的方法和肺癌的类似，吸烟人群的总冠心病疾病负担也是用归因方法计算得出的。其中吸烟导致冠心病的比率比参照的是 He 及 Lam 的研究结果（He, Y., Lam, T. H., 1999）。他们通过对中国 25 个流行病研

究的综合分析发现，吸烟的男性和女性得冠心病的比率比分别为 1.72
（95% CI：1.61～1.83）和 2.69（95% CI：1.82～3.98）。

　　通过被动吸烟引起肺癌和冠心病的比率比和前面得出的非吸烟人群的
总疾病负担，我们用归因方法同样可以计算出被动吸烟引起的肺癌和冠心
病的疾病负担。其中，被动吸烟引起肺癌的比率比是参照 Gan 等人
（2007）的研究结果。在对 19 例流行病研究的综合分析中 Gan 等人发现，
一生中经常暴露于二手烟雾中的妇女得肺癌的几率要高出 63%（RR =
1.63，95% CI：1.12～2.37）。鉴于对男性的研究非常少，因此，我们假
设男性和女性的风险是同样的。与肺癌相比，被动吸烟和冠心病的研究在
中国非常少，而且结果也不是很一致（He，Y.，1989；He，Y.，Lam，
T. H.，Li，L. S.，Du，R. Y.，Jia，G. L.，Huang，J. Y.，et al.，1994；
Wen，W. Q.，Shu，X. O.，Gao，Y. T.，Yang，G.，Li，Q.，Li，H. L.，
et al.，2006）。这里我们引用国外研究的结果，He 等人（He，J.，Vup-
puturi，S.，Allen，K.，Prerost，M. R.，Hughes，J.，Whelton，P. K.，
1999）综合分析了 10 个国家的 18 例研究结果发现，在二手烟雾中暴露的
男性和女性得冠心病的比率比分别为 1.22（95% CI：1.10～1.35）和
1.24（95% CI：1.15～1.34）。

（二）被动吸烟的疾病负担

　　表 3-5 和表 3-6 分别列出了被动吸烟和吸烟疾病负担的结果。因为
男性吸烟率高女性吸烟率低，过半的男性肺癌死亡都是由吸烟引起的，而
只有 9% 的女性肺癌死亡是由吸烟引起的。另外，被动吸烟是不吸烟人群
肺癌的主要致死因素之一，21% 的不吸烟男性肺癌死亡和 26% 的不吸烟
女性肺癌死亡都是由被动吸烟引起的。具体来说，2002 年约 2.2 万名不
吸烟者因被动吸烟导致的肺癌而死亡，其中 70% 以上是女性。另外，被
动吸烟引发的肺癌导致 22.8 万年的健康寿命损失。

　　虽然肺癌是第一个被发现和吸烟、被动吸烟相关的致命疾病，但是后
来的研究发现，吸烟和被动吸烟导致的冠心病死亡人数要远多于肺癌
（California Environmental Protection Agency，2006）。我们的研究同样支持
这个结论。如表 3-5 和表 3-6 所示，吸烟导致的冠心病死亡人数要比肺
癌多 4 000 人左右，被动吸烟导致的冠心病死亡人数也比肺癌多。具体来
说，2002 年 3.38 万人因被动吸烟导致的冠心病死亡。健康寿命损失方
面，被动吸烟引发的冠心病导致 25 万年的健康寿命损失。

表3-5　2002年中国被动吸烟引起的死亡人数和健康寿命损失（括号中是95%置信区间）

疾病类别	指标	男性					女性					总数
		30~44岁	45~59岁	60~69岁	70岁+	总数	30~44岁	45~59岁	60~69岁	70岁+	总数	
肺癌	死亡人数(千人)	0.2 (0.0~0.6)	1.2 (0.3~2.0)	1.7 (0.4~3.1)	2.5 (0.5~4.4)	5.7 (1.3~10.1)	1.1 (0.3~1.9)	4.5 (1.1~7.5)	4.1 (0.9~7.0)	6.9 (1.6~11.7)	16.5 (3.9~28.0)	22.2 (5.2~38.1)
	健康寿命损失(千年)	8.6 (2.0~14.8)	18.4 (4.3~31.7)	15.9 (3.6~28.2)	10.1 (2.2~18.2)	53.0 (12.1~93.0)	28.9 (7.1~47.3)	73.6 (17.8~122.5)	40.0 (9.3~69.3)	32.1 (7.6~54.5)	174.6 (41.7~293.6)	227.6 (53.8~386.6)
冠心病	死亡人数(千人)	0.3 (0.1~0.4)	0.9 (0.4~1.3)	1.3 (0.6~1.9)	3.9 (1.9~6.0)	6.3 (3.0~9.6)	0.9 (0.6~1.2)	2.6 (1.7~3.6)	3.9 (2.6~5.4)	20.0 (13.0~27.1)	27.5 (17.9~37.3)	33.8 (20.9~46.9)
	健康寿命损失(千年)	7.1 (3.4~10.8)	14.6 (7.0~22.1)	12.0 (5.7~18.3)	16.1 (7.6~24.6)	49.9 (23.7~75.7)	25.3 (16.6~34.0)	46.6 (30.5~63.0)	40.4 (26.2~55.0)	92.9 (60.5~126.1)	205.2 (133.8~278.1)	255.1 (157.5~353.8)

资料来源：摘自 Gan 等人的研究结果。

表 3-6　2002 年中国吸烟引起的死亡人数和健康寿命损失

疾病类别	指标	男性					女性					总数
		30~44 岁	45~59 岁	60~69 岁	70 岁 +	总数	30~44 岁	45~59 岁	60~69 岁	70 岁 +	总数	
肺癌	死亡人数（千人）	3.2	26.4	41.4	43.7	114.7	0	1.1	4.3	10.0	15.3	130.0
	健康寿命损失（千年）	80.3	418.5	376.2	179.4	1 054.3	0.8	17.4	42.2	46.5	106.9	1 161.2
冠心病	死亡人数（千人）	5.6	20.4	29.4	63.3	118.7	0.4	4.0	10.4	36.0	50.9	169.6
	健康寿命损失（千年）	155.9	344.2	276.7	260.1	1 036.8	12.3	70.9	107.1	167.3	357.7	1 394.6

资料来源：摘自 Gan 等人的研究结果。

肺癌和冠心病合计，被动吸烟的致死人数和健康寿命损失大约是吸烟的1/5。男性中因吸烟而死亡的人数远远超过被动吸烟（见图3-1）。女性中，就冠心病来讲，被动吸烟的致死人数是吸烟的2/3；就肺癌来讲，被动吸烟的致死人数甚至超过了吸烟的致死人数（见表3-5、表3-6、图3-1）。总的来说，女性中被动吸烟的健康寿命损失（约38万年）是吸烟健康寿命损失（约46万年）的82%。

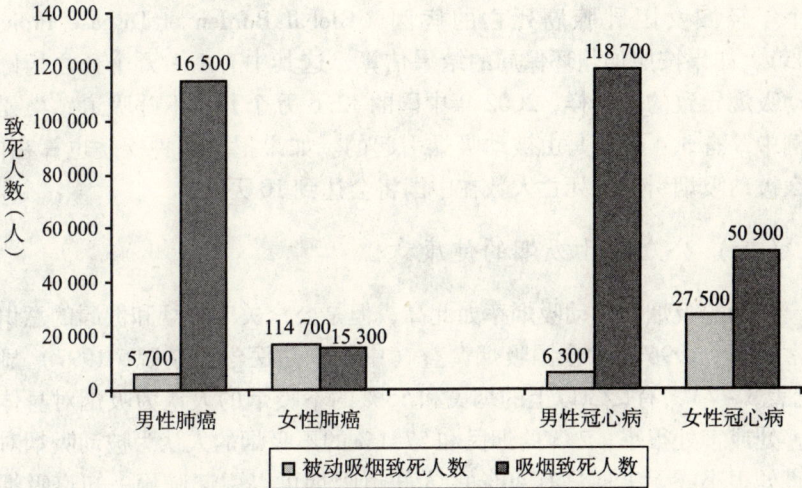

图3-1 吸烟和被动吸烟的致死人数

六、讨论

（一）被动吸烟的风险评估

在中国，被动吸烟每年导致约5.6万人死亡，由此估算的被动吸烟的死亡几率大概在200/10万。如果和其他的风险因素相比，一个人每年因交通事故死亡的几率是8/10万，不足被动吸烟的1/10；因被动吸烟死亡的人数是吸毒致死人数的2倍。

（二）被动吸烟导致的其他疾病

很多本章没有包括在内的和被动吸烟相关的疾病也可能造成很大的疾

病负担，特别是对妇女和儿童。最近加州环保局①的报告总结道，被动吸烟可以引起以下各种疾病：出生儿体重过低，婴儿猝死症，包括哮喘、中耳炎和下呼吸道感染等在内的各种呼吸系统疾病，乳腺癌和鼻窦癌。这些疾病中，在中国显得特别重要的有乳腺癌和下呼吸道感染。根据加州环保局的报告（California Environmental Protection Agency，2006），被动吸烟的年轻妇女患乳腺癌的几率是非被动吸烟的年轻妇女的两倍，被动吸烟的儿童患下呼吸道感染的几率比平常儿童高出 20%。2002 年中国有大约 3.4 万个年轻妇女因乳腺癌死亡的病例（Global Burden of Disease Project，2005）。如果按照加州环保局的结果估算，这其中有 1.1 万个死亡病例是被动吸烟导致的。同样，2002 年中国的 12.6 万个儿童下呼吸道感染死亡病例中，有 3.4 万例是由被动吸烟引起的。如果把这两种疾病也算在内，那么被动吸烟引起的死亡人数在中国将会达到 10 万人。

（三）公众关于吸烟的健康意识

中国的吸烟和被动吸烟率如此高，但是公众关于吸烟和健康的意识却非常淡薄。1996 年的全国吸烟调查（中国预防医学科学院，1997）显示（见表 3 - 7），有 2/3 以上的烟民和 55% 的不吸烟的人认为吸烟对身体没有害处或害处很小；2/3 的烟民和 57.1% 的不吸烟的人认为被动吸烟对身体害处很小或无害；只有 40% 的人知道吸烟可以引起肺癌，知道吸烟可以引起心脏病的人更少，只有 4%。1996 年的调查问卷没有被动吸烟是否会引起肺癌和心脏病的问题，但可想而知，能给出正确答案的人会更少（正确的答案是被动吸烟会引起肺癌和心脏病）。

表 3 - 7　　　　　　　对于吸烟和被动吸健康危害的认知程度　　　　　单位：%

类别	吸烟对健康有害吗？				被动吸烟对健康有害吗？				吸烟可以引起	
	害处很大	害处很小	没有害处	不知道	害处很大	害处很小	没有害处	不知道	肺癌	心脏病
吸烟者	23.3	61.1	7.5	8.1	17.6	56.4	10.8	15.3	36.0	3.8
不吸烟者	36.6	52.6	2.0	9.1	28.8	52.7	4.4	14.7	42.1	4.2

资料来源：引自 1996 年全国吸烟行为调查的结果。

---

① California Environmental Protection Agency. Proposed Identification of Environmental Tobacco Smoke as a Toxic Air Contaminant；California Environmental Protection Agency Air Resources Board & Office of Envinnmental Health Hazard Assessment，2006.

七、结论

在这一章里，我们介绍了与吸烟和被动吸烟相关的各种疾病以及其在中国引起的疾病负担。大多数和烟草相关的疾病负担是由吸烟引起的，但是被动吸烟引起的疾病负担也相当可观，而且被动吸烟的健康影响对控烟政策的制定会有很重要的影响。烟草是中国最主要的致病和死亡因素之一。2002 年有约 100 万个死亡病例和 1 000 万年的健康寿命损失是由吸烟和被动吸烟引起的，相当于当年全国总死亡人数的 12% 和总健康寿命损失的 5%。如果中国的吸烟人数按现在的速度增长，那么到 2020 年，与吸烟相关的疾病负担将会翻一倍。被动吸烟给非吸烟者带来了严重的健康威胁。2002 年，中国总共有 5.6 万人因被动吸烟而死亡，其中 2.2 万人死于肺癌，3.4 万人死于冠心病。被动吸烟带来的健康寿命损失也同样巨大，约 48 万年的健康寿命因为被动吸烟而损失，大约相当于吸烟导致的健康寿命损失的 1/5。在中国，吸烟的女性很少，但是大多数女性的丈夫都吸烟，正因如此，被动吸烟给女性带来的健康损失相当严重。被动吸烟和多种疾病的因果关系值得关注，这些疾病包括中风、年轻女性的乳腺癌、儿童的下呼吸道感染、哮喘以及婴儿猝死症。建议更多的流行病研究来探讨这些疾病与被动吸烟的关系。

在中国采取全面长期的控烟政策来降低烟草的危害已经迫在眉睫。其中最重要的一项工作之一就是在公众中加大力度宣传吸烟和被动吸烟的危害，只有公众的意识提高了，公共场所和工作场所的无烟政策才有执行的基础。鉴于烟草危害在中国的严重性，我们建议政府在公众教育方面加大投入力度，颁布实施更严格的禁烟政策，来遏制烟草危害的进一步蔓延。

参考文献：

1. 何耀：《女性被动吸烟与冠心病》，载《中华预防医学杂志》1989 年第 1 期，第 19～22 页。

2. 中国预防医学科学院：《1996 年全国吸烟行为流行病学调查》，中国科学技术出版社 1997 年版。

3. Weng, X. Z., Hong, Z. G., Chen, D. Y., Smoking Prevalence in Chinese Aged - 15 and Above. *Chinese Medical Journal* 1987；100 (11)：pp. 886 - 892.

4. Yang, G., Fan, L., Tan, J., Qi, G., Zhang, Y., Samet, J. M., et al., Smoking in China：Findings of the 1996 National Prevalence Survey. *Jama* 1999；282 (13)：

pp. 1247 – 1253.

5. Ezzati, M. , Lopez, A. D. , Regional, Disease Specific Patterns of Smoking-attrib-utable Mortality in 2000. *Tob Control.* 2004; 13 (4): pp. 388 – 395.

6. Liu, B. Q. , Peto, R. , Chen, Z. M. , Boreham, J. , Wu, Y. P. , Li, J. Y. , et al. , Emerging Tobacco Hazards in China: 1. Retrospective Proportional Mortality Study of One Million Deaths. *Bmj* 1998; 317 (7170): pp. 1411 – 1422.

7. World Health Organization, The World Health Report, 2002. Geneva: The World Health Organization, 2002.

8. Gan, Q. , Smith, K. R. , Hammond, S. , Hu, T. W. , Disease Burden of Adult Lung Cancer and Ischemic Heart Disease from Passive Tobacco Smoking in China. (*in press, Tobacco Control*) 2007.

9. Murray, C. J. , Lopez, A. D. , *The global burden of disease: a comprehensive assessment of mortality and disability from diseases, injuries, and the risk factors in* 1990 *and projected to* 2020. Geneva, Switzerland: World Health Organization, 1996.

10. Global Burden of Disease Project. http: //www3. who. int/whosis/menu. cfm? path = evidence, burden, burden _ estimates, burden _ estimates _ 2002N&language = english: Global Burden of Disease Project, World Health Organization, 2005.

11. Gan, Q. , Hammond, S. , Colford, Jr. J. , Hu, T. , Exposure to Secondhand Smoke and the Risk of Lung Cancer in China: A Meta-analysis. (submitted) 2007.

12. He, J. , Vupputuri, S. , Allen, K. , Prerost, M. R. , Hughes, J. , Whelton, P. K. , Passive Smoking and the Risk of Coronary Heart Disease a Meta-analysis of Epidemiologic Studies. *New England Journal of Medicine* 1999; 340 (12): pp. 920 – 926.

13. He, Y. , Lam, T. H. , A Review on Studies of Smoking and Coronary Heart Disease in China and Hong Kong. *Chinese Medical Journal* 1999; 112 (1): pp. 3 – 8.

14. Yu, S. Z. , Zhao, N. , Combined analysis of case-control studies of smoking and lung cancer in China. *Lung Cancer* 1996; 14 (Suppl 1): S161 – 170.

15. Garfinkel, L. , Silverberg, E. , Lung Cancer and Smoking Trends in the United States over the past 25 Years. *CA Cancer J Clin* 1991; 41 (3): pp. 137 – 145.

16. Zhang, J. J. , Smith, K. R. , Household Air Pollution from Coal and Biomass Fuels in China: Measurements, Health Impacts, and Interventions. *Environ Health Perspect* 2007; 115 (6): pp. 848 – 855.

17. He, Y. , Lam, T. H. , Li, L. S. , Du, R. Y. , Jia, G. L. , Huang, J. Y. , et al. , Passive Smoking at Work as a Risk Factor for Coronary Heart Disease in Chinese Women Who have Never Smoked. *Bmj* 1994; 308 (6925): pp. 380 – 384.

18. Wen, W. Q. , Shu, X. O. , Gao, Y. T. , Yang, G. , Li, Q. , Li, H. L. , et al. , Environmental Tobacco Smoke and Mortality in Chinese Women Who have Never

Smoked: Prospective Cohort Study. *British Medical Journal* 2006; 333 (7564): pp. 376 – 379.

19. California Environmental Protection Agency. Proposed Identification of Environmental Tobacco Smoke as a Toxic Air Contaminant: California Environmental Protection Agency Air Resources Board & Office of Environmental Health Hazard Assessment, 2006.

第四章　吸烟对卫生服务利用的影响

毛正中　胡德伟

一、引言

迄今为止，分析吸烟对健康带来的影响有两种方法：一种是所谓的归因法或部分结果法，即首先将可以归因于吸烟的疾病筛选出来，并计算吸烟者罹患这些疾病的相对危险度；然后计算这些疾病的经济负担（直接的和间接的经济负担）；最后计算由于吸烟者有更高的患病风险，因此造成比非吸烟者更高的患病率，从而带来更高的经济负担，这高出的部分便是吸烟带来的经济损失。已有一些研究采用这种办法估计了吸烟给中国带来的成本（Jin, S. G., Ln, B. Y., Yan, D. Y., et al., 1995；Jiang, Y., Jin, Sh. G., 2000；Sung, H. Y., Wang, L., Jin, S. G., Hu, T. W., Jiang, Y., 2006）。这种方法的主要弱点是：很可能引起对吸烟成本的低估。这是因为目前还无法把吸烟所引起的全部疾病都搞得很清楚，因而不得不只计算已经很清楚的几种由吸烟引起的疾病的经济负担。上述的几项研究，大多只涉及癌症、循环系统疾病、呼吸系统疾病和消化系统疾病。另一种方法可称为全因素法或完全结果法。这一方法的特点是比较全面地直接估计吸烟带来的经济损失，而不是只限于几类疾病。我们这里采用这种方法来估计吸烟给中国带来的对卫生服务的影响。

二、资料和方法

我们利用 2003 年第三次国家卫生服务调查的资料来估计吸烟引起的医疗服务需求。此次调查在全国东、中、西部的 95 个区（县）完成了 57 023 户城乡居民的有关信息搜集（卫生部统计信息中心，2004）。本章利用以区（县）为统计单元的集合资料进行分析，但其中有 6 个区（县）

的某些变量缺失，故只用了其中89个区（县）的数据。

表4-1是这一组数据的总体情况。

表4-1 样本数据

变量	均数	标准差	最小值	最大值
调查人数（人）	2 038.079	343.930	1 515	3 183
大于65岁的比例（%）	10.010	4.654	2.9	24.3
非文盲半文盲人口的比例（%）	73.757	5.422	57.6	95
人均年收入（元）	3 447.584	2 583.185	951	12 717
床位数（个）	1 537.101	1 463.754	49	8 133
医师数（人）	708.337	807.172	39	5 049
住院病人次数（次）	974 368.500	1 152 109.000	30 832	6 864 408
门诊病人次数（次）	27 833.010	23 847.480	253	124 358
吸烟率（%）	26.243	5.422	5	42.4
饮用安全水的比例（%）	50.946	37.142	0	100

吸烟会引起多种疾病，因而受烟害之苦者，无论是主动吸烟还是被动吸烟都会有更高的医疗卫生服务需求。为了真正地把吸烟带来的医疗卫生服务需求的增加暴露出来，当然需要在尽量控制影响医疗卫生服务的其他基本因素的条件下来考察吸烟的影响。

我们选择在一个小区域内，即一个区（县）内的吸烟率（SMOKE_R）作为当地吸烟状况的代表指标，主要用它来解释不同小区域（即区、县内）卫生服务需求的变异。而其他解释变量作为协变量，它们包括年龄结构、教育水平、收入水平、区域内卫生服务供给能力、当地的医疗服务收费水平和环境因素。这些变量的具体描述如下：

NUMBER：各区（县）调查的人数。

AGE_R：各区（县）65岁以上人口的比例，以此代表年龄结构。

EDU_R：各区（县）15岁以上非文盲半文盲的比例，以此代表教育水平。

INCOME：各区（县）人均年收入。

BED：各区（县）的床位数。

DOCTOR：各区（县）的医师数；它与BED一起代表各区（县）的医疗卫生服务供给能力。

PRICE_O：门诊次均费用，代表门诊"价格"。

PRICE_I：住院次均费用，代表住院"价格"。

SMOKE_R：各区（县）的吸烟率。

WATER：各区（县）饮用自来水的人口所占比例，代表环境因素。

需要说明的是，NUMBER（调查人数）是指对医疗卫生服务利用的调查人数；而 SMOKE_R（吸烟率）是"现吸烟人数/调查人数"，但这一调查是对不同的一组人群进行的，故并不存在所谓内生性问题。

被解释变量是：

M_O：各区（县）2003 年门诊人次数，表示对门诊服务的需求。

M_I：各区（县）2003 年住院人次数，表示对住院服务的需求。

我们利用：

$$\ln M\_O = \sum \alpha_i X_i + \mu_o \qquad (4-1)$$

$$\ln M\_I = \sum \beta_i X_i + \mu_I \qquad (4-2)$$

来估计对门诊和住院服务的需求，X_i 即为上述各解释变量。对方程（4-1），"价格"变量用 PRICE_O（门诊次均费用），服务供给能力的变量用 DOCTOR（医师数）；对方程（4-2），"价格"用变量 PRICE_I（住院次均费用），服务供给能力变量用 BED（床位数）。对于吸烟率 SMOKE_R，我们将它的对数 $\ln(\text{SMOKE\_R})$ 引入方程作为解释变量，这样，我们可以得到医疗服务需求对于"吸烟率"的弹性，即吸烟率的变动对医疗服务需求变动的影响，在此基础上估计吸烟对医疗卫生服务的影响。

三、估计结果

表 4-2 和表 4-3 分别给出了对门诊和住院需求的估计。

结果显示，我们所选的解释变量可以解释影响需求的 99% 以上的信息。有显著性影响的因素分别是年龄结构（65 岁以上老人的比例）、卫生服务提供能力（医师数和床位数），"价格"（对门诊）及饮用自来水的人口的比例对卫生服务需求都有显著性影响或几乎有显著性的影响。

表 4 - 2   门诊服务需求及其影响因素

Ln（M_O）	系数	标准误	T - 值	P > |t|
调查人数（人）	0.00125	0.00024	5.13	0.000
大于 65 岁的比例（%）	0.13175	0.03231	4.08	0.000
非文盲半文盲人口的比例（%）	0.04063	0.00829	4.90	0.000
人均年收入（元）	0.00010	0.00007	1.45	0.150
医师数（人）	0.00045	0.00018	2.47	0.015
门诊次均费用	- 0.01037	0.00647	- 1.60	0.113
Ln（吸烟率）	1.95525	0.22487	8.70	0.000
饮用安全水的比例	- 0.00669	0.00351	- 1.91	0.060

Number of obs = 89   F(8, 81) = 3 039.58
Prob > F = 0.0000   R-squared = 0.9967
Adj R-squared = 0.9964

表 4 - 3   住院服务需求及其影响因素

Ln（M_O）	系数	标准误	T - 值	P > |t|
调查人数（人）	0.00062	0.00023	2.75	0.007
大于 65 岁的比例（%）	0.08136	0.03029	2.69	0.009
非文盲半文盲人口的比例（%）	0.04300	0.00772	5.57	0.000
人均年收入（元）	0.00006	0.00007	0.93	0.357
床位数（个）	0.00037	0.00009	4.18	0.000
门诊次均费用（元）	- 0.00020	0.00010	- 1.93	0.057
Ln（吸烟率）	1.31014	0.20430	6.41	0.000
饮用安全水的比例	- 0.00857	0.00320	- 2.68	0.009

Number of obs = 89   F(8, 81) = 1971.63
Prob > F = 0.0000   R-squared = 0.9949
Adj R-squared = 0.9944

　　吸烟率对门诊和住院服务需求都有显著的影响，从表 4 - 2 和表 4 - 3 中可以看出，若吸烟率提高 10%，则门诊需求会增加 19.6%，而住院需求会增加 13.1%。吸烟引起的需求增加所带来的直接医疗费用，就是吸烟的直接经济负担。2003 年中国卫生服务调查的吸烟率为 26%，我们假设吸烟率提高了 20%，于是门诊服务增加了 39.2%，而住院服务需求增加了 26.2%。2003 年全国门诊总人次数为 20.96 亿次，总住院人次数为 6 092 万次（卫生部统计信息中心，2003）。于是，假定其他条件都不变

的情况下，可以算出吸烟对门诊和住院需求的贡献分别为 5.9 亿次和
1 265 万次。

参考文献：

1. 姜垣、金水高：《1998 年中国居民吸烟归因社会经济负担》，中国 21 世纪控烟
策略研讨会，2000 年。

2. 卫生部统计信息中心：《中国卫生服务调查研究》，中国协和医科大学出版社
2004 年版。

3. Sung, H. Y., Wang, L., Jin, S. G., Hu, T. W., Jiang, Y., Economic bur-
den of smoking in China, 2000. Tobacco control, 2006, 15: 5 – 11.

4. Jin, S. G., Ln, B. Y., Yan, D. Y., et al., An Evaluation of Smoking Induces
Health Cost in China (1988 – 1989). Biomed. Environ. Sci, 1995, 8: pp. 342 – 349.

第二部分

卷烟需求及家庭支出分析

第五章 卷烟需求及影响因素研究

毛正中 胡德伟

本章由四个部分组成，内容包括我们对卷烟需求做的两次估计。第一部分，利用 1998 年全国范围内的个人吸烟调查资料做了需求估计；第二部分利用 2002 年中国 CDC 在全国 27 个省、市、自治区的吸烟调查数据以及时间系列数据估计了中国成人的卷烟需求及其决定因素；同时，作为第三部分，我们对不同收入人群的需求做了分析，以期为烟草政策的制定者提供据以做出决策的依据；第四部分则专门讨论了青少年的卷烟需求问题。

一、1998 年的需求估计

1998 年在全中国六大区的 8 个市和 16 个县做了一次全国性的卷烟消费问卷调查，并获得了 24 641 名成人（年满 20 岁）及 21 325 名青少年的有效应答问卷。本章只涉及成人的数据。这一成人样本遍及所涉及市、县的 107 个小区，他们中有 9 352 名吸烟者，但其中只有 8 845 名观测对象有全部变量的数据。

卷烟消费的数据是按自我报告记录的。Warner 等人已经证明：基于自我报告的调查，卷烟消费的数据显著地低于实际销售的数据，因而有明显的低报的倾向（K. E. Waner, 1978）。然而，对于我们的样本，可算出自报人均年卷烟消费量为 84.8 包。这一数字略大于按年销售量算得的人均年卷烟消费量（68 包）（《中国统计年鉴（1999）》）。这可能是大量的走私烟并未计算在销售数量内所致。若按吸烟者的月平均消费计算，我们的样本人群为人均 21.7 包/月，这一数字大体上与 1996 年全国吸烟模式的流行病学调查的结果（人均 22.5 包/月）相当。因而卷烟的自我报告数据是可信的。

（一）方法

1. 有关变量的选择

计量经济学的方法学研究已经证明，模型中遗漏了实际会影响卷烟消费的变量，就会使模型中业已包含的变量的估计产生偏倚（Frank, J., Chalonpka and Keneth, E., Waner, 2000）。因而在我们的模型中尽可能地包含了问卷中已有的变量，除了通常的社会经济变量和人口学变量以外，我们引入了某些其他变量，它们包括：代表人们对吸烟风险认知的变量（它测量了对吸烟的态度）、测量人们是否具有吸烟损害健康知识的变量，以及测量控烟宣传效果的变量。所有变量简单地描述如下：

因变量为：Y_1、Q 和 Y_2。

$Y_1 = 1$，若是现吸烟者，$Y_1 = 0$，若不是现吸烟者；Q 为现吸烟者的卷烟消费量（包/月）；$Y_2 = 1$，若以前吸烟，现在已不吸烟，$Y_2 = 0$，现在仍为吸烟者。

自变量为：性别、民族、教育、职业、收入水平、年龄、卷烟价格、地区（城、乡）、风险认知、知识、控烟宣传。

虽然卷烟的税率在全国各地是相同的，但各地的消费者所面对的卷烟价格事实上存在着差异。首先，卷烟的品牌远远超过百种，而它们的价格从几角钱到几十元一包不等，并且不同地方的人们可能有抽不同品牌卷烟的习惯。其次，卷烟零售价格完全由市场决定，即使对同一品牌的卷烟，由于不同的运输费用、当地的需求水平等原因，在不同地方其价格也会是不同的。

对于现吸烟者，"价格"这一变量的值是由"卷烟支出/卷烟消费量（包）"而获得的。对于非吸烟者而言，他们所面对的"价格"按下述方式确定：对于每一个小区，求出吸烟者的卷烟价格的平均值，该小区的每一个非吸烟者所面对的价格即为此平均值。

收入、民族、性别、职业、教育等分组及对照组的选择如表 5 - 1 所示。

变量"风险认知"测量了应答者对吸烟风险的理解。若一个应答者对陈述"某人说即使吸烟有损我的健康我也要享用卷烟"表示"不赞同"或"完全不赞同"，则我们判断他能够认识吸烟的风险。若认识了风险，"风险认知"取值为 1；否则，取值为 0。

表 5-1　　　　　　　　　　　　　　样本概观

性别		教育	
男	12 854	文盲半文盲	3 093
女	11 786	小学	5 339
民族		初中	8 224
汉	23 059	高中	5 696
少数民族	1 544	大学	2 282
地区		家庭月均收入（元）	
城市	13 316	小于 50	3 206
农村	11 325	50~199	7 730
职业		200~499	7 455
农民	9 456	500~999	3 839
工人和服务行业	7 318	大于等于 1 000	2 383
科、教、卫和干部	3 948	吸烟状态	
外资、合资企业职员	829	当前吸烟者	9 352
无（失）业、退休及其他	3 088	过去吸烟者	1 034
人员		从不吸烟者	14 255
平均年龄		42	
卷烟月人均消费量（包，全样本）		7.8	
卷烟月人均消费量（包，现吸烟者）		21.7	
现吸烟者月均卷烟费用（元）		74.4	

　　变量"知识"是用来测量应答者是否有吸烟会引起疾病的知识。若应答者知道吸烟会危害健康、引起疾病，则我们判断他具有相关的知识。若有这种知识，则变量"知识"取值为1；否则，取值为0。

　　在我国，卫生防病机构和其他卫生部门已开展了多年的控烟宣传和健康教育，这些宣传教育活动可能对卷烟需求产生重要的影响。我们用变量"控烟宣传"来测量控烟宣传教育的实际影响。当然，这里本质上还是一种定性的测量，即只是要测量出控烟宣传和健康教育对吸烟"有"或者"没有"显著性的影响。若应答者从控烟宣传/健康教育的活动、大众传媒、广告宣传等获得了有关吸烟有害的信息，并且同时又相信这些信息的科学性、真实性，那么我们认为控烟宣传/健康教育对他是有效的，这时，对变量"控烟宣传"赋值为1；否则对该变量赋值为0。

2. 两部模型和两阶段最小二乘估计

　　为了估计价格和其他因素对卷烟需求的影响，我们采用了近年来在研究卷烟需求时广泛应用的两部模型：

$$P_r(y=1) = 1/(1 + \exp(-(\alpha + \sum \beta_i x_i)))\qquad(5-1)$$

$$\text{Ln } Q = \alpha + \sum \beta_i x_i\qquad(5-2)$$

其中，x_i 是上述所有变量；α 和 β_i 是待估参数。

两部模型的优点在于可以分别估计各变量对参与吸烟的决策和对吸烟者的消费量，即条件需求的影响。

然而，对变量"价格"所做的上述定义，使这一变量可能是一个内生变量，从而使得上述模型所需的假设条件得不到满足。因而，我们用"职业"和"地区"的线性组合作为"价格"的工具变量，并且用两阶段最小二乘法来估计需求模型。首先，我们将"价格"对"职业"和"地区"做回归，得到如下的结果：

$$\text{价格} = 1.272 + 0.00039 \times \text{地区} + 0.0192 \times \text{职业}\qquad(5-3)$$
$$\qquad\qquad(4.95)\qquad\qquad(21.99)$$

（5-3）式中括号里的数字是相应估计的 t 值。显然，"地区"和"职业"对卷烟需求而言是外生的，并且它们与"价格"是显著相关的。于是对于每一个观测对象，我们用这一"估计的价格"来取代"前面定义的价格"，即用此作为"价格"变量的值。

（二）估计结果

我们利用这一新的"价格"和其他变量并应用普通最小二乘法来估计了需求的对数-线性模型；而应用极大似然估计法估计吸烟决策的 Logistic 模型。并且，我们将这些方法应用于四个不同的人群组：全样本组、不同收入组、不同性别组和不同吸烟状况组。

1. 全样本组

对全样本组的估计结果如表 5-2 所示。

由表 5-2 的估计结果，容易计算出总价格弹性为：

$$-((1-0.359) \times 0.431 + 0.238) = -0.514$$

并且，容易看出，价格对需求的这种影响，差不多一半来自对消费量的影响，另一半来自对吸烟决策的影响。虽然价格对吸烟者的消费量有显著的影响，可惜的是，我们并没有发现对全样本组人群而言，价格对吸烟决策有显著的影响。

表5-2　　　　　　　条件需求及吸烟决策和决定因素：全样本组

变　　量	条件需求模型，Ln(Q)		吸烟决策模型，Pr(Y=1)	
	估计值	t-值	估计值	z-值
常数	2.457	37.352	-1.850	-4.070
Ln(价格)	-0.240	-5.327**	-0.431	-1.285
性别	0.407	17.382**	2.399	66.832**
民族	0.160	4.421**	0.247	3.479**
教育				
小学	0.145	5.195**	0.142	-2.499*
初中	0.171	5.613**	-0.265	-4.385**
高中	0.115	3.115**	-0.419	-5.960**
大学	0.081	1.664*	-0.660	-7.409**
职业				
工人和服务行业	0.092	2.846**	0.431	9.501**
科、教、卫和干部	0.104	2.466*	0.198	2.875**
外资、合资企业职员	0.145	3.109**	0.333	3.186**
无（失）业、退休及其他人员	0.087	2.527*	0.401	4.211**
家庭月均收入（元）				
50~199	0.074	3.015**	0.212	4.109**
200~499	0.140	5.196**	0.201	3.754**
500~999	0.168	5.150**	0.228	3.642**
大于等于1 000	0.352	9.760**	0.493	7.198**
年龄	-0.003	-3.448**	0.007	5.283**
风险认知	-0.017	-0.797	-0.273	-5.849**
知识	-0.085	-3.308**	-0.238	-4.515**
控烟宣传	-0.052	-2.909**	-0.146	-3.846**

注：** 在0.01水平上有显著性；* 在0.05水平上有显著性。

　　这一价格弹性与国际上利用个体资料所做的绝大多数研究结果是很接近的（-0.4左右）（Frank，J.，Chalonpka and Keneth，E.，Waner，2000），与利用我国的时间序列资料所得到的结果也非常吻合（-0.54）（毛正中、胡德伟，2000）。

2. 不同收入组

　　我们把样本人群按收入分为几个子群，将家庭月均收入低于500元者，称为"低收入组"；而将月均收入等于或大于500元者称为"高收入组"；此外，又将收入低于 200 元者称为"贫困组"。

表 5 - 3、表 5 - 4 和表 5 - 5 分别给出了对这 3 个子群所做估计的结果。

由这些估计结果，容易算出各组的几个总弹性。

低收入组： $-((1-0.35) \times 0.386 + 0.532) = -0.7829$

高收入组： $-((1-0.39) \times 0.283 + 0.3347) = -0.507$

贫困组： $-((1-0.334) \times 0.2304 + 0.401) = -1.906$

很显然，收入越是低的组，其总价格弹性就越大。这个结果与英国和美国学者所做研究的结果完全一致。

表 5 - 3　　　　　　　条件需求及吸烟决策和决定因素：低收入组

变　　量	条件需求模型，Ln(Q)		吸烟决策模型，Pr(Y=1)	
	估计值	t - 值	估计值	z - 值
常数	2.665	16.834	-2.007	-3.445
Ln(价格)	-0.523	-1.715 *	-0.386	-0.888
性别	0.377	7.174 ***	2.549	58.985 ***
民族	0.295	2.054 **	0.465	5.984 ***
教育				
小学	0.150	5.053 ***	-0.141	-2.249 **
初中	0.210	3.085 **	-0.307	-4.632 ***
高中	0.186	1.973 **	-0.522	-6.451 ***
大学	0.184	1.244	-0.893	-7.911 ***
职业				
工人和服务行业	0.078	2.253 **	-0.027	-0.348
科、教、卫和干部	0.199	3.300 ***	-0.268	-2.713 **
外资、合资企业职员	0.221	3.600 ***	0.076	0.540
无（失）业、退休及其他人员	0.074	2.080 **	0.157	1.263
年龄	-0.006	-2.007 **	0.006	2.936 ***
地区	0.226	1.032	0.616	8.778 ***
风险认知	0.028	0.831	-0.218	-4.133 ***
知识	-0.055	-1.671 *	-0.261	-3.968 ***
控烟宣传	-0.021	-0.892	-0.131	-2.789 ***

注：*** 在 0.01 水平上有显著性；** 在 0.05 水平上有显著性；* 在 0.10 水平上有显著性。

表5-4   条件需求及吸烟决策和决定因素：高收入组

变　量	条件需求模型，Ln(Q)		吸烟决策模型，Pr(Y=1)	
	估计值	t-值	估计值	z-值
常数	2.750	13.210	-0.996	-1.409
Ln(价格)	-0.334	-2.523 ***	-0.283	0.562
性别	0.335	6.606 ***	2.091	31.763 ***
民族	0.203	2.653 ***	0.026	0.203
教育				
小学	0.195	2.443 **	-0.325	-1.923 **
初中	0.351	4.383 ***	-0.328	-2.047 **
高中	0.310	3.345 ***	-0.422	-2.532 ***
大学	0.318	3.044 ***	-0.615	-3.343 **
职业				
工人和服务行业	0.138	1.751 *	0.391	3.734 ***
科、教、卫和干部	0.052	0.493	0.218	1.624 *
外资、合资企业职员	0.129	1.258	0.256	1.473
无（失）业、退休及其他人员	0.114	1.268	0.202	1.128
年龄	-0.003	-1.125	0.006	2.371 ***
风险认知	-0.060	-1.351	-0.459	-4.447 ***
知识	-0.146	-3.327 ***	-0.224	-2.560 ***
控烟宣传	-0.126	-3.874 ***	-0.217	-3.403 ***

注：*** 在0.01水平上有显著性；** 在0.05水平上有显著性；* 在0.10水平上有显著性。

表5-5   条件需求及吸烟决策和决定因素：贫困组

变　量	条件需求模型，Ln(Q)		吸烟决策模型，Pr(Y=1)	
	估计值	t-值	估计值	z-值
常数	2.615	15.473	0.834	0.134
Ln(价格)	-0.401	-1.359	-2.304	-2.194 **
性别	0.408	8.368 ***	2.520	44.757 ***
民族	0.183	1.793 *	0.720	6.611 ***
教育				
小学	0.127	3.616 ***	-0.119	-1.637 *
初中	0.161	2.609 ***	-0.285	-3.558 ***
高中	0.092	1.016	-0.526	-5.011 ***
大学	0.086	0.680	-1.042	-5.905 ***

续表

变　量	条件需求模型，Ln(Q)		吸烟决策模型，Pr(Y=1)	
	估计值	t-值	估计值	z-值
职业				
工人和服务行业	0.084	1.736*	-0.119	-1.076
科、教、卫和干部	0.165	2.214**	-0.237	-1.438
外资、合资企业职员	0.258	2.732***	0.129	0.489
无（失）业、退休及其他人员	0.079	1.741*	0.622	2.408**
年龄	-0.005	-1.876*	0.004	2.135**
地区	0.220	0.999	0.728	7.648***
风险认知	-0.005	-0.147	-0.131	-2.063**
知识	-0.051	-1.097	-0.281	-3.000***
控烟宣传	-0.001	-0.034	-0.110	-1.656*

注：*** 在 0.01 水平上有显著性；** 在 0.05 水平上有显著性；* 在 0.10 水平上有显著性。

3. 不同性别组

目前，中国男、女成人吸烟率有极大的差异，因而分别考察男性和女性两个子群的需求及影响因素是有意义的。

表5-6给出了这两个子群对模型（5-1）和模型（5-2）的估计结果。

从表5-6的估计结果，容易算出男性和女性的总价格弹性：

男性：$-((1-0.607)\times0.539+0.243)=-0.45$

女性：$-((1-0.1313)\times0.45+0.296)=-0.69$

女性组的价格弹性大于男性组，即女性对价格更敏感，这一结果与国外的研究结果却不一样。

4. 不同吸烟状态组：现吸烟者子群与前吸烟者子群

我们可把样本分为三种吸烟状态的子群：现吸烟人群、曾吸烟但已戒烟（称为前吸烟者）人群和从不吸烟的人群。前述的全样本估计实际上是把后两个子群合并起来与第一个子群（现吸烟者子群）比较的结果。现在我们要看看现吸烟者子群与前吸烟者子群在吸烟决策上的异同。

表5-7给出了吸烟决策（戒烟）的 Logistic 估计结果。

从表5-7可以看出，很显然，价格对吸烟者的戒烟决策有显著的影响。从表5-7的结果容易算得，若价格增加100%，则有大约6.4%的吸烟者放弃吸烟，而变为前吸烟者。

表 5-6　　　条件需求及吸烟决策和决定因素：性别组

变　　量	条件需求模型，Ln(Q) 男		条件需求模型，Ln(Q) 女		吸烟决策模型，Pr(Y=1) 男		吸烟决策模型，Pr(Y=1) 女	
	估计值	t-值	估计值	t-值	估计值	z-值	估计值	z-值
常数	2.840	16.030	2.550	10.995	1.262	2.382	-4.486	-4.959
Ln(价格)	-0.234	-0.571	-0.296	-1.311	-0.539	-1.380	-0.450	-0.676
民族	0.150	0.912	0.213	1.784*	0.033	0.422	0.922	5.981**
教育								
小学	0.186	5.143**	0.016	0.273	0.243	3.079**	-0.256	-2.995**
初中	0.223	4.108**	-0.021	-0.158	0.138	1.733*	-0.362	-3.560**
高中	0.165	1.567*	-0.004	-0.024	0.006	0.064	-0.356	-2.792**
大学	0.119	0.675	0.036	0.170	-0.254	-2.382*	-0.613	-3.033**
职业								
工人和服务行业	0.053	0.208	0.353	4.043**	0.260	4.911**	0.679	7.213**
科、教、卫和干部	0.085	0.289	0.259	1.941*	0.176	2.251**	0.178	1.120
外资、合资企业职员	0.162	0.825	0.124	0.646	0.002	0.015	1.322	6.364**
无(失)业、退休及其他人员	0.057	0.276	0.272	2.819**	0.005	0.044	0.704	3.968**
家庭月均收入（元）								
50~199	0.043	1.558*	0.211	3.312**	0.159	2.561**	0.279	2.897**
200~499	0.122	1.468	0.211	2.487**	0.145	2.260**	0.239	2.326**
500~999	0.141	1.071	0.291	2.718**	0.103	1.384	0.515	4.330**
大于等于1 000	0.336	2.067**	0.453	3.702**	0.269	3.316**	1.028	8.284**
年龄	-0.002	-0.500	-0.008	-2.859**	-0.010	-6.258**	0.048	17.249**
风险认知	-0.035	-1.175	0.069	1.302	-0.131	-2.310**	-0.490	-6.250**
知识	-0.094	-3.289**	-0.030	-0.419	-0.266	-4.366**	-0.156	-1.505*
控烟宣传	-0.037	-2.011**	-0.148	-2.680**	-0.116	-2.648**	-0.221	-2.757**

注：** 在 0.05 水平上有显著性；* 在 0.10 水平上有显著性。

表 5 - 7　　　　　Logistic 模型：现吸烟者和以前吸烟者的比较

变　量	估计值	比值比	z 值
常数	-6.636 ***	-21.64	
Ln（价格）	0.708 ***	2.029	15.622
性别	0.210 **	1.233	2.056
民族	0.16	1.078	0.469
教育			
小学	0.338 ***	1.402	2.646
初中	0.541 ***	1.717	3.899
高中	0.533 ***	1.703	3.278
大学	0.645 ***	1.905	3.218
职业			
工人和服务行业	0.088	1.092	0.565
科、教、卫和干部	0.176	1.717	1.043
外资、合资企业职员	0.238	1.268	1.083
无（失）业、退休及其他人员	-0.229	0.795	-1.362
家庭月均收入（元）			
50～199	-0.176	0.839	-1.56
200～499	-0.119	0.888	-1.026
500～999	-0.313 **	0.731	-2.272
大于等于 1 000	-0.789 ***	0.454	-4.972
年龄	0.058 ***	1.06	18.255
地区	-0.604 ***	0.547	-4.144
风险认知	0.660 ***	1.934	5.487
知识	0.015	1.015	0.313
控烟宣传	0.142 *	1.153	1.72

注：*** 在 0.01 水平上有显著性；** 在 0.05 水平上有显著性；* 在 0.10 水平上有显著性。

（三）讨论与结论

1996 年，中国预防医学科学院对中国的吸烟模式做了大规模的流行病学调查（中国预防医学科学院，1997）。我们这里所做的卷烟需求的多因素分析结果，与预防医学科学院对 1996 年资料所做的描述分析非常近似。

总的来说，价格对需求有显著性影响。

全样本的总价格弹性为 - 0.513，这一结果非常接近我们用 1980 ~ 1997 年的全国时间序列数据所得到的结果（- 0.54）（毛正中、胡德伟，2000）。

价格对不同收入水平的群体有不同的影响（见表 5 - 3、表 5 - 4 和表 5 - 5）。价格弹性的绝对值随收入的增加而减小，"贫困"组弹性最大，为 - 1.906，"高收入"组的弹性最小，为 - 0.507。这一结果也支持了早先在美国和英国所做研究的结果，即虽然烟草税是累退的，但是烟草税的增加本身是累进的。这就是说，烟税的增加所带来的价格增加，会使低收入人群更多地降低需求，从而较少地承担这一增加的税赋。世界银行在其报告中希望低收入国家进行研究，以检验这一结论在中低收入国家是否成立（世界银行，1999）。可以认为，我们的研究结果是为世界银行的控烟策略提供了佐证。

不同的性别对价格有不同的反应，女性较男性对价格更敏感（价格弹性 - 0.69 对 - 0.45，见表 5 - 6）。目前我国的女性吸烟率很低，但随着社会经济的发展有上升趋势。为控制女性吸烟率的上升，可以利用价格这一有力工具。

这一结果与发达国家的研究结果正好相反，他们的多数研究都显示：男性对价格的反应更敏感。这可能是因为大多数中国家庭的家务（包括收入的使用）主要由家庭主妇操持和安排，中国的家庭收入又远低于发达国家，因而妇女对于卷烟这类非生活必需的"奢侈品"的价格变化就会更敏感。但是，我们所得的结果还没有统计上的显著性，因而这一议题尚有进一步研究的必要。

对需求有影响的另一个重要的经济变量是"收入"。表 5 - 2 的结果显示，与最低收入组比较，高收入的人群显著地对卷烟有更高的条件需求（即吸烟者的吸烟量）和更大的参与吸烟概率，即较高收入群体会有更多的人参与吸烟，较高收入的吸烟者，会消费更多的卷烟。这意味着收入对卷烟的需求是正向的，因而卷烟目前在中国仍是一种"正常"商品。这与我们用时间序列资料所得结果也是一致的，在那里，我们测得收入弹性为 0.5（毛正中、胡德伟，2000）。一些发达国家在 20 世纪 70 年代末期以前，卷烟也属"正常"商品，随着收入增加，消费也增加。但是，20世纪 70 年代后期以来，不少发达国家逐步发生了变化，卷烟成了有害的劣质消费品，随着收入提高，卷烟消费逐步减少，它的收入弹性变为负值。我们应跟踪研究中国卷烟需求的变化趋势，以监测收入的影响。

　　控制了其他变量后，"教育"对吸烟决策和吸烟量似乎有不同的影响（见表5－2）。一般地讲，与文盲、半文盲组比较，具有较高教育水平的人群参与吸烟的概率较低，但是有较高的条件需求。这意味着不吸烟则罢，而一旦成为吸烟者，较高教育水平的人会消费更多的卷烟。这一趋势在各子群中也非常明显。例如，在不同的收入组（见表5－3、表5－4、表5－5）和不同性别组（表5－6）中，都显示出"教育"对吸烟决策和条件需求有不同的影响。这反映出：一方面，具有较高教育水平的人在做吸烟决策时更为理性；另一方面，一旦吸烟，则吸烟成瘾会击垮更多教育带来的理性，从而凸显吸烟者的非理性侧面。我们的这一结果与1996年全国吸烟模式调查的结果稍有不同（中国预防医学科学院，1997）。

　　至于"职业"对需求的影响，从我们的模型可以简单地得出这样的结论：与农民比较，其他各种职业对卷烟的条件需求和参与吸烟的概率都更高（见表5－2）。

　　"年龄"这一变量对吸烟决策和条件需求也表现出不同的影响（见表5－2）。在成人组中，随着年龄的增加，参与吸烟的概率显著地增加，但条件需求减少了。

　　已经有不少研究把烟草需求与烟草消费的信息联系起来考察（Prabhat Tha，Frank Chalonpka），这些研究利用计量经济模型发现：关于烟草消费会带来有害后果的知识越多的消费者，吸烟越少。自20世纪70年代以来，我国一直在开展控烟宣传和健康教育，通过各种传播媒介散发各类吸烟危害健康、如何戒烟等信息。"这些活动对卷烟需求产生了什么积极的影响？"对这一问题似乎未见用计量模型的方法来进行研究和评价的报道。我们的估计结果为这些活动对降低卷烟需求的显著作用提供了有力的证据。对数—线性模型（即条件需求模型）和Logistic（吸烟决策）模型中的"知识"、"控烟宣传"和"风险认知"三个变量本质上就是从不同侧面来反映控烟活动和健康教育的效果。估计的结果显示，对吸烟参与（包括戒烟）和条件需求都有影响：它们明显地使参与吸烟的概率大大地降低了，也使吸烟者的消费量减少了。

　　需要特别指出的是，"风险认知"这一变量对降低吸烟参与的概率有非常显著的影响，但对条件需求的影响却微乎其微（见表5－2～表5－6中"风险认知"这一变量的系数估计值）。这表明，人们即使是有了吸烟风险的认识，但是，一旦变成了吸烟者，他们就似乎并不那么在意这种风险了。这再一次反映了吸烟成瘾和这一行为的非理性的一面。

由前述的讨论可以得到如下的主要结论：

（1）当前在我国卷烟仍然是一种普通消费品，随着人们收入的提高，他们将消费更多的卷烟。

（2）卷烟的总价格弹性为 -0.513；价格对降低需求的影响大约一半来自条件需求的减少，一半来自参与概率的降低，并且，低收入人群的价格弹性远大于高收入人群。因而若政府增加税收从而提高卷烟价格将不会累退地增加低收入人群的税赋负担。同时，女性对价格有更敏感的反应，价格的提高对控制女性吸烟率的上升有更好的作用。

（3）我国的控烟宣传和健康教育已经对降低卷烟需求产生了积极的显著性影响。然而，由于吸烟成瘾使吸烟有非理性的一面，这就要求一方面要加大控烟宣传的力度；另一方面这种宣传教育特别要从防止成为吸烟者的角度入手。

总之，证据已经表明，经济变量和控烟宣传活动对卷烟需求有显著的重要影响，因而，为了人民的健康，我们应积极地利用这两种工具来控制我国日益增长的卷烟势头。

二、对中国居民卷烟需求的新估计（2003 年数据和时间序列数据）

（一）引言

我国实行的是烟草专卖制度，毋庸讳言，控烟也会对国家的经济生活带来若干不利的影响。因此，我们应具体地分析这些影响，并提出切实可行的应对措施，使控烟的收益尽可能的大而付出的成本尽可能的小。为此，一件基础性的工作就是要比较准确地估计中国居民的卷烟需求，这样可以使我们把握利用税收、价格工具控烟产生的作用和影响。

我们曾经利用在一个省的个体断面资料和时间序列集合资料估计了卷烟的需求（毛正中、蒋家林，1997）。利用横断面资料用两部模型估计的价格弹性为 -0.69，这一弹性的大约 30% 源于条件需求弹性，70% 源于参与吸烟的弹性。而用集合资料估计的弹性为 -0.6 ～ -0.8（依赖于有无时间趋势变量）。我们用全国的集合资料（1980～1996）估计的结果显示：价格弹性为 -0.54（Hu，T.，Mao，Z.，2002）。并且我们前面还利用 1996 年中国 CDC 的一次全国吸烟调查资料和全国时间序列资料估计了全国居民的需求弹性（毛正中、蒋家林，2002；毛正中、蒋家林，1997）。我们发现，成人的价格弹性为 -0.51，其中，大约50%源于条件需求弹性，50%源于参与吸烟的弹性。

现在利用中国CDC 2002年的一次全国吸烟调查数据（个体资料）和全国从1980~2002年的吸烟集合资料重新估计我国15岁以上居民对卷烟的需求。

（二）数据与方法

1. 资料

2002年中国CDC在全国27个省（市、自治区）的130个县（区）开展了吸烟调查，共得到有效样本16 056个。这一样本的一般情况如表5-8所示。

表5-8　　　　　个体样本数据的基本情况——断面数据

特征	观察例数（个）	吸烟率（%）	特征	观察例数（个）	吸烟率（%）
			教育		
性别	16 056	29.22	小学及以下	5 095	27.6
男	8 178	55.17	初、高中	8 970	31.26
女	7 878	2.28	大专及以上	1 932	14.71
			其他（不详）	59	36.36
家庭年收入（元）					
<5 000	3 977	30.90	地区		
<10 000	4 147	30.26	城镇	5 589	14.17
<50 000	6 084	28.76	农村	10 467	31.92
>50 000	666	24.78			
其他（拒绝回答）	1 182	22.03			
开始吸烟年龄：均值：21.56；最大：61；最小：5					

同时，我们也利用1980~2002年的全国集合资料（见表5-9）来估计15岁以上居民的卷烟需求。其中，15岁以上居民人均卷烟消费量是用公布的卷烟销售量除以15岁以上人口数而获得；这里还没有包括走私、假烟等因素的影响，因而可能是一个偏低的数量。卷烟价格是根据"中国物价统计年鉴"公布的卷烟各年平均综合价格（元/大箱）而计算出每

包的（价格元/包），按当年价计算；对没有公布综合平均价格的年份，
我们利用公布的卷烟物价指数计算出来。

表5－9   全国卷烟消费的时间序列资料

年份	15岁以上人口人均消费量（包/年）	价格（元/包）	人均GDP（元）	年份	15岁以上人口人均消费量（包/年）	价格（元/包）	人均GDP（元）
1980	37.18	0.27	460	1992	68.70	1.34	2 287
1981	39.82	0.30	489	1993	69.38	1.43	2 939
1982	39.67	0.36	525	1994	70.59	1.67	3 923
1983	44.41	0.39	580	1995	72.10	1.92	4 854
1984	49.37	0.40	692	1996	69.43	2.00	5 576
1985	52.15	0.45	853	1997	68.53	2.06	6 054
1986	55.14	0.51	956	1998	65.80	3.59	6 308
1987	58.23	0.53	1 104	1999	64.43	3.54	6 551
1988	60.01	0.78	1 355	2000	60.75	3.67	7 086
1989	63.84	0.85	1 512	2001	64.29	3.70	7 651
1990	65.97	1.09	1 634	2002	68.06	3.71	8 214
1991	67.13	1.21	1 879				

资料来源：《中国统计年鉴》、《中国工业统计年鉴》、《中国物价统计年鉴》。

2. 方法

对时间序列资料，我们采用简单的对数－线性回归模型来估计价格
弹性：

$$LnQ = a + b_1 GDP + b_2 P + T + \alpha \tag{5-4}$$

其中，Q 是15岁以上人口年均卷烟消费量（包/人年）；GDP 是人均
国内生产总值（元）；P 是卷烟价格（元/包）；GDP 和 P 都按当年价计
算；T 是时间趋势变量。

对于断面资料，我们仍采用前面用过的两部模型（5-1）和模型（5-2）
来估计价格弹性。

$$P_r(smoking = 1) = \frac{1}{1 + e^{-b_0 - \sum b_i x_i - \alpha_1 LnP - \gamma}} \tag{5-5}$$

$$Ln(Q \mid smoking = 1) = a_0 + \sum a_i x_i + \alpha_2 LnP + \eta \tag{5-6}$$

其中，smoking = 1 表示为现吸烟者，smoking = 0 表示为非现吸烟者；

Q 是吸烟者的吸烟量（包/月）；解释变量 x_i 包括："收入"、"教育"、"性别"、"年龄"和"开始吸烟的年龄"（对方程（5 - 6））；确定价格 P 的方法：对吸烟者，P 是自报的经常吸的那种品牌的价格，在每一个县（或区），求出吸烟者的平均价格，这一平均价格就是这个县（或区）的居民面对的价格，样本中这样的县（或区）有 130 个。我们发现，各地吸烟者有各自的吸烟习惯。虽然全国有 2 000 余种牌子的卷烟，但每个县（或区）基本都只主要消费几种牌子的卷烟，因而，各地的卷烟价格是有变异的。

其他解释变量的定义是：

"收入"是哑变量：

$$收入_1 = \begin{cases} 1 & 若家庭年收入在 5\ 000 \sim 10\ 000\ 元之间 \\ 0 & 其他 \end{cases}$$

$$收入_2 = \begin{cases} 1 & 若家庭年收入在 10\ 000 \sim 50\ 000\ 元之间 \\ 0 & 其他 \end{cases}$$

$$收入_3 = \begin{cases} 1 & 若家庭年收入在 50\ 000\ 元以上 \\ 0 & 其他 \end{cases}$$

"教育"也是哑变量：

$$教育_1 = \begin{cases} 1 & 中学（初中、高中） \\ 0 & 其他 \end{cases}$$

$$教育_2 = \begin{cases} 1 & 大专及以上 \\ 0 & 其他 \end{cases}$$

$$性别 = \begin{cases} 1 & 男性 \\ 0 & 女性 \end{cases}$$

"年龄"和"开始吸烟年龄"都是连续变量。

（三）结果与分析

时间序列资料分析的结果如表 5 - 10 所示。由表 5 - 10 可算得从 1980 ~ 2002 年间的平均价格弹性为 - 0.18，我们利用 1980 ~ 1996 年的全国资料估计的平均价格弹性为 - 0.54。而重新估计的弹性有了大幅度的减少，但是与国际上利用集合资料所获得的弹性（从 - 0.17 到 - 0.56，而集中在 - 0.4 左右）大体上是可比的（F. Chalonpka, E. Warner, 2000）。

若考虑吸烟的成瘾性，利用"成瘾"模型：

$$LnQ_t = a + b_1 GDP_t + b_2 P_t + T_t + LnQ_{t-1} + \alpha \tag{5 - 7}$$

其中，Q_{t-1} 是 $t-1$ 年的卷烟消费量。可测得价格弹性为 -0.61，这与国际上利用集合资料所获得的结果也是一致的，但显著性水平降低了。

表 5 - 10　　对数 - 线性回归模型：15 岁以上居民对卷烟的需求
（全国时间序列集合数据）

LnQ	系数	标准误	t - 值	P > |t|
P	- 0.14363	0.02766	5.19	0.000
GDP	- 0.0001	0.0000	- 8.3900	0.0000
T	0.0926	0.0141	6.5500	0.0000
常数	3.7193	0.1490	24.9600	0.0000
观测值数目 = 23	F(3, 19) = 186.56		Prob > F = 0.0000	
R^2 = 0.9672	调整的 R^2 = 0.9620		Root MSE = 0.03969	

断面资料的分析结果如表 5 - 11 所示。

由表 5 - 11 可以看出，对参与吸烟的概率而言，价格弹性为 -0.091，而对吸烟者的吸烟量而言，（条件）价格弹性为 -0.090。由此，可用：

$$\alpha = (1 - P(\text{smoking} = 1))\alpha_1 + \alpha_2 \quad (5-8)$$

求得总价格弹性为 -0.154。这一需求弹性与我们用 1998 年 16 个县 24 641 名成人样本所估计的结果（-0.543）相比，也显出有较大的降低，但这一弹性与我们上面用全国集合资料获得的新结果完全一致。特别是 Lance 等人 2004 年用个人资料估计中国和俄罗斯的卷烟价格弹性在 0 到 -0.15 之间（Peter M. Lance, John S. Akin, William H. Dow, Chung - Ping Loh, 2004），这与我们的结果非常接近。我们认为，重新估计的弹性是可信的。这一总价格弹性大约 59% 来自条件需求（即吸烟量）的影响，41% 来自参与吸烟概率的影响。

表 5 - 11　　两部模型：15 岁以上居民对卷烟的需求（个人断面数据）

smoking	系数	P > |z|	Ln(Q | smoking = 1)	系数	P > |t|
常数	- 3.923	0.000	常数	2.921	0.000
Ln(P)	- 0.091	0.019	Ln(P)	- 0.090	0.000
教育（中等）	- 0.197	0.000	教育（中等）	- 0.025	0.418
教育（高等）	- 0.395	0.000	教育（高等）	- 0.033	0.499
收入（5 000 ~ 10 000）	- 0.013	0.830	收入（5 000 ~ 10 000）	0.095	0.004

续表

smoking	系数	P > |z|	Ln(Q|smoking = 1)	系数	P > |t|
收入（10 000 ~ 50 000）	0.031	0.607	收入（10 000 ~ 50 000）	0.175	0.000
收入（> 50 000）	-0.079	0.347	收入（> 50 000）	0.181	0.000
年龄	0.009	0.000	年龄	0.009	0.000
性别	3.999	0.000	性别	0.230	0.000
			开始吸烟年龄	-0.028	0.000
观测值数目 = 16 056 LR chi2(8) = 6 593.21			观测值数目 = 3 669 F(9, 3659) = 29.54		
Prob > chi2 = 0.0000 Log likelihood = -6 403.36			Prob > F = 0.0000 R^2 = 0.067		
Pseudo R^2 = 0.34			调整的 R^2 = 0.065		

（四）结论

从前面的分析可以看出，消费者对卷烟需求的价格弹性比 5 年前降低了，无论是用时间序列的全国集合资料还是用断面的个体资料所估计的需求弹性都在 -0.15 左右，非常接近。考虑到吸烟的成瘾性，在持续地开展吸烟有害于健康的宣传、这类信息已广泛传播后，还仍旧维持吸烟习惯或者加入到吸烟行列中的人，一般对吸烟有比较强的偏好，从而对价格的反应会变得更不灵敏。并且消费者对价格增加的反应还可以采取另外的行为，例如，尽可能把每一支吸完，而不减少消费数量，或转而吸较便宜的牌子，同时又不减少吸烟数量，等等。我们认为现在估计的弹性还是比较可信的。然而，我们也要注意到价格仍然对吸烟的决策以及吸烟的数量都有显著的影响。

除价格以外，教育、性别和年龄对卷烟需求也有显著的影响。一般地，教育程度越低、年龄越大的男性其对卷烟需求越大。而开始吸烟的年龄越小，其消费卷烟的数量相对就越多。

收入对吸烟的影响很有趣，对消费量而言，收入越高则需求越大，这说明卷烟仍有正常商品的特征，并且这种影响还是显著的（见表 5 - 11）；但收入对参与吸烟的影响却并不显著。

若以 -0.15 为卷烟的需求弹性来考察提高税率而引起的需求变化，对国家的卷烟税收和价格政策是有意义的。假定对每包卷烟在 2002 年价格的基础上增收 0.37 元的消费税，从而使每包卷烟的综合平均价格上升到 4.01 元，即价格增加 10%；这时，需求会降低 1.5%，人均少抽

1.02 包烟；全国 15 岁以上居民要减少卷烟消费 101 762.83 万包（约合 40.71 万箱），占 2002 年总销售量的 1.16%。假定卷烟税收占零售价的 45%，则减少消费带来的税收减少为 16.9893 亿元；然而，全国 15 岁以上居民仍要消费卷烟 3 456.29 万箱，每包增加 0.37 元税收，可使国家增加税收 319.707 亿元，扣除消费减少引起的税收减少，总税收也净增 302.7177 亿元。可见，按我们测算的价格弹性，提高卷烟税的水平既可以减少卷烟消费造成的健康影响，又可以增加国家的税收总量，的确是一件利民利国的好事。

三、不同收入人群的卷烟需求及提高税赋对他们的影响

（一）引言

大量的研究表明，用经济手段控烟是有效的方法之一，即因为烟草制成品的消费是一种理性的嗜好，价格弹性大约在 -0.8 ~ -0.17 的范围内，故通过提高烟草制成品的税赋水平，使烟草制成品的价格提高可减少人们参与吸烟的概率和吸烟者的消费量（毛正中、蒋家林，1997；T. Hu，Z. Mao，2002），从而降低疾病经济负担。但人们同时担心这种税赋可能是累退的。因为，一般都认为，低收入人群的吸烟率较高，这种增加的税赋可能会主要落在低收入人群身上，这是不公平的。然而，已有一些研究显示，不同收入人群的卷烟需求价格弹性是不同的，低收入人群的弹性（绝对值）明显地大于高收入人群，因而提高税赋的负担不会主要落在低收入人群身上，这一税收不会是累退的（毛正中、蒋家林，1997；Hu，T.，Mao，Z.，2002）。事实上，前面我们已利用 1996 年中国 CDC 的一次全国吸烟调查资料估计出贫困组、低收入组和高收入组人群的卷烟需求价格弹性分别为 -1.90、-0.77 和 -0.51。

在这里，我们利用中国 CDC 2002 年的一次全国吸烟调查数据（个体断面资料）重新估计我国 16 岁以上（包括 16 岁）居民中不同收入人群对卷烟的需求，并着重考察增加税率对不同收入人群的影响。

（二）数据与方法

1. 资料
2002 年中国 CDC 在全国 27 个省（市、自治区）的 130 个县（区）

开展了吸烟调查，共得到有效样本 16 056 个。这一样本的一般情况已由表 5 - 8 给出。

2. 方法

我们还是采用两部模型来估计需求的价格弹性：

$$P_r(\text{smoking} = 1) = \frac{1}{1 + e^{-b_0 - \sum b_i x_i - \alpha_1 LnP - \gamma}} \qquad (5-9)$$

$$Ln(Q \mid \text{smoking} = 1) = a_0 + \sum a_i x_i + \alpha_2 LnP + \eta \qquad (5-10)$$

解释变量 x_i 包括："收入"、"教育"、"性别"、"年龄"和"开始吸烟的年龄"（对方程（5 - 10））以及价格 P（元/包）。

价格 P 的确定方法是：对吸烟者，价格 P 是他们自报的经常吸的那种品牌的价格；然后，以每一个县（或区）为基础，求出吸烟者的平均价格，这一平均价格就是这个县（或区）的居民面对的价格。样本中这样的县（或区）有 130 个。如前所述，各地吸烟者有各自的吸烟习惯，各地有自己生产和流行的卷烟品牌。虽然全国有上千种牌子的卷烟，但每个县（或区）的消费基本都集中在几种牌子的卷烟上。不同牌子的卷烟价格差别是很大的，从每包不到 1 元到每包 100 元，因而，各地的卷烟价格是有变异的。

其他解释变量的定义是：

"收入"是哑变量：

$$\text{收入}_1 = \begin{cases} 1 & \text{若家庭年收入在 5 000 ~ 10 000 元之间} \\ 0 & \text{其他} \end{cases}$$

$$\text{收入}_2 = \begin{cases} 1 & \text{若家庭年收入在 10 000 ~ 50 000 元之间} \\ 0 & \text{其他} \end{cases}$$

$$\text{收入}_3 = \begin{cases} 1 & \text{若家庭年收入在 50 000 元以上} \\ 0 & \text{其他} \end{cases}$$

"教育"也是哑变量：

$$\text{教育}_1 = \begin{cases} 1 & \text{中学（初中、高中）} \\ 0 & \text{其他} \end{cases}$$

$$\text{教育}_2 = \begin{cases} 1 & \text{大专及以上} \\ 0 & \text{其他} \end{cases}$$

$$\text{性别} = \begin{cases} 1 & \text{男性} \\ 0 & \text{女性} \end{cases}$$

"年龄"和"开始吸烟年龄"都是连续变量。

中国人有"财不露白"的传统，因而我们把"不愿意回答"者统统归入高收入组。

（三）结果与分析

为了比较分析，需要给出全样本断面资料的估计结果，如表5-11所示。

由表5-11可以看出，对参与吸烟的概率而言，价格弹性为-0.091，而对吸烟者的吸烟量而言，（条件）价格弹性为-0.090。

表5-12和表5-13给出了不同收入人群对卷烟需求的估计结果。

表5-12　　　　　不同收入人群对卷烟的需求：参与吸烟的概率

smoking	收入<5 000		5 000~10 000		10 000~50 000		>50 000	
	系数	P>|z|	系数	P>|z|	系数	P>|z|	系数	P>|z|
常数	-3.326	0.000	-3.893	0.000	-4.254	0.000	-4.836	0.000
Ln(P)	-0.692	0.000	-0.286	0.000	0.131	0.030	0.441	0.000
教育（中等）	-0.110	0.434	0.004	0.971	-0.255	0.002	-0.420	0.015
教育（高等）	0.136	0.574	-0.527	0.022	-0.505	0.000	-0.432	0.015
年龄	0.012	0.000	0.016	0.000	0.004	0.166	0.010	0.051
性别	3.790	0.000	3.792	0.000	4.316	0.000	4.061	0.000
	观测值数目=3 977 LR chi2(5)=1 720.06 Prob>chi2=0.0000 Log likelihood= -1 599.02 Pseudo R²=0.34		观测值数目=4 147 LR chi2(5)=1 686.42 Prob>chi2=0.0000 Log likelihood = -1 699.21 Pseudo R²=0.33		观测值数目=6 084 LR chi2(5)=2 582.10 Prob>chi2=0.0000 Log likelihood = -2 359.50 Pseudo R²=0.35		观测值数目=1 848 LR chi2(5)=688.36 Prob>chi2=0.0000 Log likelihood = -690.6 Pseudo R²=0.33	

表5-13　　　　　不同收入人群对卷烟的条件需求：对数-线性模型

Ln(Q|smoking=1)	收入<5 000		5 000~10 000		10 000~50 000		>50 000	
	系数	P>|t|	系数	P>|t|	系数	P>|t|	系数	P>|t|
常数	2.908	0.000	3.137	0.000	3.063	0.000	2.836	0.000
Ln(P)	-0.111	0.007	-0.035	0.355	-0.111	0.000	-0.083	0.235
教育（中等）	0.074	0.343	-0.028	0.633	-0.070	0.118	0.015	0.912
教育（高等）	0.068	0.642	-0.323	0.023	0.045	0.501	-0.047	0.760
年龄	0.005	0.016	0.011	0.000	0.008	0.000	0.017	0.001
性别	0.196	0.082	0.142	0.209	0.379	0.003	0.369	0.182
开始吸烟年龄	-0.018	0.000	-0.038	0.000	-0.030	0.000	-0.037	0.000

续表

收入 < 5 000	5 000 ~ 10 000	10 000 ~ 50 000	> 50 000
观测值数目 = 970	观测值数目 = 1 003	观测值数目 = 1 392	观测值数目 = 175
$F_{(6, 963)} = 5.85$	$F_{(6, 996)} = 16.42$	$F_{(6, 1 385)} = 20.58$	$F_{(6, 168)} = 4.82$
Prob > F = 0.0000	Prob > F = 0.0000	Prob > F = 0.0000	Prob > F = 0.0001
$R^2 = 0.035$	$R^2 = 0.090$	$R^2 = 0.082$	$R^2 = 0.1468$
调整的 $R^2 = 0.029$	调整的 $R^2 = 0.084$	调整的 $R^2 = 0.078$	调整的 $R^2 = 0.1163$

表5－12 和表5－13 中的收入都是每一家庭一年的收入，按每家人口为 3.5 人计算，若家庭年收入在 5 000 元以下，每人每天则不足 4 元（不足 50 美分），因而可视为贫困组；而家庭年收入在 5 000 ~ 10 000 元视为低收入组；收入在 10 000 ~ 50 000 元视为中等收入组，50 000 元以上是高收入组。

不同收入组对卷烟需求表现出的不同特征是令人感兴趣的。

表5－12 也给出了各收入组参与吸烟的概率及影响因素。

对于贫困组和低收入组，价格对参与吸烟有显著的影响，弹性分别为 － 0.692 和 － 0.286；而对于全样本，这一弹性仅为 － 0.09。很显然，收入越低对价格越敏感，价格的增加会明显地降低贫困者和低收入者参与吸烟的概率。令人感到意外的是，对中等收入组和高收入组，控制了其他变量后，随价格增加，参与吸烟的概率却增加了。这也许反映了转型期中随着经济增长，部分人所表现出的一种心态，即：随着收入的增加，越是高收入者，越是把参与消费昂贵品牌的卷烟视为"富有"的一种象征，因而，价格越高，收入较高和高者越是对这种高档卷烟趋之若鹜。从这一点看，可以说"高档"卷烟还带有一些奢侈品的特点。事实上，贫困组所吸卷烟的平均价格为 3.3 元，而高收入组为 9.2 元；低收入组和中等收入组分别为 3.8 元和 5.6 元（全样本的平均每包零售价为 4.62 元）。

然而，对各收入组而言，条件价格弹性（见表5－13）即吸烟者的卷烟需求弹性都是负的，即对各收入组的吸烟者而言，价格的增加都会使他们的吸烟量减少。

再次利用 $\alpha = (1 - P(\text{smoking} = 1))\alpha_1 + \alpha_2$，可以求出各收入组的总价格弹性，它们分别是：贫困组为 － 0.589，低收入组为 － 0.234，中等收入组为 － 0.017，而高收入组为正的 0.247。对高收入组，虽然条件价格弹性为负值（ － 0.083），但因参与吸烟的价格弹性为正的 0.441，它的绝对值远大于条件弹性的绝对值，故而使总价格弹性变为正的了。

假定：卷烟税率为零售价的 45%；则收入从低到高各组人群为每包
烟支付的税额分别为 1.485 元、1.71 元、2.52 元和 4.14 元。如表 5 - 14
所示，以全组人为基数计算，这几组人群月平均吸烟量分别 6.3 包、6.6
包、6.2 包和 5.1 包（各组吸烟者的月均消费量分别为 21 包、22 包、22
包和 21 包）；于是，按各组的全组人计算，月均支付卷烟税款分别为
9.63 元、11.29 元、15.26 元和 21.11 元。若我们以从价税的方式按烟价
增加税收 10%，则以收入从低到高各组人群的平均每包烟价分别增加
0.33 元、0.38 元、0.56 元和 0.92 元。按我们重新估计的弹性，提价后
各组的人均消费量变为 5.93 包、6.45 包、6.16 包和 5.22 包（高收入组
吸烟的人增多了）。从而可以算出，各组在新税率下要支付的税额分别为
10.76 元、13.48 元、19.07 元和 26.41 元。收入从低到高，各组人均税
赋增加分别为 1.13 元、2.19 元、3.81 元和 5.9 元，即收入越高支付的税
额就增加得越多。若按从量税计算，也可得到类似的结果。

表 5 - 14   按价格提高卷烟 10% 的税收对不同收入人群的影响

指标	贫困组	低收入组	中收入组	高收入组	全样本
所吸卷烟价格（元/包）	3.3	3.8	5.6	9.2	4.62
人均吸烟量（包/月）	6.3	6.6	6.2	5.1	6.22
人均税赋（元/月）	9.63	11.29	15.26	21.11	12.93
增税后价格（元/包）	3.63	4.18	6.16	10.12	5.08
提价后人均消费量（包/月）	5.93	6.45	6.16	5.22	6.12
增税后人均税赋增加（元）	1.13	2.19	3.81	5.9	3.25

（四）结论

对全样本重新估计的需求弹性都在 - 0.154，从贫困组到高收入组分
别为 - 0.589、- 0.234、- 0.017 和 0.247；不同收入组的价格弹性差异
主要由价格对参与吸烟的概率的影响所带来的。在中国已经比较长时间地
全面开展吸烟有害于健康的宣传，这类信息已得到广泛传播，但若仍旧维
持吸烟习惯或者加入到吸烟行列中，说明这些人一般对吸烟有比较强的偏
好，从而会对价格的反应不那么灵敏。并且消费者对价格增加的反应还可
以采取另外的行为，例如，尽可能把每一支吸完，而不减少消费数量，转
而吸较便宜的牌子等。我们认为现在估计的弹性是比较可信的。

　　不同收入组的居民对价格反应的这种差异，即收入越低对价格提高的反应越敏感，这与我们几年前的研究和英国的一项研究的发现是一致的。因而，提高价格后低收入人群的卷烟消费会降低得更多。于是，如果通过提高税收来提高价格，贫困人群和低收入人群中会有更多的人放弃吸烟或不加入吸烟队伍，并且吸烟者会更多地减少吸烟，那么，增加的税赋便主要由较高收入者承担了。这样，提高税收不至于影响贫困和低收入人群将更多的钱用于其他生活性支出（Wasserman，J.，Manning，W. G.，Newhouse，J. P. and Winkler，J. D.，1991）。

　　收入的影响很有趣，在利用全样本估计的结果中（见表 5 - 11），对消费量而言，收入越高则需求越大，说明卷烟仍有正常商品的特征，并且这种影响还是显著的。但收入对参与吸烟的影响却并不显著。另一方面，分收入组的估计结果却显示，高收入和中等收入组的价格的参与弹性为正，似乎卷烟又有一些奢侈品的特征。

　　当然，本研究也有明显的不足，如条件需求模型的 R^2 都偏小，说明还有些重要的解释变量尚未纳入模型之中，模型尚需进一步改进。

四、青少年的卷烟需求及其影响因素

　　青少年吸烟一直是一个社会关注的重大公共卫生问题，也是控烟的关键环节之一。

　　中国预防医学科学院在 1996 年的全国吸烟模式调查中发现，我国青少年吸烟的开始年龄提前，烟草制成品的消费量也有所增加（中国预防医学科学院，1997），这是一个危险的信号。世界银行在它的研究报告中预测，到 2030 年每年会有 1 000 万人因烟草而致死，其中大约有 1/5 是中国人（世界银行，1999）。要防止这一可怕的后果成为现实，最为有效的措施就是要使吸烟变得"后继无人"，至少是"后继乏人"，即要防止青少年变成"烟民"。

　　许多研究也表明：青少年开始吸烟时，他们对吸烟带来的后果并无清醒的认识，并且，开始吸烟的年龄越小，戒烟的难度越大（Chalonpka，F. J. et al.，2000）。要有效地阻止青少年吸烟，需要综合的措施和政策工具，其中包括全面禁止烟草广告，禁止销售烟草给青少年，健康教育以及利用税收和价格手段，等等。并且，许多国家多年的经验表明，单一的手段效果往往不够理想（Chalonpka，F. J. et al.，2000）。显然，如何适当地采用这些手段,都必须基于对青少年烟草消费行为的准确认识。本节利用1998年的一次全国性吸烟调查资料来分析青少年的卷烟需求及其影响因素,为控制青少年吸烟提供依据。

(一) 资料来源

利用1998年中国预防医学科学院与约翰·霍普金斯大学合作并由预科院执行,在全国范围内做的吸烟调查资料。这次调查遍及全国6大区的8个城市和16个县。调查共获得12~19岁青少年的有效应答问卷21 325份,其中,男孩的答卷11 379份,占53.4%,女孩的答卷9 946份。经统计表明青少年吸烟率为4.82%;人均吸烟量为0.28包/月。吸烟者的人均吸烟量为5.84包/月。调查问卷涉及应答者的吸烟/戒烟行为及其影响因素,包括价格、对吸烟的态度、对吸烟危害的认识以及家庭环境,等等。

(二) 分析方法

仍然采用两部模型来估计青少年对卷烟的需求及经济和非经济因素对卷烟需求的影响:

$$Pr(y = 1) = 1/(1 + \exp(-\alpha - \sum \beta_i \chi_i)) \tag{5-11}$$

$$LnQ = \alpha + \sum \beta_i \chi_i \tag{5-12}$$

其中,因变量 $y = 1$ 表示应答者是现吸烟者,而 $y = 0$ 则表示应答者不是现吸烟者;Q 是现吸烟者的月卷烟消费量(包,条件需求),是应答者自我报告的数据;自变量 χ_i 是影响需求的变量,这些变量包括:

性别:男取值1,女取值0;

年龄:应答者的实际年龄;

民族:汉族取值1,少数民族取值0;

地区:城镇取值1,农村取值0;

父亲的教育:用应答者父亲的最高教育水平来测量,以文盲、半文盲组为对照;

父亲的职业:以应答者父亲的职业来测定,农民为对照组;

态度:测量应答者对吸烟的态度,若应答者对陈述"我并不在乎吸烟会影响我的健康,因为疾病要许多年以后才会发生,这离我太远了。"表示不同意或强烈地不同意,则变量"态度"取值1,否则取值0;

　　照顾者：若由父亲和母亲照顾应答者，则此变量取值1，否则取值0；

　　宣传：测量控烟宣传和健康教育的作用，若应答者从任何渠道（电视、报刊宣教专栏等）获得了阻止/控制吸烟的信息并且相信这些信息，则变量"宣传"取值1，否则取值0；

　　风险：测量应答者对吸烟风险的认知，若应答者认为吸烟引起疾病，则变量"风险"取值1，否则取值0；

　　尼古丁认知：若应答者知道尼古丁会成瘾并引起疾病，则此变量取值1，否则取值0；

　　尼古丁安逸：若应答者认为尼古丁能使人增加快感，则此变量取值1，否则取值0；

　　规定：若应答者对问题"你们学校是否有禁止学生吸烟的规定？"回答"是"，取值1，否则取值0；

　　父母吸烟：若应答者的父母亲至少有一人吸烟，则此变量取值1，否则取值0；

　　朋友吸烟：若应答者的朋友或同学至少有一人吸烟，则此变量取值1，否则取值0；

　　开始吸烟年龄：应答者若是吸烟者，其开始吸烟的年龄；

　　价格：当年价，元/包，仅依应答者自我报告的信息。

　　我们尽量把已知的影响卷烟需求的变量纳进模型之中。计量经济学的方法学研究已经表明，若在模型中遗漏了影响因变量的重要解释变量，则对尚保留在模型中的变量的估计，会是有偏的估计（Wooldridge, J. M., 2000）。

　　模型（5-11）是要解释所有上述变量对青少年吸烟决策的影响，而模型（5-12）则是要解释上述变量对青少年中吸烟者的卷烟消费量（条件需求）的影响。在模型（5-12）中，我们还加进了一个变量"开始吸烟年龄"，即吸烟者开始吸烟（每周至少一次）的年龄，意在考察业已存在的开始吸烟年龄提早的趋势对卷烟消费的影响。

（三）估计结果和讨论

　　表5-15和表5-16分别给出了模型（5-11）和模型（5-12）的估计结果。

　　从表5-15和表5-16容易看出，我们所选的这些变量（包括经济的和非经济的因素）中许多对青少年参与吸烟及吸烟者的吸烟量（条件需求）都有显著的影响，但有些因素对两者的影响表现出不同的特征。

性别对青少年吸烟参与有显著的影响。控制了其他条件后，男孩子参与吸烟的几率是女孩子的 18 倍多（见表 5－15）。事实上，在整个样本中，男孩子的吸烟率为 8.16%，而女孩子为 0.38%；样本中吸烟者的构成是：男孩子为 96%，女孩子仅为 4%。但是，性别对吸烟者的吸烟量没有显著的影响（见表 5－16），即是说，一旦成为吸烟者，男孩子和女孩子对卷烟的需求量没有明显的差异。如果我们做一下单因素分析就会发现，吸烟的男孩子月均消费量为 5.85 包，吸烟的女孩子月均消费量为 4.75 包，他们没有显著性的差异。

表 5－15　　　　　　吸烟决策的影响因素：Logistic 模型

变量	估计值	z 值	P > |z|	比值比
常数	−9.68	−22.670	0.00	
Ln(价格)	−1.149	−24.164	0.00	0.316
性别	2.94	18.422	0.00	18.91
民族	0.11	0.886	0.37	1.116
地区	0.42	4.994	0.00	1.529
父亲的职业				
工人及服务行业	0.17	1.762	0.07	1.196
教师、科技及公务员	0.35	2.935	0.00	1.423
外资或民营	0.32	2.220	0.02	1.383
退休或失业等	0.11	0.930	0.35	1.118
宣传	−0.14	−1.917	0.05	0.869
风险	0.01	0.057	0.95	1.006
尼古丁认知	−0.23	−3.023	0.00	0.789
尼古丁安逸	0.44	5.510	0.00	1.554
态度	−0.90	−10.165	0.00	0.407
规则	0.03	0.241	0.80	1.028
父母吸烟	0.27	3.251	0.00	1.317
朋友吸烟	1.53	10.124	0.00	4.615
照顾者	−0.11	−1.302	0.19	0.897
父亲的教育				
小学	−0.03	−0.250	0.80	0.966
初中	0.02	0.216	0.82	1.024
高中及以上	0.06	0.543	0.58	1.050
年龄	0.34	17.131	0.00	1.408
似然比统计量	2 871.13	p($>\chi^2$) = 0.000	R^2 = 0.30	

地区的差异，即城镇青少年与乡村青少年之间在吸烟参与上有显著的不同。城市青少年的参与概率大约是农村青少年的 1.53 倍（见表 5 – 15），但两类地区吸烟者的条件需求是类似的。事实上，农村青少年的样本吸烟率为 4.26%，而城市为 5.16%；农村吸烟青少年的人均月消费量为 7 包，城镇吸烟青少年的人均月消费量为 5 包。

我国从 20 世纪 80 年代开始开展了规模日益扩大的控制吸烟和健康教育的宣传活动，尤其是针对青少年的宣传活动。在我们的样本中，大约 50% 的青少年至少从 3 种宣传手段（或活动）中接受了有关控烟和健康教育的信息。样本中，最高的比例是有 90% 的应答者从电视中获得了信息；最低的比例是有 40% 的应答者从广播中获得信息。估计的结果表明，健康教育的宣传对于条件需求有减少的影响（虽然我们的结果并未表明这一影响是显著的），而对于青少年参与吸烟的决策却有显著的影响，与未接受这种宣传教育的群体相比，接受了宣传教育的青少年参与吸烟的概率只是前者的 87%。

我们没有发现"风险"这一变量，即对吸烟风险的认知对吸烟决策和条件需求有显著性影响。但是，对尼古丁的认知却对吸烟决策和条件需求有相似的显著影响。若青少年理解了尼古丁成瘾及危害，参与吸烟的概率会较大幅度下降（大约减少 1/4），并且即使已开始吸烟，吸烟量也有明显的减少（若其他条件不变，则减少 0.87 包/人·月）。相反，若认为尼古丁可以带来舒服的快感，则参与吸烟的概率会增加 55%，而吸烟的条件需求要明显增加 1.42 包/人·月。

表 5 – 16　　　　　对卷烟的条件需求：对数—线性模型

变　量	估计值	t 值	p > |t|
常数	0.211	0.498	0.61
Ln（价格）	− 0.461	− 14.788	0.00
性别	0.015	0.080	0.93
民族	0.107	0.910	0.36
地区	− 0.098	11.158	0.24
父亲的职业			
工人及服务行业	− 0.145	− 1.443	0.15
教师、科技及公务员	− 0.082	− 0.731	0.46
外资或民营	0.101	0.719	0.47
退休或失业等	− 0.008	− 0.067	0.94

变　量	估计值	t 值	p > |t|
宣传	− 0.076	− 1.101	0.27
风险	− 0.069	− 0.610	0.54
尼古丁认知	− 0.143	− 1.887	0.06
尼古丁安逸	− 0.355	4.527	0.00
态度	− 0.337	− 4.299	0.00
规则	0.169	1.381	0.16
父母吸烟	0.039	− 0.461	0.64
朋友吸烟	0.035	− 0.204	0.83
照顾者	0.097	1.255	0.21
父亲的教育			
小学	0.51	0.420	0.67
初中	− 0.023	− 0.220	0.82
高中及以上	− 0.149	− 1.429	0.15
年龄	0.139	− 2.430	0.01
似然比统计量	F 值 = 16.92	p < 0.000	调整 R^2 = 0.37

青少年对吸烟的"态度"，即对吸烟影响健康是否认同，若能认同，则吸烟的概率会减少约 60%，而条件需求量减少 0.71 包/人月，大约为平均量的 12%。上述几个与宣传认识有关的变量对需求的影响，与国外用计量经济的方法所得结果有非常类似的特征（Kenkel, D. and Chen, L. 2000）。

令人费解的是，"规则"对青少年的消费行为（无论是吸烟决策还是条件需求）几乎没有什么影响。这可能反映出许多地方在执行这些规则时并不是那么严格，或者可以解释为青少年吸烟可能都尽量设法避开了学校，因而使这种规则难以发生效力。国外也有研究表明，单纯针对学校青少年的项目，常常被发现是没有什么效果的（Reid, D., 1996）。青少年的家庭环境条件对吸烟需求有不同的影响。

"民族"和"父亲的教育"这两个变量对青少年的吸烟决策及卷烟消费量都未发现有显著性影响。可是我们发现，教育水平对成年人自己的需求有显著的影响。针对这一现象，似乎应做一些社会学方面的探讨。然而，虽然应答者父亲的"职业"对其卷烟条件需求几乎没有什么影响，可是这一变量对青少年的吸烟决策却有明显的影响。在我们的模型中，没有"收入"（即家庭收入）这一变量。众所周知，职业与收入有很强的相关性；我们姑且把"职业"部分地作为"收入"的代表看待。与应答者父亲职业为农民（农民收入相对较低）相比，其父亲职业为其他各类者，参与吸烟的概率都几乎显著地更高（大约在 1.12～1.42 倍之间）。

若应答者的父母至少有一个吸烟（见变量"父母吸烟"），则其参与吸烟的概率显著地高于父母均不吸烟的青少年，父母的行为对青少年的影响显而易见是至为重要的。但我们尚未发现这一因素对条件需求有显著的影响。应答者至少有一个同学或朋友（见变量"朋友吸烟"）也有完全类似的影响。这一结果证实，青少年中伙伴间的示范效应对卷烟消费的确是一个显著的影响因素。

青少年是与父母双亲生活在一起，还是与祖父母生活在一起或生活在单亲家庭中（变量"照顾者"），对吸烟决策似乎有些影响，即其他条件相同时，与父母双亲生活在一起的青少年参与吸烟的概率会低一些（但不显著）。我们还发现年龄是影响需求的显著性因素。随着年龄的增加，青少年参与吸烟的概率及条件需求都明显地增加。例如，一般来说，其他条件不变，吸烟青少年年龄增加 1 岁，则消费量增加约 1.15 包/人·月，而开始吸烟的年龄（见变量"开始吸烟"），对条件需求也有明显的影响。若开始吸烟的年龄推迟 1 岁，则条件需求减少 0.96 包/月。这部分可由吸烟成瘾来解释。

价格对青少年的卷烟需求有非常显著的影响。从我们的估计结果可以看到，价格的条件需求弹性为 -0.46，而参与吸烟的弹性可由公式

$$(1 - P(y = 1)) \times \text{"Ln（价格）的系数"}$$

算得，为 -1.09，从而可算得青少年的卷烟需求总价格弹性为 -1.55，并且，其中大约 70% 来自对吸烟决策的影响，30% 来自对卷烟条件需求的影响。价格对青少年的吸烟行为的影响，与对成人的影响形成鲜明的对照。我们利用全国成人的吸烟调查资料，估计了总价格弹性约为 -0.514，并且，大约 50% 来自对吸烟决策的影响，50% 来自对条件需求的影响。显然，价格对青少年的影响远大于成人，这可能是由如下几个原因导致的：首先，青少年的可支配"收入"非常有限，当然就对价格反应很敏感；其次，吸烟有成瘾的特点，成年人吸烟历史相对更长，则"瘾"更大，自然对价格变化就比"瘾"小的青少年更迟钝；最后，研究表明，青少年吸烟有所谓"伙伴示范效应"，当一些人在价格提高后放弃或减少了吸烟时，其伙伴会受到影响，也可能改变吸烟行为，可以把此视为价格

的间接影响。国外许多关于青少年吸烟需求的研究表明，总价格弹性在
-1.31～-1.44，而且主要影响在吸烟参与上（Chalonpka, F. J., et al.,
2000）。我们的结果与之很一致。

（四）结论与建议

青少年的烟草需求受到家庭、各种健康教育与宣传、自身对吸烟的认
知及卷烟价格的影响。青少年从各种渠道获得了一定的有关吸烟有害的知
识。他们对吸烟所初步形成的认知，对吸烟决策总是表现出非常显著的影
响，对卷烟的条件需求也有显著的影响。这表明，进一步开展控烟的健康
教育，使青少年能接触到有关的知识，特别是关于尼古丁成瘾及危害健康
的知识，并使他们接受这些信息，对于降低烟草需求会是极为有效的。

家庭环境对青少年的吸烟决策也有显著的影响，要防止青少年吸烟，
单纯地在学校开展教育和做出规定是不够的，还应该在家中实现"无烟
环境"的要求。

青少年的卷烟需求，对价格的变化有敏感的反应，因此，可以利用价
格这一经济手段，即提高价格来有效地减少青少年的卷烟需求。

目前卷烟在我国还是一种所谓正常（Normal）商品，随着人们收入的
增加，卷烟消费也不断增加。每年公布的统计资料都显示高收入人群的人
均消费量都多于低收入人群。要达到"控烟"的目标，我们还有很长的
路要走，但是，若我们抓住了防止青少年吸烟这个关键环节，不断减少
"烟民"的后备队伍，则可望加快实现控烟目标的进程。中国日益现代化
的文明社会正在表达其拒绝烟草的愿望，控烟的步伐应该更快些。但愿
如此！

参考文献：

1. 中国预防医学科学院等：《1996 年全国吸烟行为流行病学调查》，中国科学技
术出版社 1997 年版。

2. 世界银行：《遏制烟魔：政府与烟草控制经济学》，中国财政经济出版社 1999
年版。

3. 毛正中、胡德伟：《中国的卷烟需求及影响因素》，第十一届国际吸烟与健康
大会交流论文（芝加哥），2000 年 8 月。

4. 国家统计局：《中国统计年鉴（1999）》，中国统计出版社 1999 年版。

5. 刘铁南主编：《烟草经济与烟草控制》，经济科学出版社 2004 年版。

6. 毛正中、蒋家林等：《卷烟需求与价格政策》，载《中国卫生经济》1997 年第

6 期，第 50～52 页。

7. 毛正中、蒋家林等：《卷烟需求及其影响因素：一个断面资料模型》，载《中国卫生事业管理》1997 年第 5 期，第 227～229 页。

8. T. Hu、Z. Mao：Effects of Cigarette tax on Cigarette Consumption and the Chinese Economy, Tobacco Control, 2002, 11：pp. 105 – 108.

9. 毛正中、蒋家林等：《全国青少年的卷烟需求及其影响因素》，载《中国公共卫生》2002 年第 8 期，第 1003～1005 页。

10. 毛正中、蒋家林等：《中国成人的卷烟需求及其影响因素研究》，载《卫生软科学》2003 年第 2 期，第 19 – 27 页。

11. 毛正中等：《中国成人的卷烟需求及其影响因素研究》，载《卫生软科学》2003 年第 2 期，第 19～27 页。

12. 毛正中、胡德伟、杨功焕：《对中国居民卷烟需求的新估计》，载《中国卫生经济》2005 年第 5 期，第 45～47 页。

13. T. Hu et al. Smoking, Standard of Living, and Poverty in China. Tob. Control. 2005；14；pp. 247 – 250.

14. Chalonpka, F. J. et al. , 2000, "The Economics of Smoking", Hand book of Health Economics（edited by A. T. Cnlyer, J. New house.）［M］. Oxford Press, New York.

15. Wooldridge, J. M. , 2000, "Indroductiery Economics：A modern approach"［M］. South—Western College Publishing, USA.

16. Kenkel, D. and Chen, L. , 2000, "Consumer information and tobacco use", in "tobacco control in developing countries" edited by P. Jha and F. Chalonpka［M］. Oxford university Press, New York.

17. Reid, D. , 1996, "Tobacco control：overview"［M］. British Medical Bulletin, 52（1）.

18. Waner, K. E. , 1978, "Possible Increase in the Underporting of Cigarette Consumption", Journal of American Statistical Association 73（362）.

19. Frank J. Chalonpka and Keneth E. Waner 2000, "The Economics of Smoking", in "Handbook of Health Economics"（Edited by Culyer, A. T. and Newhouse, J. P. ）.

20. "Consumer Information and Tobacco Use", in "Tobacco Control InDeveloping Countries"（Edited by Prabhat Tha and Frank Chalonpka）, Oxford University Press.

21. Chalonpka, F. and Warner, E. 2000, "The Economics of smoking", in Handbook of Health economics, Vol. B（Edited by A. T. Cnlyer and J. P. Newhouse）, Amsterdan.

22. Wasserman, J. , Manning, W. G. , Newhouse, J. P. and Winkler, J. D. , 1991, "The Effects of Excise Taxes and Regulations on Cigarette Smoking", Journal of Health Economics；10：pp. 43 – 64.

23. Peter M. Lance , John S. Akin , William H. Dow , Chung-Ping Loh, 2004, "Is

cigarette smoking in poorer nations highly sensitive to price?" Journal of Health Economics 23, pp. 173 – 189.

24. Quan Gan et al. , 2005, Estimating the Burden of Disease from Passive Smoking in China in 2002.

25. Chalonpka, F. and Warner, E. , The Economics of Smoking, in Handbook of Health Economics, Vol. B (Edited by A. T. Cnlyer and J. P. Newhouse), P. 1953.

26. World Bank: Curbing The Epidemic, 1999.

27. Wasserman, J. , Manning, W. G. , Newhouse, J. P. and Winkler, J. D. , 1991, "The Effects of Excise Taxes and Regulations on Cigarette Smoking", Journal of Health Economics, 10: pp. 43 – 64.

28. Peter M. Lance , John S. Akin , William H. Dow , Chung – Ping Loh, 2004, Is Cigarette Smoking in Poorer Nations Highly Sensitive to Price? Journal of Health Economics 23, pp. 173 – 189.

第六章　吸烟、生活水平和贫困

胡德伟　毛正中　刘远立　Joy de Beyer　Michael Ong

一、引言

吸烟会增加癌症、心血管疾病和其他吸烟相关疾病患病风险，这会导致更高的医疗费用，降低生产力和引起早逝。许多国际研究都已指出，从长期看来，吸烟损害了人体健康，减少了个人财富（Collins，D.，1997；Rice，D.，1991；Miller，L. S.，1998；Miller，V. P.，1999），而在短期中，吸烟对于家庭生活水准也有直接的负面影响，减少了家庭必需品的支出。卷烟支出挤占了低收入家庭的食物支出，以致降低了营养水平（Siahpush，M.，2003；Efroymson，D.，2001）。1995 年对于上海闵行区的一项研究发现，被调查的 2 716 户家庭中，有 17% 的家庭收入用于吸烟（Gong，Y. L. et al.，1995）。

中国是世界上最大的卷烟消费国，有超过 3.2 亿烟民（Hu，T. W. et al.，2002；Bobak，M.，2000）。尽管近年来经济发展迅速，但中国仍然是一个低收入国家，因此，了解中国的吸烟状况、家庭生活水平和贫困情况之间的关系是很重要的。

低收入家庭和高收入家庭的卷烟消费量和卷烟类型不同（价格的不同和品牌——国外与国产的不同），消费支出也不同。尤其在发展中国家，吸烟在低收入家庭支出中占了很大的比重，减少了他们生活必需品的支出（Siahpush，M.，2003；Efroymson，D.，2001；Bobak，M.，2000）。人们关心的是，提高卷烟税是否会加重低收入吸烟家庭的经济负担。然而，低收入家庭极有可能对卷烟价格更为敏感，一旦提价，低收入家庭的吸烟者比高收入家庭的吸烟者更可能会戒烟，或者他们减少卷烟消费量的幅度大于高收入家庭。因此，提税增加的负担将更多地落在高收入家庭身上（Chaloupka，F.，2000）。本章着重对以下两方面进行分析：

第一，低收入家庭和高收入家庭的吸烟行为和吸烟支出有何不同？

第二，吸烟对于中国低收入家庭的生活水平有何影响？

这些信息有利于政策制定者和公众更好地了解吸烟和生活水平之间的相互制衡，进而了解提高卷烟税收是否增加了低收入家庭的经济负担，如果是，那么，在多大程度上增加了低收入家庭的经济负担。

二、数据来源和样本描述

数据来源于中国西部的四川省、贵州省和重庆市。研究人员调查了36个县（区），在每个县（区）抽取了3个乡/街道，共108个村/社区，并在地方有关部门的帮助下，随机抽取了部分家庭进行调查，通过入户访谈，收集了户主的意见，总共收集到了3 404个家庭的信息。调查时给每户支付了5元的访谈费；无应答率低于1%。户主提供了家庭每月的消费和支出情况。

表6-1给出了样本的社会人口统计学特征和经济特征。大部分被调查的户主为男性，特别是在农村。大部分城镇家庭有3个成员，而多数农村家庭有4或5个家庭成员。调查表中没有问到每个家庭成员的年龄，而只问了户主年龄，大部分户主在30~50岁之间。正如研究者预期的一样，城镇家庭的户主比农村家庭户主的文化程度高，在城镇中，有44%的家庭有成员吸烟，而79.7%的农村家庭中有成员吸烟。在问卷中没有问及家庭成员吸烟的数量，因此，我们分析时无法以家庭成员为单位。本章主要研究了家庭吸烟消费和整个家庭的支出。

表6-1　　　　　调查家庭样本的社会人口学和经济特征

	城镇（n=2 575）	农村（n=829）
户主性别（%）		
男	62.0	91.0
女	38.0	9.0
户主年龄（%）		
≤30岁	34.3	26.9
30~50岁	54.9	58.4
>50岁	8.8	14.7
家庭规模（%）		
≤2	14.0	4.9

	城镇（n = 2 575）	农村（n = 829）
3	59.0	15.1
4~5	24.2	63.7
6 人以上	2.8	16.3
文化程度（%）		
文盲	0.7	12.4
小学	4.7	52.3
初中	21.4	30.1
高中/职高	34.4	4.6
大学	39.2	0.6
家庭成员吸烟情况（%）	44.0	79.7
家庭月收入（元）	2 254	872
贫困（%）	5.4	17.6
准贫困（%）	18.1	18.7
非贫困（%）	69.5	36.7

注：1. 城镇：贫困，月收入 < 143 元（或每天 0.60 美元）；准贫困，144~286 元；非贫困，> 286 元。

2. 农村：贫困，月收入 < 54 元（或每天 0.22 美元）；准贫困，53~83 元；非贫困，> 83 元。

城镇家庭的月均收入为 2 254 元（274 美元），农村家庭月均收入为 872 元（106 美元）。本次研究特别关注的是吸烟对于贫困家庭生活支出的影响，因此将调查家庭按照收入分成三组。按照提供基本生活必需品的不同水平，中国政府分别制定了城镇和农村的贫困标准，各个省的贫困标准也不同。比如，四川省将月收入低于 143 元（每天 0.60 美元）划定为城镇贫困标准（Sunley, E., 2000），将月收入低于 54 元（每天 0.22 美元）划定为农村贫困标准，这个标准比世界银行划定的贫困标准（每人每天 1 美元）还要低。我们还将贫困线的 200% 作为准贫困标准（城镇为 144~286 元，农村为 53~83 元，不同的省这个标准有所不同）。在调查对象中，5.4% 的城镇家庭和 17.6% 的农村家庭达到了贫困标准，在每个样本地区，大约有 18% 的家庭达到贫困或准贫困标准。

主要的家庭支出包括衣、食、住、教育和其他（条目），卷烟的消费被看做家庭的非必需支出项目，这是研究的重点所在。表 6-2 给出了城镇和农村家庭的主要支出类型和卷烟的消费状况，并且进一步按照收入分组。

表 6 - 2　　　　　　2002 年城镇和农村家庭月收入支出和卷烟消费情况

	城镇			农村		
	贫困 (n=140)	准贫困 (n=463)	非贫困 (n=1 972)	贫困 (n=146)	准贫困 (n=149)	非贫困 (n=534)
收入（元）和卷烟消费						
收入	502	780	2 769	226	325	863
卷烟支出（元）	29	46	127	24	29	49
卷烟支出占收入的比例（%）	5.8	5.9	4.6	7.1	8.9	5.7
卷烟消费数量（包）	7.6	9.8	15.5	21.8	24.1	28.8
每包烟的价格（元）	3.8	4.7	8.2	1.1	1.1	1.7
总支出（元）	441	689	1 392	212	292	582
食物（%）	60.3	54.9	40.5	61.8	59.2	42.4
住房（%）	3.6	4.2	8.8	2.3	2.4	7.7
教育（%）	6.6	5.4	11.0	9.5	10.6	15.5
衣服（%）	5.7	4.5	10.3	5.7	6.5	6.7
卷烟（%）	6.6	6.7	9.1	11.3	9.9	8.4
其他（%）	17.2	24.3	20.3	9.4	4.9	19.3

　　注：1. 城镇：贫困，月收入 <143 元（或每天 0.60 美元）；准贫困，144～286 元；非贫困，
>286 元。

　　2. 农村：贫困，月收入 <54 元（或每天 0.22 美元）；准贫困，53～83 元；非贫困，>83 元。

　　3. 1 美元 = 8.23 元。

　　表 6 - 2 显示，城镇和农村的高收入家庭都有较高的卷烟支出。卷烟消费的数量差异和每包卷烟的价格差异使得不同收入的家庭卷烟总支出不同。比如，城镇贫困家庭每月消费 7.6 包卷烟，准贫困家庭每月消费 9.6 包，而非贫困家庭每月消费 15.5 包。总的来看，农村家庭消费的卷烟数量高于城镇家庭：贫困家庭每月消费 21.8 包，准贫困家庭每月消费 24.1 包，非贫困家庭消费 28.8 包。

　　然而，吸烟者对于每包卷烟支付的平均价格差异是有统计学显著性的：城镇贫困家庭每包支付 3.8 元，准贫困家庭每包 4.7 元，非贫困家庭每包 8.2 元。而在农村地区，贫困家庭每包卷烟的价格是 1.1 元，非贫困家庭是 1.7 元，价格差异较小。由此可见，非贫困家庭的卷烟支出高于贫困家庭。

　　表 6 - 2 显示，城镇的高收入家庭购烟的支出高于低收入家庭（前者

是后者的 4 倍），主要是因为高收入家庭买的烟价格更高，包括较贵的外国品牌卷烟。农村的高收入家庭购烟支出为低收入家庭的 2 倍，主要是因为他们买的卷烟更多，但是卷烟的价格差别并不是很大。这样看来，城镇和农村卷烟消费的数量和卷烟的价格都存在着不同：城镇吸烟者购烟数量较少，但买的卷烟价格更高。

除了了解吸烟行为的差异外，考查不同收入组的家庭之间吸烟支出占总支出比例的差异也是必要的。城镇的吸烟家庭中，卷烟支出占了贫困家庭总支出的 6.6%，占准贫困家庭总支出的 6.7%，占非贫困家庭总支出的 9.1%。而对于农村的吸烟家庭，卷烟支出占了贫困家庭总支出的 11.3%，占准贫困家庭总支出的 9.9%，占非贫困家庭总支出的 8.4%。这些数据显示，在城镇，卷烟是奢侈品，随着收入的增加，卷烟支出占总支出的比例在增加。与之相反的是，农村地区卷烟支出占总支出的比例随着收入的增加在下降，由此显示卷烟是一种所谓的"正常商品"。

如果分析卷烟支出占总收入（而不是支出）的比例，这一结论对城镇和农村是一致的。不论是城镇还是农村，贫困家庭卷烟支出占收入的比例都高于非贫困家庭，而比例最高的是准贫困家庭。城镇的贫困家庭将他们自报收入的 5.8% 用于卷烟消费，非贫困家庭为 4.6%，而准贫困家庭的这一比例是 5.9%。在农村家庭中，该比例的差异更为明显，贫困家庭、准贫困家庭、非贫困家庭的卷烟支出占收入的比例分别是 7.1%、8.9% 和 5.7%。

三、回归分析

通过对全部家庭样本的分析，可以建立一个回归模型来估计吸烟对总支出与卷烟支出之差的影响。此处衣、食、住和教育支出是我们主要考虑的项目。

在分析吸烟对于家庭支出的影响时，我们使用了包括家庭收入、家庭规模、户主的年龄和性别，以及吸烟情况等在内的解释变量。当收入增长的时候，城镇家庭和农村家庭在衣、食、住上的花费结构改变是不同的，这是因为他们的偏好和增加收入的机会有所不同。因此，模型中引入了一个交互项，吸烟状况用两个不同的方式来测量：每个家庭每月卷烟消费的数量和用于卷烟的支出数量。家庭支出总量与家庭规模有关，因此，因变量——支出，和自变量——收入，都根据家庭规模进行了校正。用经家庭规模校正的年龄来分析家庭支出是比较理想的，但是，可惜调查数据中没有吸烟者年龄的数据。我们建立了一个回归模型如下：

$$E_i = b_0 + b_1 SM + b_2 In + b_3 Age + b_4 Ed + b_5 HS + b_6 UR + b_7 UR \times In + U_i$$

E_i：每家庭成员支出——每家庭成员卷烟支出，

每家庭成员食物支出，

每家庭成员住房支出，

每家庭成员购衣支出，

每家庭成员教育支出；

SM：吸烟状况——吸烟的数量；

In：每家庭收入；

Age：户主年龄（岁）；

Ed：户主文化程度；

HS：家庭规模（人口数）；

UR：家庭实在地（城镇 =1，农村 =0）；

$UR \times In$：城镇和收入的交互项；

U_i：误差项。

控制了其他变量之后，吸烟状况的系数 b_1 可表示吸烟对于家庭支出的影响，户主的年龄、文化程度、家庭规模也是解释家庭支出模式的重要变量。

如表 6 - 3 所示，平均来看，每月每多吸一包烟，每家庭成员其他的支出就减少了 2.9 元（每家庭减少了 9 ~ 12 元）。各种主要的支出影响效果如下：每月每包烟的消费减少了 0.5 元用于食物的消费，减少了 0.4 元用于住房的消费，减少了 0.2 元用于购衣的消费，减少了 0.15 元用于教育的消费。虽然系数很小，但其实际影响却很大，因为城镇家庭每月买 15 包烟，就减少了每人 7.5 元食物支出，6 元住房支出，3 元购衣支出，2.25 元教育支出。假如农村家庭每月买 20 包烟，就会减少每人的 10 元食品支出，8 元住房支出，4 元购衣支出，3 元教育支出。经双尾检验，在 0.01 的检验水平上，所有的系数都有显著性。家庭所在地和收入的交互项的系数为正，表明当收入增加时，城镇家庭比农村家庭的支出更多。正如我们预期的一样，大型家庭具有规模经济效应，在控制了每家庭成员收入之后，大型家庭的人均支出更低。

表 6 – 3　　　　　吸烟对于家庭支出的影响（n = 3 402）

	总支出 （减去卷烟支出）	食物	住房	购衣	教育
年龄	– 1. 27 *	– 0. 01	– 0. 55 *	– 0. 46 *	0. 47 *
家庭规模	– 41. 52 *	– 19. 59 *	– 8. 39 *	– 8. 33 *	– 13. 52 *
文化程度	33. 30 *	20. 39 *	4. 00	4. 07 *	6. 93 *
每家庭收入	0. 06 *	0. 02 *	0. 01 *	0. 00	0. 02 *
卷烟消费量	– 2. 90 *	– 0. 48 *	– 0. 40 *	– 0. 21 *	– 0. 15 *
城镇 × 收入	0. 16 *	0. 03 *	0. 02 *	0. 02 *	0. 00
城镇	– 42. 93 *	28. 11 *	– 5. 02	4. 67	– 4. 67
常数项	318. 79 *	100. 27 *	63. 68 *	57. 86 *	57. 94 *
调整 R^2	0. 4856	0. 4511	0. 1483	0. 3575	0. 2918

注：* 系数按 $p < 0.01$ 是显著的（双侧检验）。

四、政策建议

调查显示，在中国，低收入家庭消费的卷烟比高收入家庭便宜，吸烟量也更少，在农村尤其如此。然而，由于其相对较低的收入水平，贫困家庭用于购烟的支出占收入的比例高于非贫困家庭。研究表明，吸烟家庭用于其他方面的支出明显减少。因此，如果吸烟家庭的成员停止吸烟，而将其用于其他生活支出，那么家庭的生活水平会提高，对于贫困家庭来说这种作用更为显著。

一个重要的政策问题是：提高卷烟税对于低收入家庭的影响（相对于高收入家庭而言），也就是说，提高税收是否给低收入家庭带来不恰当的沉重负担。这里有四个因素将影响到税收的效果：（1）不同收入水平的人支付的卷烟价格；（2）不同收入水平的人消费的卷烟数量；（3）他们各自的卷烟价格需求弹性；（4）对卷烟消费征税的类型（Chaloupka，F.，2000；Sunley，E.，2000）。

在中国，低收入吸烟者相对于高收入者而言，消费的卷烟更少，卷烟的价格也更便宜；低收入者比高收入者具有更高的价格弹性。低收入家庭、中等收入家庭和高收入家庭，价格弹性系数分别是 – 1. 9、– 0. 7 和 – 0. 5（毛正中、杨功焕、马杰民等，2003）。提高卷烟税所增加的经济负担会更多地加于高收入家庭，而非低收入家庭。如果税收是卷烟价格的一个固定比例值，也即卷烟税收是从价税而非从量税（即不管每包烟价格如何，征税的幅度都是相同的），那么，税率提高带来的额外经济负担对于低收入家庭来说更低。以表 6 - 2 中数字为例，若每包增加税收 0.4 元（从量税），贫困城镇家庭就必须为每包烟多支付 10.5%（0.4/3.8），准贫困家庭多支付 8.5%（0.4/4.7），非贫困家庭多支付 7.8%（0.4/8.2）。因为价格弹性不同，贫困家庭吸烟者将减少 20% 的卷烟消费量，准贫困家庭减少 5%，而非贫困家庭仅减少 2%。若贫困家庭平均每月以 3.8 元/包的价格购买 17 包烟时，总支出为 64.6 元，当价格增加 10.5% 时，他们就会以每包 4.2 元的价格购买 14 包烟，也即税收增加后花费 58.8 元购烟。若非贫困家庭每月以每包烟 8.2 元的价格购买 18 包烟，花费了 147.6 元，税收增加后对非贫困家庭价格将提高 7.8%。如果非贫困家庭每月购烟数量不变，那么总支出增加为 154.8 元。假如每月少买一包烟，每月的花费就减少为 146.2 元。另一方面，不同收入人群所消费的卷烟价格不同，假如税收作为从价税，每包烟多收 10% 的税，那么贫困家庭每包烟多支出 0.38 元，准贫困家庭多支出 0.42 元，非贫困家庭多支出 0.82 元。按照不同的价格弹性，贫困家庭、准贫困家庭、非贫困家庭的卷烟消费量分别下降了 19%、7% 和 5%。平均来看，贫困家庭的月支出从 64.4 元减少到 56.8 元（每包 4.18 元，购买 13.6 包），非贫困家庭只会少抽一包卷烟，但是价格增加了，总的卷烟支出从 147.6 元增加到 153.3 元。征收从价税更有利于将税收负担从贫困家庭转移到非贫困家庭。

目前，中国对于卷烟的税收水平，按出厂价为价格的 64%，按零售价为 36%（Hu，T. W.，1997），与国际上的卷烟税收水平相比较，这是一个较低的值（Chaloupka F.，2000）。我们的研究结果表明：在中国，提高卷烟税税率将会使低收入家庭卷烟消费量的减少大于高收入家庭；并将会增加可用于其他家庭生活的消费支出（如衣、食、住和教育支出）。进一步分析表明，征收从价税而非从量税更有利于降低低收入者的税收负担，从这个层面上看，这是"利贫"的。

参考文献：

1. 毛正中、杨功焕、马杰民等：《中国成人的卷烟需求及影响因素研究》，载《卫生软科学》2003 年第 17 期，第 19~23 页。

2. Collins，D.，Lapsley，H.，The Economic Impact of Smoking. 1997. http：//www. globalink. org/tobacco/9910eco/，Accessed October 10，2002.

3. Rice，D.，Kelman，S.，Miller，L.，Economic Costs of Smoking. In：Cartwright

WS, Kaple JM, eds. Economic costs, cost-effectiveness, financing and community-based drug treatment. NIDA Monograph Series. No. 113, 10 – 32, 1991.

4. Miller, L. S. , Zhang, X. , Rice, D. P. , et al. , State estimates of total medical expenditures attributable to cigarette smoking, 1993. Public Health Reports 1998; 113: pp. 447 – 458.

5. Millel, V. P. , Ernst, C. , Collin, F. , Smoking-attributable medical care costs in the USA. Soc Sci Med 1999; 48: pp. 375 – 391.

6. Siahpush, M. , Borland, R. , Scollo, M. , Smoking and financial stress. Tobacco Control 2003; 12: pp. 60 – 66.

7. Efroymson, D. , Ahmed, S. , Townshend, J. , et al. , Hungry for tobacco: an analysis of the economic impact of tobacco consumption on the poor in Bangladesh. Tobacco Control 2001; 10: pp. 212 – 217.

8. Gong, Y. L. , Koplan, J. P. , Wei Feng, et al. , Cigarette smoking in china: prevalence, characteristics, and attitudes in Minhang District. JAMA 1995; 274: pp. 1232 – 1233.

9. Hu, T. W. , Mao, Z. , Effects of cigarette tax on cigarette consumption and the Chinese economy. Tobacco Control 2002; 11: pp. 105 – 108.

10. Bobak, M. , Jha, P. , Nguyen, S. , et al. , Poverty and smoking. Tobacco control in developing countries. Oxford: Oxford University Press, 2000: pp. 41 – 61.

11. Chaloupka, F. , Hu, T. W. , Warner, K. , et al. , The taxation of tobacco products. Tobacco control in developing countries. Oxford: Oxford University Press, 2000: pp. 237 – 272.

12. Sunley, E. , Yurekli, A. , Chaloupka, F. , The design, administration, and potential revenue of tobacco excises. Tobacco control in developing countries. Oxford: Oxford University Press, 2000. pp. 409 – 426.

13. Mao, Z. Z. , Yang, G. H. , MA, J. M. , et al. , Adult's demand for cigarettes and its determinants in. China (in Chinese). Soft Science of Health 2003; 17: pp. 19 – 23.

14. Hu, T. W. , Cigarette taxation in China: lessons from international experiences. Tobacco Control 1997; 6: pp. 136 – 140.

第七章 中国的吸烟与贫困问题

刘远立 饶克勤 胡德伟 孙 琪 毛正中

一、引言

尽管有无可争辩性的证据表明吸烟对健康有害，但吸烟仍然在发展中国家呈上升的态势，并已成为全球卫生领域最大的挑战之一（Jha and Chaloupka，1999）。中国有超过 3.2 亿吸烟者，消费掉全球 30% 的烟草，并且每年有 300 万新增的烟民，是世界上最大的烟草生产国和消费国（Mackay，1997）。据估计，在中国呈螺旋上升趋势的烟草消费将在 2025 年前导致每年有 300 万人因烟草而致命，约占全球因吸烟导致的死亡总人数的 30%（Jin，Lu，and Yan，1995）。另据估计，在发达国家中烟草每年导致大约 200 万人死亡（Peto，Lopez，Boreham，Thun，and Heath，1994）。

近来，中国批准了世界卫生组织的《烟草控制框架公约》，已经在禁止卷烟广告和自动售货机贩售卷烟等方面做出了努力。然而，由于烟草蕴涵的经济利益（如税收）被许多决策者所重视，因此许多发展中国家的政府，如中国，通常不太愿意采取根本性的烟草控制措施。所以，系统地研究吸烟的经济后果，并将其传递给政府和公众促使其采取行动是至关重要的。

吸烟会从几个方面造成劳动力水平下降从而对经济收入造成负面影响，如与吸烟相关的疾病和死亡（Efroymson，D. et al.，2001；Kiiskinen，U. et al.，2002；Tsai，S. P. et al.，2005）、误工，因吸烟导致的医疗费用（CDC，2003）和因购买烟草产品而增加的开支（Gong，Y. L. et al.，1995）。烟民们遭受疾病的风险也增加了，如肺癌、肺气肿、心脑血管疾病等（U. S. Department of Health and Human Services，1989），这些疾病又会导致卫生费用的增加。除了这些与健康相关的后果之外，吸烟还会直接产生其他的经济成本。例如，烟草花费对低收入家庭是一个明显的经济负担（Hu，2002），同时还会造成生产力的下降。然而在中国，尽管吸烟支出对家庭消费的影响已有确切的估计（Hu，Mao，Liu，de Beyer，and Ong，2005；Wang，Sindelar，and Busch，2006），但尚未进一步分析吸烟的致贫影响。

　　我们主要利用 1998 年全国卫生服务调查的数据，估计了来自如下两方面吸烟对贫困的影响：（1）归因于吸烟的医疗支出所造成的致贫后果；（2）购买卷烟的直接支出的致贫影响。中国城市和农村的贫困线计算方式不同，所以要分别估计吸烟对城乡居民造成的贫困后果。在农村，贫困是指人均月收入低于 54 元人民币（约合 0.22 美元/天），而对城市地区，贫困是指人均月收入低于 143 元人民币（约合 0.60 美元/天）（Li，1997）。

（一）1998 年全国卫生服务调查

　　运用分层随机抽样的方法，中国卫生部在 1998 年组织了全国卫生服务调查，对 56 994 个样本家庭（216 101 个个人）做了随访，应答率为 99.9%（Gao，J. et al.，2001）。中国作为一个发展中国家，有 70% 的人口在农村并且以务农为主，所以家庭样本包含了 16 784 个城市家庭和 40 210 个农村家庭，除了人口学和社会经济学数据之外，调查员（经培训的医学专业人员）还要收集受访者自我报告的健康状态数据、卫生服务利用情况（包括门诊和住院）、医疗费用和一些行为方面的数据，如吸烟和喝酒等。

（二）吸烟率和频度

　　根据 1998 年的全国卫生服务调查的数据，中国农村的吸烟率农村高于城市，而女性吸烟率则是农村比城市略低一点，如表 7-1 所示。农村中目前吸烟的男性为 56.5%，女性为 3.4%，略低于 1996 年全国烟草使用综合调查的结果（Yang，G. H. et al.，1999）。在那次调查中，男性的吸烟率为 63%，女性的吸烟率为 4%。城市中成年男性的吸烟率为 51.7%，女性的吸烟率为 5%，而农村样本中男、女的前吸烟者比例都较城市样本低。农村中 5.5% 的男性吸烟者和 7.9% 的女性吸烟者戒掉了吸烟，而城市样本显示，10.7% 的男性吸烟者和 15.6% 的女性吸烟者戒掉了吸烟。农村居民的收入同城市居民的相比要低一些，故这些结果与过去文献中的发现是一致的，即：社会经济阶层越低，吸烟率越高。62% 的城市烟民每天至少吸 10 支烟以上，而这一数据在农村是 70%，这表明在农村吸烟者中，卷烟的消费水平更高。

表 7 - 1   中国不同地区和性别的吸烟和戒烟率

中国的地区	男性吸烟率（%）	女性吸烟率（%）	男性戒烟率（%）	女性戒烟率（%）
城市（n = 16 784）	51.7	5	10.7	15.6
农村（n = 40 210）	56.5	3.4	5.5	7.9

资料来源：1998 年全国卫生服务调查（中华人民共和国卫生部）。

（三）卷烟支出

1998 年的全国卫生服务调查仅仅提供了吸烟者每日的卷烟消耗量。吸烟者被要求从下列答案中选择一个：少于 10 支/天，10 ~ 19 支/天，20 支以上/天。每组的组均数作为吸烟者的日平均吸烟量，以此来估算吸烟者年卷烟消耗量。例如，如果某人选择日吸烟量 10 ~ 19 支，那么他的日卷烟消耗量就设定为 15 支。只有极少数的人选择吸烟量超过 20 支，他们的日卷烟消耗量设定为 25 支。卷烟的价格信息来自 2001 年的一次家庭入户调查（Hu，Mao and Liu，2003）。不同收入组的吸烟者会选择不同价格的卷烟，把样本中的人群按收入高低等分为五组，把每组消费的每包香烟价格列出来，计算出不同收入组和不同地区（城市和农村）消费卷烟的平均价格，并根据 1998 ~ 2001 年的通货膨胀率对其进行调整，然后再根据 1998 年年卷烟消耗量来估计卷烟的年消费支出。平均而言，一个城市吸烟者花费 448 元（约占家庭收入的 12%）来购买卷烟，而一个农村吸烟者花费 87 元（约占家庭收入的 5%）来购买卷烟，这就意味着收入越高，吸烟者购买卷烟的花费越高。

（四）医疗费用和相关费用

根据报告，1998 年城市人均年收入为 4 342 元（约合 542 美元），农村人均年收入为 1968 元（约合 246 美元），城市人均医药消费为 247 元（约占收入的 7%），农村人均医药消费 134 元（约占收入的 9%）。平均而言，城市吸烟者和农村吸烟者比不吸烟者分别多消耗医疗服务 45% 和 28%，这表明吸烟者对医疗服务有更高的需求。吸烟同慢性病发生率有显著的相关性，但医药费用不仅仅同吸烟本身有关。医疗支出随许多变量的

变化而变化，如年龄、收入、性别、饮酒状况、受教育程度以及是否购买
保险等（Newhouse，1996）。为了估算出医疗费用中有多少因吸烟而起，
我们对混杂因素做了控制。值得注意的是，大部分中国人是没有健康保险
的，在本次调查中仅有 42% 的城市居民和 9% 的农村居民拥有健康保险。

二、数据和方法

（一）估计与吸烟相关的医疗费用

估计吸烟带来额外医疗费用的方法有两种，即全因法（Inclusive Ap-
proach）和疾病别法（Disease-specific Approach）（Culter，2000）。我们选
用全因法来做估计。全因法认为，吸烟导致的健康后果是复杂的，可能超
出流行病学研究已经认识到的范围，因此要估计所有与吸烟相关的各类医
疗费用，包括门诊、住院、长期护理和其他医疗服务。

对现吸烟者和曾吸烟者的额外医疗服务利用可运用类似于 Manning,
Keeler, Newhouse, Sloss 和 Warsserman 等（1989，1991）使用的方法获
得。特别地，下面的回归方程估计了吸烟状况（现在吸、曾经吸、从不
吸）对医疗服务利用的影响：

$$\log[\,Y + 5\,] = b_1 \times CS + b_2 \times FS + XB + e \tag{7-1}$$

其中，Y 是年医疗支出，医疗支出可能会为 0，因此我们在对数—线
性模型中，因变量加上 5 以保证其为正数；CS（现吸烟者）和 FS（曾吸
烟者）为哑变量，当某人为现吸烟者或曾吸烟者时赋值为 1；X 是人口统
计学向量，它是一个独立协变量（如年龄、性别、收入、教育、饮酒、
保险），B 是其系数向量；e 是随机误差项。

利用上面估计出的回归方程，可以预测每个吸烟组（现吸烟组和曾
吸烟组）因变量的值。若假设现吸烟者和曾吸烟者从未吸过烟，那么他
们的医疗费用会怎样呢？我们可以让变量 CS、FS 取值为 0，而用同样的
其他因变量来估计他们的医疗支出；然后，从实际吸烟所发生的医疗费用
中减掉这一估计的支出，两项之差就是因吸烟引起的医疗保健资源消耗：

CS 的额外使用量 = CS 的平均使用量 − 若不吸烟时的 CS 平均使用量

$$\tag{7-2}$$

FS 的额外使用量 = FS 的平均使用量 − 若不吸烟时的 FS 平均使用量

$$\tag{7-3}$$

NS 是哑变量，如果从未吸烟则赋值为 1。这样，对利用（7 - 1）式控制了协变后的每个吸烟组（现吸烟和曾吸烟）中个人，（7 - 2）式和（7 - 3）式给出了吸烟状态下与不吸烟状态下卫生资源使用的差值。

（二）估计对贫困的影响

因吸烟引起的额外医疗费用和直接的卷烟支出，对贫困造成了影响，这是通过计算贫困人数来估计的，即计算贫困线以下的人口/家庭数所占的比例。一项特别支出（这里是指因吸烟引起的额外医疗费用和购买卷烟的支出）对贫困的影响，是以从收入中减去这项支出后贫困人数的变化来测量的。这个方法（Pen，1971）曾被其他人用来估计医疗费用的致贫影响（Wagstaff, A. et al.，2001）。

三、结果

（一）额外的医疗支出和致贫

尽管收入越高，吸烟引起的医疗费用越高，但如表 7 - 2 所示，这项支出对低收入家庭造成的经济负担更大。就城市样本而言，对最低收入的那 20% 的人群来说，吸烟引起的医疗费用占其收入的 6.5%，而对收入最高的那 20% 的人群，这一比例仅为 1.5%；在农村样本中，也有类似的趋势。所以，毫不奇怪，吸烟引起的医疗费用造成的贫困后果主要影响的是低收入人群。

表 7 - 2　　　　　　吸烟引起的额外医疗支出：按收入和地区分类
（人均支出和占家庭收入的百分数）

不同地区	1（最低收入的 20%）	2	3	4	5（最高收入的 20%）
城市（n = 16 784）	88	99	111	124	130
	6.5%	3.6%	2.8%	2.3%	1.5%
农村（n = 40 210）	22	21	22	24	25
	3.8%	1.8%	1.3%	1%	0.6%

资料来源：1998 年全国卫生服务调查（中华人民共和国卫生部）。

如表 7 - 3 所示，对城市最低收入那 20% 的人群来说，有 58.5% 的人属于贫困人口，当把吸烟引起的医疗费用从收入中扣除后，城市贫困人数增加了 7%。类似地，农村中收入最低组的贫困率为 29.6%，而扣除吸烟引起的医疗费用后为 32.3%。假设中国 12.9 亿人口中，城市和农村人口所占的比例为 30% 和 70%，因吸烟而致贫的人口数就可以计算出来了。根据我们的估计，每年有 1 210 万人（其中，城市 580 万人、农村 630 万人）会因吸烟引起的医疗费用而陷入贫困。

表 7 - 3　　　中国不同地区和组别因吸烟而引起的医疗费用对贫困人数的影响
（从收入中扣减吸烟引起的医疗费用之前和之后的对比）

不同地区	1（最低收入的组,%）	2（次低收入组,%）
城市（n = 16 784）	58.3	0
	65.4	0.5
农村（n = 40 210）	29.6	0
	32.2	0

资料来源：1998 年全国卫生服务调查（中华人民共和国卫生部）。

（二）卷烟支出和致贫

尽管收入越低的人群比收入较高的人群吸烟率更高，但因为他们购买更便宜的烟，故收入越低的人群卷烟支出就越少。平均情况下，一个城市吸烟者一年会花费 448 元（约占家庭收入的 12%）购买卷烟，而一个农村吸烟者一年会花费 87 元（约占家庭收入的 5%）购买卷烟。但是卷烟的消费对低收入者而言构成了一个更重的经济负担。在城市吸烟者中，对最富裕的 1/5 家庭来说，卷烟消费占了其收入的 7%，而对最穷的 1/5 家庭来说，则达到了惊人的 46%；在农村，最富裕的 1/5 家庭收入的 4% 用于卷烟的消费，而对最穷的 1/5 家庭这个比例是 11%。

卷烟消费无论是在城市还是在农村，都不会对最富裕的家庭造成影响，但是对城市和农村最穷的 1/5 人群而言，它将导致贫困率分别增加 19% 和 8%（见表 7 - 4）。把卷烟支出从收入中扣减之后，城市和农村的贫困人群数分别增加了 18.4% 和 9.2%。每年约有 4 180 万人（城市 2 470 万人和农村 1 710 万人）会因购买卷烟而陷入贫困。

表7-4　　　　中国不同地区和组别因卷烟消费对贫困人群数的影响
（收入中扣减卷烟消费之前和之后的对比）

不同地区	1（最低的 20%）	2（%）	3（%）	4（%）	5（最高的 20%）
城市（n = 16 784）	58.3	0	0	0	0
	77.0	11	1.3	0.6	0
农村（n = 40 210）	29.6	0	0	0	0
	37.1	0.1	0	0	0

资料来源：1998年全国卫生服务调查（中华人民共和国卫生部）。

四、讨论

据我们的估计，因吸烟产生的医疗费用会引起城市人口的贫困率增加 1.5%（影响580万左右城市人口），农村人口的贫困率增加0.7%（影响 630万左右农村人口）。由于大部分中国人都没有健康保险，而健康保险 是众所周知的与医疗服务利用有密切的联系（中华人民共和国卫生部， 1994；Newhouse，1998），因此可能会低估烟草对贫困的影响。另外，卷 烟的消费会对贫困产生不可小视的影响，研究显示卷烟的消费会引起城市 贫困率和农村贫困率6.4%和1.9%的上升（分别影响2 470万城市人口 和1 170万农村人口），吸烟引起的医疗费用和直接购买卷烟的支出会不 同比例地导致低收入家庭贫困率的发生。

从政策制定的角度看，减少吸烟率不仅仅是公共卫生问题，也是减少 贫困的经济问题。表7-3和表7-4清楚地显示出吸烟引起的医疗费用和 直接支出主要是对贫困家庭造成严重影响。所以，降低吸烟率意味着在卷 烟支出上花费得更少，缓解低收入家庭支出的紧张状况。低吸烟率会降低 疾病的发生率和相关医疗费用的支出。从我们的研究中可以预计，如果所 有现在的吸烟率减半，那么中国可能会有2 800万人口因此而脱贫。

不过，在我们的研究中，尚有几点需要说明：第一，中国幅员辽阔， 不同地区的经济水平变化很大，按各地调整后的贫困线做的估计可能会和 我们的研究有出入；第二，1998年的全国卫生服务调查没有收集家庭卷 烟的直接支出，我们运用的是另一个调查数据测算的家庭卷烟的支出；第 三，我们得出的医疗费用致贫结果是建立在被访者自我陈述的收支数据基 础之上的，可能会有收入报低而支出报多的情况，这可能会对农村地区吸烟对致贫的影响的估计造成偏差。另外，对医疗费用的估计我们只是采用了直接花在医疗服务和药品上的费用，而间接费用如病人及家属的交通费、伙食费等没有被包括，而这笔支出对中国农村来说是一笔不菲的开销（中华人民共和国卫生部，1994、1999）。最后，重要的是，本研究仅仅是估算了吸烟所产生的部分经济负担，而由吸烟引发的疾病最终导致的劳动能力下降和吸二手烟的问题并没加以讨论，所以这意味着对结果的低估。

　　中国是世界上最大的卷烟消费国和生产国，其吸烟对贫困的影响后果也可以运用到其他发展中国家。预防是可行的。许多对吸烟的研究已经在卷烟消耗对支出的影响方面做过深入的探讨，但鲜有把吸烟与贫困联系在一起的，因此，如果采取有效的烟草控制措施，不仅能改善健康状况，也能缓解其对贫困的影响。

参考文献：

1. Centers for Disease Control and Prevention. (2003). Cigarette smoking-attributable morbidity-United States, 2000. Morbility and Mortality Weekly Report. September 5, 52 (35), pp. 842 – 844.

2. Cutler, D. M. (2000). How good a deal was the tobacco settlement? Assessing payments to Massachusetts. Cambridge, MA: National Bureau of Economic Research.

3. Efroymson, D., Ahmed, S., Townsend, J., Alam, S. M., Dey, A. R., & Saha, R. (2001). Hungry for tobacco: An analysis of the economic impact of tobacco consumption on the poor in Bangladesh. Tobacco Control, 10 (3), pp. 212 – 217.

4. Gao, J., Tang, S., Tolhurst, R., & Rao, K. (2001). Changing access to health services in urban China: Implications for equity. Health Policy & Planning, 16 (3), pp. 302 – 312.

5. Gong, Y. L., Kaplan, J. P., Feng, W., et al. (1995). Cigarette smoking in China: Prevalence, characteristics, and attitudes in Minhang District. Journal of the American Medical Association, 274, pp. 1232 – 1233.

6. Hu, T. (2002). Economic analysis of tobacco and options for tobacco control: China case study. Tobacco Control, 11 (2), pp. 105 – 108.

7. Hu, T., Mao, Z., & Liu, Y. (2003). Smoking, standard of living, and poverty in China. Paper presented at the International Health Economics Association Meeting, held at Hilton San Francisco and Towers on June 15 – 18, 2003.

8. Hu, T., Mao, Z., Liu, Y., de Beyer, J., & Ong, M. (2005). Smoking standard, of living, and poverty in China. Tobacco Control, 14 (4), pp. 247 – 250.

9. Jha, P., & Chaloupka, F. (1999). Curbing the epidemic: Governments and the

economics of tobacco control. Washington DC: The World Bank.

10. Jin, S. , Lu, B. , & Yan, D. Y. (1995). An evaluation of smoking-induced health costs in China (1988 – 1998). Biomedical and Environmental Sciences, 8, pp. 342 – 349.

11. Kiiskinen, U. , Vartianen, E. , Puska, P. , & Pekurinen, M. (2002). Smoking-related costs among 25 to 59 year-old males in a 19year individual follow-up. European Journal of Public Health, 12 (2), pp. 145 – 151.

12. Li, Q. (1997). Poverty alleviation in China. Kunming, China: Yunnan.

13. Mackay, J. (1997). Beyond the clouds-tobacco smoking in China. Journal of the American Medical Association, 278 (18), pp. 1531 – 1532.

14. Manning, W. G. , Keeler, E. B. , Newhouse, J. P. , Sloss, E. M. , & Wasserman, J. (1989). The taxes of sin. Do smokers and drinkers pay their way? Journal of the American Medical Association, 261, pp. 1604 – 1609.

15. Manning, W. G. , Keeler, E. B. , Newhouse, J. P. , Sloss, E. M. , & Wasserman, J. (1991). The costs of poor health habits. Cambridge, MA: Harvard University Press.

16. 中华人民共和国卫生部:《全国卫生服务研究——1993 年国家卫生服务调查报告》, 1994 年。

17. 中华人民共和国卫生部:《全国卫生服务研究——1998 年国家卫生服务调查报告》, 1999 年。

18. Newhouse, J. (1996). Free for all? Lessons from the rand health insurance experiment. Cambridge, MA: Harvard University Press.

19. Pen, J. (1971). Income distribution. New York, NY: Praeger Publishers.

20. Peto, R. , Lopez, A. D. , Boreham, J. , Thun, M. , & Heath, C. (1994). Mortality from smoking in developed countries 1950 – 2000. Indirect estimates from national vital statistics. New York: Oxford University Press.

21. Tsai, S. P. , Wen, C. P. , Hu, S. C. , Cheng, T. Y. , & Huang, S. J. (2005). Workplace smoking related absenteeism and productivity costs in Taiwan. Tobacco Control, (Suppl. 1), pp. i33 – i37.

22. US Department of Health and Human Services. (1989). Reducing the health consequences of smoking. 25 years of progress: A report of the surgeon general. Washington DC: US Public Health Service, Centers for Disease Control, Center for Chronic Disease Prevention and Health Promotion.

23. Wagstaff, A. , & Von Doorslaer, E. (2001). Paying for health care: Quantifying fairness, catastrophic, and impoverishment, with applications to Vietnam, 1993 – 1998. The World Bank Working Paper Series #2725, Washington, DC.

24. Wang, H. , Sindelar, J. L. , & Busch, S. H. (2006). The impact of tobacco expenditure on household consumption patterns in rural China. Social Science & Medicine, 62,

pp. 1414 – 1426.

　25. Yang, G. H. , Fan, X. L. , Tan, J. , Qi, G. , Zhang, Y. , & Samet, J. M. (1999). Smoking in China: Findings of the 1996 National Prevalence Survey. Journal of the American Medical Association, 282 (13), pp. 1247 – 1253.

第三部分

烟草供给

第八章　烟草工业与 WTO

陶　明

本章集中讨论中国烟草工业的状况以及加入世界贸易组织对烟草工业造成的影响。

一、入世前中国烟草产业运行情况分析

根据我国《烟草专卖法》第二条的规定："烟草专卖品是指卷烟、雪茄烟、烟丝、复烤烟叶、烟叶、卷烟纸、滤嘴棒、烟用丝束、烟草专用机械。卷烟、雪茄烟、烟丝复烤烟叶统称烟草制品。"由此看来，中国烟草业广义上讲包括烟草制品、烟叶、卷烟纸、滤嘴棒、烟用丝束和烟草专用机械等相关生产、销售企业和管理部门，其中烟草制品生产又属烟草行业的核心。本章主要针对中国烟草产业中烟草制品加工业的产业结构进行分析。

（一）市场集中度

市场集中度是表示在具体某个行业或市场中，卖者或买者具有什么样的相对的规模结构的指标。它是描述行业市场结构性状和大企业市场控制力的一个概念。最基本的市场集中度指标是绝对集中度，通常用在规模上处于前几位企业的生产、销售、资产或职工累计数量（或数额）占整个市场的生产、销售、资产、职工总量的比重来表示。其计算公式为：

$$CR_n = \sum_{i=1}^{n} X_i / \sum_{i=1}^{N} X_i$$

其中：CR_n——X 产业中规模最大的前 n 位企业的市场集中度；

X_i——X 行业中第 i 位企业的生产额或销售额、资产额、职工人数；

N——X 产业的全部企业数；

$$\sum_{i=1}^{n} X_i$$——n 家企业的生产额、销售额、资产额、职工人数之和。

当用 X_i 表示 X 产业中第 i 位企业的生产额，这样就可以得到生产集中度。前若干家企业的选择，一般可以是 4 家、8 家或 20 家等，这主要取决于"产业"的内涵范围，产业内的企业数量以及研究者的研究目的和获取资料的难易程度等。

图 8-1 是用 2001 年中国烟草产业 140 家企业的统计数据绘制出的中国烟草行业 2001 年的产业集中曲线图，表 8-1 给出了前 30 家烟厂具体的产业集中度数据。

表 8-1　　　　　中国前 30 家烟厂产业 2001 年市场集中度数据

CR_1	CR_2	CR_3	CR_4	CR_5	CR_6	CR_7	CR_8	CR_9	CR_{10}
5.6	9.8	13.6	16.8	19.5	22.2	24.8	27.1	29.3	31.4
CR_{11}	CR_{12}	CR_{13}	CR_{14}	CR_{15}	CR_{16}	CR_{17}	CR_{18}	CR_{19}	CR_{20}
33.3	35.1	36.7	38.3	39.8	41.3	42.6	43.9	45.3	46.6
CR_{21}	CR_{22}	CR_{23}	CR_{24}	CR_{25}	CR_{26}	CR_{27}	CR_{28}	CR_{29}	CR_{30}
47.9	49.1	50.4	51.6	52.9	54.1	55.3	56.5	57.7	58.8

资料来源：根据《中国烟草》杂志 2000~2005 年各期数据整理。

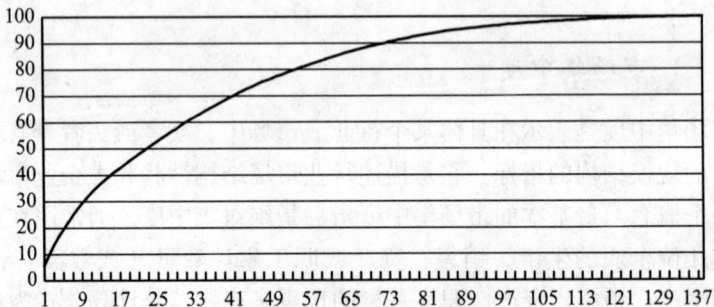

图 8-1　中国烟草行业集中曲线图（2001 年）

我们再来看世界烟草行业的市场集中度情况：日本全国只有一家烟草公司；菲莫美国公司 2002 年销售量为 1 916 亿支，市场占有率为 50.1%。可见中国烟草与发达国家烟草企业在市场集中度方面存在着巨大的差异。

（二）品牌差别化

卷烟品牌不只是商品名称的简单描述，而是一个包括商品特定的核心功能、明确的利益保证、价值尺度、文化内涵、个性化和面向特定的消费层面等因素的综合概念。不同的品牌，反映出消费者特定的品质评判标准。而卷烟品牌由于其所具有的兼备商品基本属性和文化内涵的特点，使得消费者的消费效用原则中不可缺少地包括了品牌。表8－2列出了中国市场上著名的本国品牌。

表8－2　　　　　2002年36种全国名优卷烟品牌

品牌	卷烟厂	品牌	卷烟厂	品牌	卷烟厂
中华	上海卷烟厂	红双喜	上海卷烟厂	迎客松	芜湖卷烟厂
红塔山	玉溪红塔集团	石林	曲靖卷烟厂	红山茶	昆明卷烟厂
玉溪	玉溪红塔集团	芙蓉王	常德卷烟厂	红杉树	徐州卷烟厂
大红鹰	宁波卷烟厂	金圣	南昌卷烟厂	七匹狼	龙岩卷烟厂
恭贺新禧	玉溪红塔集团	福	曲靖卷烟厂	黄果树	黄果树集团
红河	红河卷烟厂	白沙	长沙卷烟厂	红旗渠	安阳卷烟厂
一品梅	淮阴卷烟厂	娇子	成都卷烟厂	黄山	蚌埠卷烟厂
五一	宁波卷烟厂	红金龙	武汉烟草集团	石狮	厦门卷烟厂
利群	杭州卷烟厂	南京	南京卷烟厂	天下秀	什邡卷烟厂
红梅	玉溪红塔集团	阿诗玛	玉溪红塔集团	中南海	北京卷烟厂
牡丹	上海卷烟厂	云烟	昆明卷烟厂	羊城	广州卷烟二厂
将军	济南卷烟厂	猴王	宝鸡卷烟厂	金芒果	新郑卷烟厂

资料来源：根据《中国烟草》杂志2000～2005年各期数据整理。

中国烟草加工业品牌之多，可称之为世界之最。2001年，全国有定价的卷烟牌号共有1 049个，不同规格数量达2 130个。其中烤烟型牌号和规格占2/3，其余为混合型、机制雪茄、药物型及其他类型卷烟。大量观察表明，不同产品品牌的差别，仍是除了产品价格之外影响消费者选择的首要因素。

造成这一特点的原因主要有：第一，由于心理和少许生理方面的原因，不同品牌的卷烟产品很容易形成较为固定的消费群体；第二，由于大多数烟草加工企业产量较低，并且通常集中于本地及邻近的地区销售，以致在同一等级卷烟中，消费者往往偏好本地产的卷烟；第三，一些政府行为，如著名商标、名优烟的评比以及所谓指定特供商品制度，在客观上大大助长了某些品牌卷烟的知名度和影响力；第四，中国卷烟消费者中有相当一部分"习惯型"消费者。

中国烟叶生长最适宜的地区为西南省份，包括云南大部、贵州全部、四川南部、湖南西部、湖北西南及广西西南；其次是黄淮海地区和长江中下游地区。正因为如此，不仅中国烟草工业中绝大多数优势大企业集中于西南地区，而且在全国名优卷烟中，西南地区所占的比重也最大。2002 年评选出的 36 种全国名优卷烟品牌，西南地区所占比重超过了一半。

（三）行业的资源配置效率

微观经济学认为，市场机制的正常运行能保证资源的最佳配置，表现为社会福利最大化。在产业组织理论的研究中，常常会利用利润率作为衡量行业市场资源配置效率的指标。

销售利润率 =（税前利润 − 税收总额）/ 自有资本

由于数据来源的原因，我们用产品销售收入取代自有资本，使用销售利润率这一指标对入世前中国烟草行业的资源配置效率进行分析，如表 8 – 3 所示。

表 8 – 3　　　　　1998 ~ 2001 年中国工业各行业销售利润率变动情况　　　　　单位：%

行　业	1998 年	1999 年	2000 年	2001 年
全国平均	2.27	3.28	5.22	5.05
食品加工	− 0.90	0.34	1.98	2.53
饮料制造	4.64	5.54	5.92	5.97
烟草加工	8.93	9.28	9.97	10.06
化学纤维制造业	0.22	3.57	5.33	2.15
橡胶制品	2.09	1.13	1.41	3.26

资料来源：根据《中国统计年鉴》各卷资料整理。

从行业间比较来看，烟草行业的销售利润率不仅远远高于与它相近的食品加工和饮料制造业，也远远高于全国所有行业的平均水平。微观经济学认为，在完全竞争的市场结构中，资源配置实现最优，市场上所有企业都只能获得正常利润，且不同行业的利润率趋向一致。因此，可以推断出，销售利润率越高，市场就越偏离完全竞争状态，也就是说垄断程度越高，因此利润率也被作为研究市场结构对市场绩效影响的一个指标。我们必须认识到导致行业、企业利润率偏高除了垄断之外还有其他因素：（1）作为风险性投资报酬的风险利润；（2）有不可预期的需求和费用变化形成的预料外的利润；（3）因成功地开发和引入新技术而实现的创新利润。中国烟草行业并不存在上述的三种超常利润，因此超常利润只能来自于垄断，来自于行政割据型垄断。对于中国烟草行业而言，利润水平虽然很高，但这是因为国家专卖下降为地方专卖，各地烟草企业在当地烟草专卖的支持下划分领地进行垄断，市场资源和产品都不能自由流动。很高的利润率是用更高的消费者福利丧失换来的，这导致了整体社会福利的降低。那么，从这一点上可以说，中国烟草行业的资源配置效率是很低下的。2002年，烟草行业的企业亏损面为32%，超过了同期全国工业企业总亏损面的23.4%，这也为这一结论提供了有力的证据。

可以用2001年中国烟草行业138家企业的统计数据（个别企业资料不全）绘制出中国烟草行业2001年的销售利润率曲线，如图8-2所示。

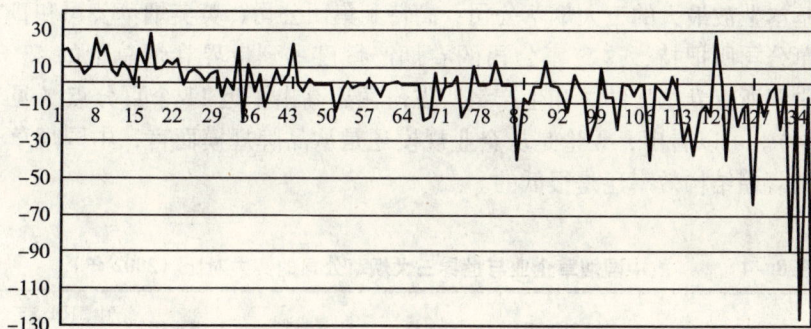

图8-2 中国烟草行业销售利润曲线图（2001年）

资料来源：根据烟草系统《2001年12月反馈》各卷资料绘制。

横坐标是按产品销售由大到小排列的138家卷烟厂。从图8-2中可以看出一个明显的趋势，随着销售收入的减少，产品销售利润率也在降低，说明规模效益在烟草行业体现得较为明显。

从图8-3可以看到，规模效益在烟草行业的流通方面也有所体现，销售成本率随着企业规模的扩大有所下降。

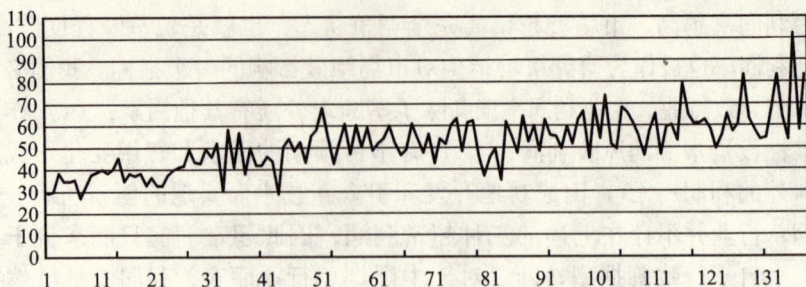

图 8 - 3　中国烟草行业销售成本率曲线图

资料来源：根据烟草系统《2001 年 12 月反馈》各卷资料绘制。

　　从以上分析可以看出，入世前中国大多数烟草企业的规模太小，达不到规模效益所要求的最小规模。2001 年，中国烟草生产企业数共 141 家，而如此庞大的企业数量中，真正达到最低经济规模标准的却并不多见。全行业共有卷烟商业企业 2 000 多家，生产与经营十分分散。中国第一品牌"红塔山"的市场集中度为 2%，而世界第一品牌"万宝路"的市场集中度为 61%，且前者的年产量还不到后者年产量的 10%。当今世界烟草市场基本上被最大的三大烟草公司：高特利集团公司、英美烟草公司和日本烟草公司所把持，这 3 家公司的卷烟产量已占到世界卷烟总量的 43%，比中国所有卷烟厂的总和生产量所占份额还高出了近 11 个百分点（见表 8 - 4）。可以看出，无论是从企业规模还是从品牌规模而言，中国烟草企业的规模结构效率还是很低的。

表 8 - 4　　　　　中国烟草企业与世界三大烟草公司的实力对比（2002 年）

企业名称	高特利集团	英美烟草	日本烟草	红塔集团	中国烟草系统工业企业合计
营业收入（亿美元）	804.1	389.7	371.4	18.4	203.7
资产总额（亿美元）	754.0	257.3	250.4	43.7	260.7
利润总额（亿美元）	111.0	20.4	3.0	3.5	19.3
卷烟产销量（万箱）	1 829.4	1 554.6	907	190.2	3 399.6

　　资料来源：《世界烟草：2002 年发展报告》。

二、入世后烟草行业并购情况分析

　　随着中国加入 WTO，烟草行业开始面临来自全球烟草巨头的竞争威胁。为此，从 2002 年开始，烟草行业进行了一系列的关停并转活动，整个行业内的烟草企业数量大幅度的减少，品牌市场占有率也大幅提高，详情如表 8-5、表 8-6 和表 8-7 所示。

表 8-5　　　　　卷烟工业企业个数逐年下降表

年份	卷烟工业企业个数（家）	税利（亿元）
2000	185	1 112.2
2001	143	1 219
2002	123	1 460
2003	84	1 698.7
2004	57	2 100
2005	44	2 400

数据来源：《中国烟草》杂志 2000～2005 年各期。

表 8-6　　　　卷烟工业企业行业集中度及卷烟品牌集中度

年份	卷烟工业企业数（家）	4 企业集中度/产量（%）	8 企业集中度（%）	卷烟品牌数量（个）	4 品牌集中度（%）	8 品牌集中度（%）
2002	123	16.40	26.80	758	8.40	13.50
2003	84	19.60	31.40	584	9.70	15.20
2004	57	23.90	39.90	423	11.40	18.60

数据来源：《中国烟草》杂志 2002～2004 年各期。

表 8-7　　　　　全国各地烟草企业重大并购案简介

现有企业名称	所在省份	原企业	所在省份	并购时间	并购方式
中国红云集团	云南	昆明卷烟厂	云南		
		曲靖卷烟厂	云南		
		乌兰浩特卷烟厂	内蒙古	2004 年 11 月	承担债务
		山西昆明烟草有限责任公司	山西	2003 年 7 月	股份制
红塔集团	云南	红塔集团	云南	2004 年	
		长春卷烟厂	吉林	1998 年	承担债务
		红塔海南卷烟有限责任公司	海南	2002 年	股份制
		红塔辽宁烟草有限责任公司	辽宁	2003 年底	股份制

现有企业名称	所在省份	原企业	所在省份	并购时间	并购方式
红河集团	云南	红河	云南	2004 年	
		昭通	云南	2004 年	
上海烟草集团	上海	上海卷烟厂	上海		
		北京卷烟厂	北京	2003 年 11 月 17 日	资产无偿划转
		天津卷烟厂	天津	2004 年 12 月 7 日	资产无偿划转
武烟集团	湖北	红安卷烟厂	湖北		重组
		三峡卷烟厂	湖北		重组
		广水卷烟厂	湖北		重组
		襄樊卷烟厂	湖北		重组
		清江卷烟厂	湖北		重组
黄果树集团	贵州	贵阳卷烟厂	贵州	2005 年 9 月	兼并
		遵义卷烟厂	贵州	2005 年 9 月	兼并
		铜仁卷烟厂	贵州	2005 年 9 月	兼并
		兴义卷烟厂	贵州	2005 年 9 月	兼并
		毕节卷烟厂	贵州	2005 年 9 月	兼并
陕西卷烟总厂	陕西	宝鸡卷烟厂	陕西		
		延安卷烟厂	陕西		
		汉中卷烟厂	陕西		
黄山卷烟总厂	安徽	黄山卷烟厂			
		蚌埠卷烟厂	安徽		重组
		合肥卷烟厂	安徽		重组
		滁州卷烟厂	安徽		重组
许昌卷烟总厂	河南	许昌卷烟厂	河南		
		南阳卷烟厂	河南	2005 年 4 月 8 日	收购
		驻马店卷烟厂	河南	2003 年 7 月	
南昌卷烟总厂	江西	南昌卷烟厂	江西	2005 年 12 月 28 日	重组
		井冈山卷烟厂	江西	2005 年 12 月 28 日	重组
		兴国卷烟厂	江西	2005 年 12 月 28 日	重组

资料来源：根据《中国烟草》2004～2006 年各期文章和国家专卖局经济运行司提供的资料整理。

（一）并购对市场结构的影响分析

在中国，卷烟产量每年都是有指标的，也即全国每年只能生产 3 400 万箱左右。随着并购的发生，并购企业自然而然地得到了被并购企业的生产指标，而在卷烟这个规模经济很明显的行业里，随着生产指标的增大，生产企业的各项指标自然而然地得到了提高。而且在并购过程中出现了许多跨省并购，如红塔集团在辽宁省收购营口卷烟厂和沈阳卷烟厂及吉林的长春卷烟厂、海南的海南烟草公司；上海烟草集团收购北京卷烟厂和天津卷烟厂，等等。可以说大型烟草企业通过并购加强了对多个区域市场的控制。

在烟草行业里更应该关注全国统一市场的构建，因为最终一个企业的竞争力是体现在它对市场的控制能力上的，而不是体现在其生产是否具有效率上的。外地品牌在本地销售时是否能像本地品牌一样渠道顺畅？通过并购的确使烟草生产企业突破了省与省之间的界限，但是并购结束后势力范围重新划定后，市场格局又回到未并购前的状况。由于没有统一市场进行竞争，并购并未提高单个企业的竞争力。单一品牌或厂家的产量提高，是由于其控制的区域扩大。总资产贡献率及成本费用利润率的提高是由于对于单个生产企业而言规模经济提高了。所以，在烟草企业并购的过程中烟草行业的财税体制也应该发生变革。

烟草行业的另一项改革是从工商分离入手的，即原来在一个省内，工业和商业是一个老板，工商职能组合在一起，尽管本地产品没有竞争力，也必须考虑到地方企业要生存下去，要卖它的烟。现在有了改变，对商业和工业的考核分别有各自的指标。作为对商业的考核，不管你卖到什么地方和卖什么品牌的烟，你必须完成自己的任务，商业管理部门就不能完全只考虑本地烟厂的利益了。表面上看，这相当于打破了地方垄断，但是因为工商分离改变不了目前的卷烟销售关系和税收关系，控制市场的还是地方烟草专卖局。卷烟生产企业并没有销售权，专卖局成了烟草的单一购售方，这是维护专卖的基本方式。同时，烟厂销售产品的普遍办法是和各地的烟草公司签订合同，并且所有的合同都必须到北京中国烟草专卖局签订，受到的限制很多；卖烟的商店，必须到当地专卖局办理许可证；烟草生产商并没有权力把烟直接卖给消费者。这样看来阻碍全国烟草统一市场的根本原因并没有得到解决，工商分离更像是一个折中方案。

（二）烟草行业整体绩效考察

从 2000 年开始，全国烟草经济开始进入第三个发展周期（前两个周期分别为 1982～1991 年和 1992～1999 年），至今已连续 4 年保持快速增长态势（见图 8-4）。

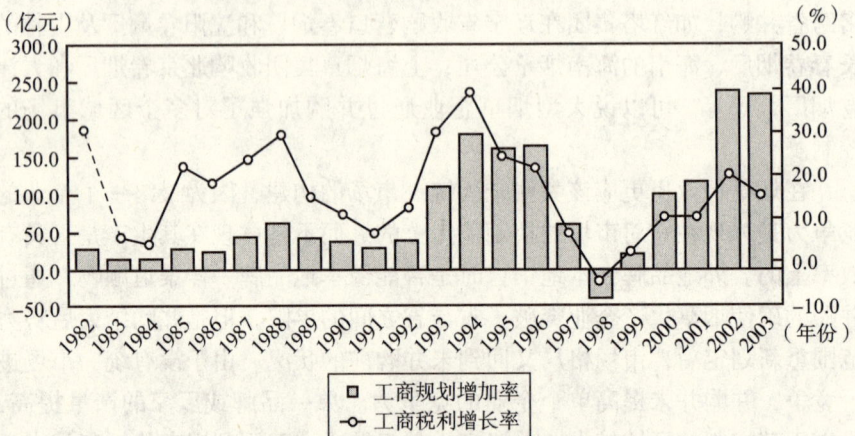

图 8-4　全国烟草经济周期波动轨迹

2000 年全行业实现工商税利 1 112.2 亿元，增长率由 1999 年的 2.0%上升到 9.3%，提高了 7.3 个百分点。在随后的 3 年，全国烟草经济在较高基础上一直保持着较快增长势头，分年度税利增加额和增长率，2000年行业税利增幅为 9.3%，2001 年增幅为 9.6%，2002 年增幅为 19.8%，2003 年增幅为 16.5%，2004 年增幅接近 30%。行业如此稳健持续地加速增长很明显受益于第三发展周期中产业结构、管理体制与机制的深刻调整。据统计，第三个发展周期的前 4 年，数量、价格、结构、成本这四种经济增长主导因素对税利增长的贡献率分别为 17.5%、58.5%、3.1% 和20.9%。

2004 年，烟草行业各项重要经济指标均创历史最高纪录，而且增长速度也保持了较高水平。由于近几年行业正确地采取了反周期的宏观调控政策，加上各项改革产生的效应，使行业发展从 2002 年起连续 3 年保持了 20% 以上的高速发展态势。

引起工业利润增长的原因主要有：（1）企业组织结构调整、小烟厂关闭，使工业企业的亏损得以减少，成本有所降低；（2）经过产业重组，企业的产品结构提高，更多产能集中在一、二、三类卷烟产品，引起卷烟产品档次、价格提高，毛利率提高；（3）企业兼并重组带来的管理费用、财务费用等的三费、成本等的减少。

2000年以来全国百牌号卷烟的价格走势如图8-5所示。

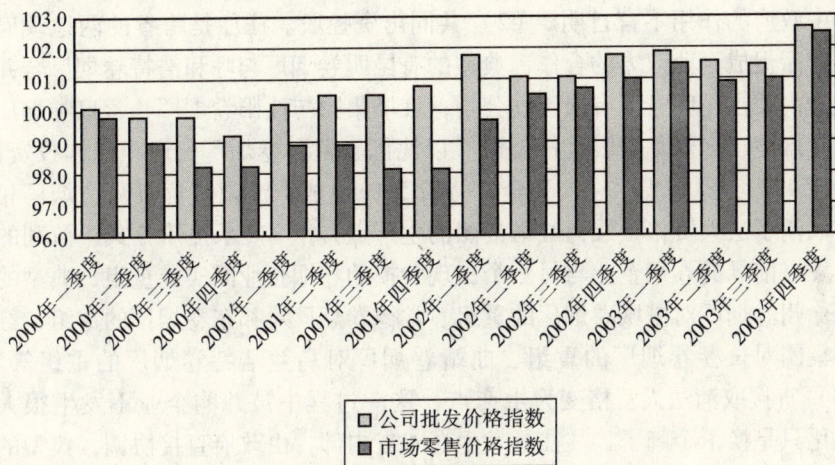

图8-5　2000年以来全国百牌号卷烟价格走势

从会计指标的角度来看，在2002～2004年这3年中，卷烟工业总资产贡献率分别为53.2%、54.0%和60.8%，年均提高3.8个百分点；成本费用利润率分别为21.3%、23.9%和35.1%，年均提高6.9个百分点。由于资源配置效率不断提高，中国烟草行业每年实现的税利总额也大幅增加，其中2002年为1 460亿元，2003年为1 600亿元，2004年为2 100亿元，年均增长率高达20.9%。

三、烟草行业并购过程中政府所起的作用分析

像中国烟草行业这种整个行业范围内涉及几乎所有企业的大规模并购在行业发展史上还是非常少有的事，可以说并购重组的结果彻底改变了烟草行业的结构。如果按照正常的经济发展规律，一个行业根本不可能在短短3年内变化这么大，说明政府在整个并购重组过程中起到了非常重要的

作用。

(一) 烟草企业重组往往是政府行政干预的结果

我们将烟草企业实施重组大致分为以下几类:(1)国有资产无偿划转。典型的代表是国家烟草专卖局将北京卷烟厂与天津卷烟厂无偿划转给上海烟草集团,将旬阳卷烟厂的全部资产无偿划拨给宝鸡卷烟厂,整个过程中政府的作用不言自明。(2)共同出资控股。往往是跨省的两地政府在背后促成企业双方的合作,典型的有昆明卷烟厂与呼和浩特卷烟厂合并成立内蒙古昆明卷烟有限责任公司;红塔集团与沈阳卷烟厂、营口卷烟厂成立红塔辽宁烟草有限责任公司(以沈阳、营口卷烟厂资产净值作投资,持股49%,红塔集团注入资金,持股51%组成;沈阳、营口两个烟厂相应取消了法人资格,成为红塔集团的生产点)。(3)承担债务式。盈利的有发展前景的卷烟企业与另一个出现亏损的卷烟企业间实施重组,典型的有徐州卷烟厂对澄城卷烟厂的重组、常德卷烟厂对祁东卷烟厂的重组、红塔集团对长春卷烟厂的重组、曲靖卷烟厂对乌兰浩特卷烟厂的重组等。(4)直接取消法人资格变为生产点,这一过程中被并购企业不发生很大变化只是换了个牌子,往往是发生在一省内部,由政府直接协调,典型的有广东省6变1(原6家卷烟厂重组为1家)成立广东卷烟总厂,云南的9变4,即9家卷烟厂重组为4家等。

在这几种情况中,重组企业在重组前后组织结构、内部核算体系、人事管理等方面很少发生重大变化,可以得出这样的结论:重组过程中企业并非为了管理协同效应而发生重组,企业实施并购的经济行为成分也很少。通过对上述重组类型的归纳,我们可以认为烟草企业重组更多是政府干预的结果。

(二) 政府通过自身管理体系的改变适应烟草行业重组

1. 原有烟草行业内政府角色的体现

烟草专卖制度的重要特征是行政管理和生产经营管理的高度集中。1982年1月,国务院成立了中国烟草总公司;1983年9月,国务院发布《烟草专卖条例》,正式确立了国家烟草专卖制度;并在1984年1月设立全国烟草行政主管部门即国家烟草专卖局,主管全国烟草专卖工作;各地设立省级、地(市)级、县级烟草专卖局,主管本辖区内烟草专卖工作,在行政关系上体现的是统一领导、垂直管理的领导体制,但事实上,涉及烟草行业的许多重大问题，它还不能独自做出决策，还必须与国务院其他有关部门协调，制定相关政策。国家烟草专卖局与中国烟草总公司二者实为一体，是"一套机构，两块牌子"。

国家烟草专卖局是管理中国烟草行业运行的最重要的行政机构，它的主要职责是根据《烟草专卖法》及其实施条例对烟草专卖品的生产、销售、进出口实施专卖管理，并实行烟草专卖许可制度。烟草专卖制度正是通过国家对烟草产品的生产和经营的各个环节进行严格的管理和监督，限制烟草及其制品的生产规模、流通范围以及保证国家财政收入等。

2. 重组过程中政府角色的重新描述

2002 年，国家烟草专卖局提出要取消县级烟草公司法人资格，从非烟叶产区向全国逐步深入推广。经过三年多的改革，到 2005 年底，全行业已经累计取消 1 317 家县级烟草公司法人资格。随后，行业实行了以省级烟草工商分开为突破口的行业管理体制改革，成立了 16 家省级中烟工业公司，促进了烟草资源优化整合和生产集中度提高。

改组后，省公司作为总公司的全资子公司，代表总公司和所属企业行使出资人权利，成为管理中心、监督中心，承担国有资产保值增值的责任；省局（公司）管理体制从行政管理为主转变为资产经营管理为主，通过转变职能，退出了各种生产经营活动，成为一个管理、监督、指挥中心，集中精力抓管理、抓监督、抓队伍建设、抓资产经营，实行资产统一管理、集中使用，加强资金监管，确保国有资产保值增值，确保行业依法经营，确保国家局、总公司各项决策部署落实到位、执行到位、监管到位。各地市公司作为市场经营主体，拥有法人财产权，对所经营的资产承担保值增值的责任。地市公司突出了市场经营主体地位，严格按照公司章程自主经营、合法经营，真正培育成为充满生机与活力的市场经营主体。在取消了县级公司法人资格后，一般是将原来的县烟草公司更名为县卷烟销售部，当地有烟叶生产的就另挂烟叶生产部的牌子。法人资格就等于是资金的合法所有者，意味着县级政府失去了对烟草行业收入的支配权，意味着地方政府的财政来源受到影响。取消县级烟草公司法人资格之后，分公司统一财务收支，县烟叶生产部（卷烟营销部）没有自主财权。政府角色在行业重组前后的变化如图 8-6 所示。

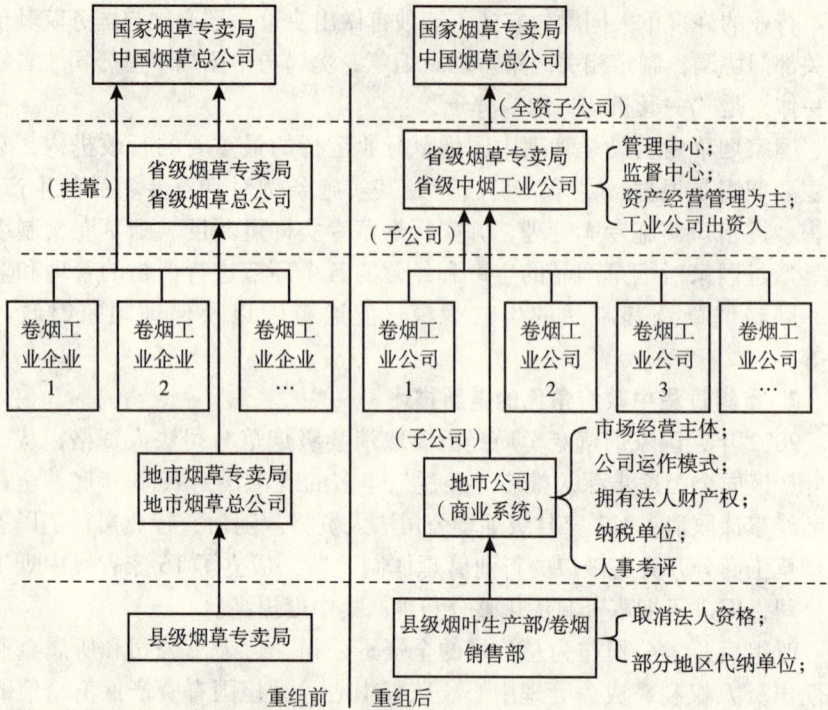

图8-6 烟草行业重组前后政府与企业关系变化

(三) 重组过程中政府角色两难的潜在悖论

(1) 加强品牌竞争力、提高行业垄断程度与打破地方壁垒形成全国统一市场之间的矛盾。国家烟草专卖局对行业内生产企业进行重组的目的是扩大单个品牌的产量,同时通过本省及跨省兼并提高行业的垄断程度,以期形成几个大型的寡头烟草企业,为迎接外烟巨头进入中国市场做好准备。但形成大型寡头的前提是一个全国范围内大型的市场。而从目前的行业重组来看,一方面重组后的工业企业隶属于当地省烟草专卖局,加深了生产企业与地方政府之间的联系;另一方面,由于销售系统未改革,当地政府仍旧对当地烟草消费市场具有极大的控制能力。所以当前存在的区域市场壁垒抵消了部分重组带来的收益,真正意义上的品牌全国渗透并未产生,一些品牌的市场占有率的扩大其潜在的原因只是由于占有了被并购厂商的品牌及当地市场。

(2) 设想中的企业出资人角色与现有工业企业并未建立现代企业制

度之间的矛盾。目前,资产管理关系没有理顺,国有资产保值增值的责任和权利不统一。现代产权制度是建立现代企业制度的基础,但如果产权关系不清晰,就无法建立权责明确、规范运行、协调运转的现代企业制度。即使是那些已经建立了董事会、经理层、监事会等法人治理结构的重点卷烟工业企业,由于原来产权关系没有理顺,仍然沿用工厂制的运作模式、运行机制和管理方式,董事会成员、经理班子成员和企业党委成员交叉任职,高度重叠,职责难以明确;企业的决策权、经营权、监督权高度集中,权力配置不合理,也无法真正建立起现代企业制度。而且监事会成员全部由企业内部产生,形成"内部人"控制企业,监事会构成缺少出资人代表,造成监事会形同虚设,难以发挥监督制衡的功能。其实说到底还是 20 世纪末国有企业改革过程中所遇到的类似问题,政府作为企业的出资人在企业管理制度中没有得到应有的体现。

这里还要强调的是,烟草企业公司制改造除了建立符合烟草行业特点的现代产权制度和符合现代企业制度要求的法人治理结构外,还要不断适应现代产权制度和现代企业制度发展的新形势,切实转变总公司、省级公司的职能。总公司、省级公司与企业由目前的行政隶属关系变更为产权关系,体现在生产经营管理方式上,要由目前以行政管理为主转向以资产经营管理为主。

(3) 中央政府烟草专卖政策与地方政府执行政策的矛盾。中国当前的行政组织结构基本上仍是典型的分权制,烟草专卖政策的制定从权利分配的角度讲是属于中央行政机构的,但在执行过程中会受到地方政府的影响。行业未改革前一些计划内烟厂名义上还是划归国家烟草专卖局的,现在所有的卷烟工业企业都同时受各省烟草专卖局管理,这样国家局的政策与当地政府利益的冲突更加明显。中央政府往往是从控烟或提高行业集中度等关系行业整体运行的角度出发考虑问题,而各级地方政府往往是从当地的利益出发思考问题。中央政府往往希望培养全国范围的优秀品牌,而地方政府往往通过过多的非市场因素如增加税收压力等进行地方干预,希望从成功品牌中争取到有利于地方发展的利益。

(4) 保证公民健康的控烟形象与切实代表公民利益的政府角色间的矛盾。2005 年 10 月 11 日我国向联合国提交《烟草控制框架公约》(以下简称《公约》)批准书起 90 天后,《公约》即在我国生效。《公约》明确规定了烟草行业在广告、生产、烟草含量等各个方面的限制措施,以广告为例,在加入《公约》3~5 年内广泛禁止所有的烟草广告、促销和赞助,其中应包括广泛禁止源自本国领土的跨国广告、促销或赞助。烟草产品众所周知是有害健康的，从根本上讲是应该严令烟草广告的。但是市场开放在即，国外的烟草知名品牌如万宝路、七星等在中国市场知名度非常高，如果国内厂商在公约规定的 3 ~ 5 年内没有通过广告巩固国内市场的话，那么一旦市场开放国内市场就有可能变成外烟的天下。所以上海国际赛车场、中央电视台等媒体最终还是接受了烟草产品的广告。这些公众事件的结局揭示了政府对控烟与巩固市场之间的权衡与矛盾。

在中国，专卖同时作为控烟及保证财政收入的手段而存在，这两点间此消彼长，控制了烟草的数量财税就要减少，要使烟草数量减少而保证财政收入的话就只能提高烟草的相对价格，可是价格提高了就容易产生体制外循环如假烟、伪劣烟等，同时低档烟的需求就得不到满足，从近几年出现的低档烟供不应求就是证明。烟草行业不仅是税利大户，而且关系到很多人的就业和生存问题；从需求和供给的角度考虑，一方面是涉及与烟草相关的约 1 亿人的就业生计问题；另一方面是 3 亿多消费者的需求问题。

（四）对政府在兼并重组过程中的作用的评价

可以看出，国家烟草专卖局的策略是先改革生产同时保留对渠道的控制，这种策略的局限性在于：如果销售渠道仍旧保留在当地政府手中的话，它们仍会采取各种手段阻止外地品牌的卷烟进入当地市场进行销售，从而保护当地品牌卷烟；而且从生产的角度而言，在全国范围内打破省区间限制并没有多大意义，因为对于生产企业而言打破地域限制最直接的好处就是获得本地区内所不能得到的生产资料，而在卷烟系统内部，烟叶的生产都是按计划定指标的，除了云南等少数地区所产的烟叶较好以外，其他各地的烟叶基本差不多，其他的生产企业所能获得的好处如强强联合、管理协调、财务协同等在国内烟草行业基本不存在；开放销售渠道的地区限制使地方政府与卷烟销售脱离利害关系，才能使不同品牌的卷烟在全国市场范围内展开竞争，才能使一个合理的市场结构在烟草行业逐渐形成。所以，如果从行业内部而言，对于烟草行业的重组应该是从市场渠道改起，然后沿着产业链向上逐渐改革。

但是如果我们同时考虑到加入 WTO 后，中国烟草市场逐渐放开的情况，恐怕中国烟草行业重组的顺序还是合理的。因为如果首先放开销售渠道的话，那么意味着在外烟进入中国市场后，面临的是畅通无阻的全国范围内相互竞争的烟草销售渠道，唯一能阻止外烟品牌在中国市场销售的只能是中国国内的卷烟品牌，而目前中国烟草企业的实力是不能与这些国外老牌卷烟企业相抗衡的。由于种种历史原因我国卷烟生产企业实力不强，在卷烟市场完全放开以前这几年想要将其实力提升至能与英美烟草、菲莫公司相抗衡是不现实的，这种抗衡需要一个时间过程。所以，暂时地将渠道仍掌握在专卖系统内部的话，就是在遵守WTO框架内多了一道对外烟的防御线。

（1）实质改革仍需深入。取消县级法人过程中，为了缓解地方政府因失去税收利益的抵触情绪，许多地方中烟工业公司都采取了将比例较大税种留给当地政府的做法。这种做法虽然保证了改革的顺利进行，但是却没有改变原有体制中利益分配的实质，如果不能随着企业重组过程而将利益分配进行有效改变的话，烟草行业重组很难取得实质性成果。

（2）财税体制未发生变化。过去烟草行业区域划分严重导致企业难以突破本省的最主要原因就是原有的财税体制，烟草行业所产生的大量税收是政府的财政主要来源，而原有的中央与地方政府的财政分配制度正是使烟草企业难以做强做大的根本原因。财税体制不发生变化，即使是行业重组看起来轰轰烈烈，最终也会变成是表面文章。

（3）在某些情况下不但没有实现监管与运行的剥离，反而加强了政府在行业运行中的角色。比如广东中烟工业公司与广东卷烟总厂实行类似于国家烟草专卖局与中国烟草总公司"一套机构、两块牌子"的管理体制。在行业重组前烟草专卖局（或烟草公司）与广东的6家工业企业还是监管与运行的关系，但是经过重组以后二者已经合而为一。这意味着广东中烟工业公司或广东卷烟总厂不但控制着生产还控制着销售，标志着广东卷烟总厂在广东省内烟草市场中垄断力量的加强。我们认为这与烟草行业重组以打破地方壁垒的初衷相违背。

四、入世后中国烟草市场的变化趋势

首先，加入WTO后随着对外开放的逐渐扩大，我国烟草专卖品市场将面临多方面的影响和冲击。在卷烟领域，随着关税的进一步减让和非关税壁垒的逐步取消，国外中高档卷烟销售量会有所增加，但进口卷烟对我国市场的冲击可能将是一个逐渐增大的过程，最初几年进口卷烟占国内市场份额比例上升速度不会太快。但由于关税降低后，进口卷烟在价格和成本上有可能逐步取得比较优势，非关税措施的逐步减少，将进一步刺激国外烟草商加大对中国市场的开发与培育力度。因此，从长远来看，进口卷烟在中国市场会呈现加速增长的趋势，中外烟草企业在中国烟草市场上的竞争将会逐步升级，甚至可能逐渐成为影响中国烟草市场竞争格局的主要因素。

其次，在卷烟零售市场的竞争格局上，外烟进入中国不仅面临与国产烟的竞争，也面临着与其他外烟的竞争。由于中国卷烟市场潜力巨大，短期内很难有一家或几家国外烟草企业独占中国市场的局面出现，中国卷烟市场将呈现出国产卷烟之间、国产卷烟与外烟之间、外烟与外烟之间多元化的竞争格局。

再次，虽然我国已全面取消特种烟零售许可证，但这并不意味着中国将全面放开烟草市场，基本的烟草专卖政策并没有改变，进口烟仍然由中国烟草进出口总公司统一进口，也不允许外烟在内地设厂、生产、批发与建立大型流通企业。烟草专卖的存在，将使我国形成的销售网络成为最为主流的烟草连锁销售渠道。而烟草业在未来的强大的连锁经营网络将成为中国烟草由行政垄断向经济垄断转变的标志，而连锁销售体系对于外烟具有根本的制约作用，因为国际烟草巨头需要依赖中国本土的连锁销售渠道，所以国外烟草的销售还是受到控制。自 2004 年以来，英美烟草收缩在中国市场的零售终端，即把自身的旗舰品牌"555"、"健牌"等卷烟在华的投放量逐渐减少，这不是要退出中国市场，而是为了减少其办事处、广告、促销等营运的成本。不难想象，今后一旦允许外烟在内地设厂、生产、批发与建立大型流通企业，那么，跨国烟草集团只要在我国设立少数几家大型批发企业，就有可能利用规模优势占有批发市场的大量份额，从而使我国卷烟销售网络面临严峻的挑战。

第四，由于我国对烟草行业进出口长期实行较为严重的管制政策，结果使得中国烟草的外贸依存度一直偏低。但在未来烟草关税进一步降低的背景下，入世对烟草产业进出口的影响很值得研究。

（一）烟草产业贸易保护程度的测度

关于贸易保护的内容，国际上比较普遍的认识是，在一国内部所有对外国商品的歧视性措施都具有贸易保护的性质，因此，测量贸易保护至少应包括对四方面的测量：（1）海关关税和进口商品的其他特殊税；（2）旨在限制进口量的各种进口管制，包括外贸经营权、特定商品经营许可证、进口数量配额等；（3）只适用于进口品和各种检查监管环节，如我国的商检、卫生检验、动植物检验和药物检验等；（4）对国内出口生产企业的各种补贴。

设：对烟草的贸易保护程度为 ATP，进口烟草的到岸价为 ACIF，因各种贸易保护措施而引起的进口烟草价格的变动为 APV。

$$ATP = (ACIF + APV)/ACIF$$

一般来说，贸易保护措施有两类：（1）各种税费，如关税等；（2）各种非关税壁垒，如进口配额、许可证等。即有：

$$ATP = ATP_1 + ATP_2$$

其中，ATP_1 为税费保护程度，ATP_2 为非税费保护程度。

由于对非税费保护程度的测算存在许多不可测的人为因素，所以这里只对 ATP_1 作测度。

对 ATP_1 的测度。

进口烟草在国内市场上零售价的构成为：

零售价 = 到岸价 + 销售前所发生的其他费用

因此，我们首先分析烟草在海关报关及报关以后所发生的各项费用：

（1）关税：关税税额 = 到岸价×关税税率；

（2）消费税：消费税额 =（到岸价 + 关税税额）×消费税税率/（1 - 消费税税率）；

（3）增值税：增值税额 =（到岸价 + 关税 + 消费税）×增值税税率；

（4）其他与进口有关的费用，如商检费等。

以上四项费用加上进口烟草到岸价统称为烟草的进口成本，理论上构成了进口烟草国内市场含税费销售价格（即其中不包括非税费保护）。

由于从理论上说，如果没有贸易保护，进口烟草的到岸价应等同于国内进口烟草的国内销售价，因此，烟草贸易的税费保护实际上可用以上进口烟草国内市场含税费价格在关税与商检费不为 0 和为 0 两种情况下的价格差反映。

设：进口烟草关税税率为 a，进口烟草消费税税率为 b，进口烟草增值税税率为 c，进口烟草商检费为 d（ACIF×0.003，海关统计估计）。

则：关税税额为 TT(ACIF×a)，消费税额 = CT(ACIF + TT)×b/(1 - b)

增值税额 = AT(ACIF + TT + CT)×c

当关税税率与商检费不为 0 和为 0 时，可以算出进口烟草国内市场含税费销售价格差：

$$APV_1 = ACIF[a×(1 + c)/(1 - b) + 0.3\%]$$

因此,

$$ATP_1 = APV_1/ACIF = [a \times (1+c)/(1-b) + 0.3\%]$$

根据这个公式,再根据 1996 年与 2000 年海关进出口关税与代征税目表以及有关关税减让的承诺,可以算出我国烟草税费保护程度(见表8-8)。

表8-8 中国烟草税费的保护程度

烟草类型	关税税率(%)			消费税税率(%)			增值税税率(%)			税费保护程度(%)		
	1996	2000	2004	1996	2000	2004	1996	2000	2004	1996	2000	2004
烟叶	50	40	10	0	0	0	17	17	17	58.8	47.1	12
一类卷烟	150	65	25	50	50	50	17	17	17	351.3	152.4	58.8
二、三类卷烟及雪茄	150	65	25	40	40	40	17	17	17	292.8	127.1	49.1
四、五类卷烟	150	65	25	25	25	25	17	17	17	234.3	101.7	9.3

可以看出,我国对烟草的关税保护是呈逐步减弱的趋势。其中对一类卷烟的关税保护程度最大,二、三类卷烟和雪茄次之。这意味着加入WTO 后,由于关税减让,受到冲击最大的将是一类卷烟市场,由于我国烟叶关税减让后,已经没有价格优势,质量及烟叶等级也不及外国烟叶,烟叶市场面临较大冲击。可以看出,在烟草行业贸易保护中,关税保护仍为主要措施。

(二)降低关税后对中国烟草市场竞争的模型分析

从 1995~1999 年,中国卷烟进出口总量占国内生产量的比重只有0.8%,而在国际烟草市场上,中国卷烟出口总量只占世界出口总量的1.8%。可以看出,中国卷烟的销量基本上是依靠国内市场实现的,国际市场对我国烟草生产企业来说还有待大力开发。

为了便于分析,假设在中国市场上有 n 个相同的国内卷烟企业,f 个相同的国外卷烟企业,对卷烟征收从价关税,依到岸价计征,并选择产量实现自身的利润最大化,在市场进行古诺(Cournot)竞争。

则:$\pi_1 = PX_1 - C_1 X_1$

其中,π_1 为国内单个卷烟企业的利润;X_1 为国内单个卷烟企业的销售量；C_1 为国内单个卷烟企业的平均成本；$P = f(X_1 + X_2)$ 即以双方的产量和决定价格。

$$\pi_2 = PX_2 - rPX_2 - C_2X_2 = (1-r)PX_2 - C_2X_2$$

其中，r 为卷烟的关税税率；π_2 为国外单个卷烟企业的利润；X_2 为国外单个卷烟企业的销售量；C_2 为国外单个卷烟企业的平均成本；$P = f(X_1 + X_2)$ 即以双方的产量和决定价格。

则国内单个卷烟企业利润最大化的一阶条件为：

$$\partial\pi_1/\partial X_1 = P + P'X_1 - C_1 = 0 \tag{8-1}$$

同理可得国外单个卷烟企业利润最大化的一阶条件为：

$$\partial\pi_2/\partial X_2(1-r)P + (1-r)P'X_2 - C_2 = P + P'X_2 - C_2/(1-r) = 0 \tag{8-2}$$

设：$K = 1/(1-r)$，在 (0, 1) 上 K 是 r 的单调增函数，则在分析关税变化对企业产出的影响时，可以用 K 代替 r 进行分析。

现假设关税发生了微小的变化，即给定 K 的微小变化 dK，随着关税变化，企业将会调整在国内的市场销量，以重建国内市场的古诺（Cournot）均衡。

设国内单个卷烟企业的销量变化为 dX_1，外国单个卷烟企业的销量变化为 dX_2，对 (8-1) 式、(8-2) 式求全微分：

$$P'(ndX_1 + fdX_2) + P'dX_1 = 0$$
$$P'(ndX_1 + fdX_2) + P'dX_2 - C_2dK = 0$$

解之得：

$$dX_1 = -fC_2dK/[P'(1+n+f)] \tag{8-3}$$
$$dX_2 = (1+n)C_2dK/[P'(1+n+f)] \tag{8-4}$$

结论1：国内卷烟企业的市场销量与关税税率变化方向相同，其变化幅度与市场规模、外国卷烟企业边际成本正相关，与外国卷烟企业在国内的相对集中度指数负相关。

结论2：国外卷烟企业在中国的市场销量与关税税率变化方向相反，其变化幅度与市场规模、自身的企业成本正相关，与中国企业的相对集中度指数负相关。这表明，当关税降低时，国外卷烟企业的市场销量将上升。

一直以来，烟草行业受到国家一系列的政策保护，外烟成本偏高。根据结论1和结论2，随着中国加入WTO以后的关税降低，外烟在中国的销量将大幅度上升。

图8-7是1997年1月到2003年2月的烟草及烟草代用品的制品的

一项海关统计。在 1999 年以前，中国的这项出口一直保持着相当高的水平，而进口量很少。但在临近中国加入 WTO 和加入之后，情况出现了很大变化。从图 8 - 7 中可以看出，由于关税进行了调整，2000 年 1 月烟草及烟草代用品的进口量幅度首次超过出口量，并在以后的几个月份里不断地出现该项目的逆差。在未来烟草关税进一步降低的背景下，在今后的一段时间内，这一趋势也将继续保持。

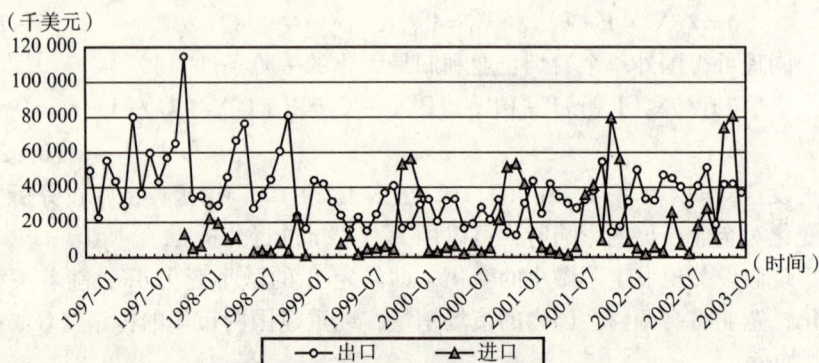

图 8 - 7　中国烟草及烟草代用品的制品进出口额月份数据
注：根据上海海关统计数据绘出。

中国于 2003 年底取消了针对外烟销售的"特种烟草专卖零售许可证"，这意味着卷烟零售终端市场的大幅放开，可以预见，零售终端市场的放开，势必对国内传统烟草进出口体制形成极大的冲击力。这里我们以日本为例，来分析加入 WTO 后对国内烟草产业进出口的影响。

在 1977 ~ 1985 年日本保持专卖制度期间，外烟在日本卷烟市场的市场占有率仅保持在 1.0% ~ 2.4% 之间；受美国政治及经济压力，日本于 1985 年 4 月 1 日取消专卖制度，外烟在 1987 年即增到 9.8%；1987 年 4 月 1 日取消进口关税，1988 年外烟即增到 12.1%。日本于 1989 年设 3% 的消费税，1997 年又将消费税提高为 5%，并于 1998 年实施卷烟特别税，但均未能阻止外烟上升的速度，至 1999 年，外烟在日本烟草市场的市场占有率已达 24.7%（见图 8 - 8）。

值得注意的是，日本是在拥有了较为严密完备的销售、配售网络的情况下开放市场的，15 年间总消费量的增长仅为 6.9%，外烟市场份额却由 2.4% 迅速升为 24.7%。

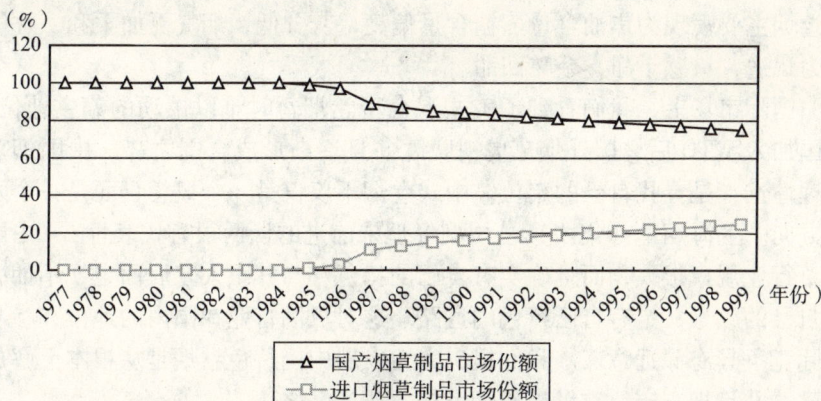

图 8-8　日本国内卷烟消费市场占有率变化情况

综上所述，作者认为，烟草行业虽然是一个很特殊的行业，但 WTO 的很多协议对它仍然适用。因此，全面了解 WTO 多边贸易体制的基本原则和规定，以及与我国的切身利益相关的对发展中国家的保护条款，对于我们有针对性地采取对策、措施，尽可能地减少或消除入世后的不利影响是非常必要的。

以中国烟草业的现状来看，即使在加入 WTO 后，中国烟草的国内流通体系、企业的规模及竞争力都还很薄弱，难以与国外跨国烟草企业展开平等竞争。对此，我们必须保持清醒的认识并采取积极有效的策略和措施加以应对。

（三）加入 WTO 对"中式卷烟"发展战略的影响

入世后，国家烟草专卖局反复强调："制定中式卷烟的发展方向是针对 WTO 的挑战"。中式卷烟将以鲜明的风格定位并确立中国卷烟在世界烟草领域的地位，中式卷烟的发展战略将为中国烟草参与国际竞争开辟一条新的道路。

长期以来，国际的卷烟类型分为英式烤烟型卷烟、美式混合型卷烟、法式深色晾烟型卷烟和中东香料型卷烟。主流类型是美式混合型和英式烤烟，其中美式混合型卷烟在国际市场上占主导地位，比例约占世界卷烟市场的 70% 左右（不包括中国市场）。中国烤烟类型是英式烤烟型卷烟，但与英式烤烟型相比又有较大的差异，配方上，中高档烟原料以进口美国烤烟为主，中低档烟配方掺用不同比重的河南、山东、安徽等地的烤烟。中式卷烟主要表现为焦油含量、糖含量偏高，灰分低，烟气更加柔和，香气较为飘逸，口感干净，余味回甜。

　　国际市场上，我们看到了美式混合型卷烟暂时难以撼动的霸主地位，中国加入 WTO 后，国外烟草虎视眈眈并且逐渐形成合围之势，中国烟草的理性选择是寻找自己的定位。中式卷烟不仅仅是一个概念，而是一个发展方向。上海烟草（集团）公司副经理朱前进的谈话很有代表性："中国烟草行业规模很大，而且确实有自己的特色。与其跟人家后面走，不如亮出自己的旗号，走有自己特色的道路。这对巩固行业在国内的地位和参与国际竞争具有深远意义。我们提出大力发展中国特色卷烟是从根本上解放自己，并且把它定位在世界卷烟三打主流产品之一。"

　　发展中式卷烟需要从以下几个方面努力：（1）"降焦减害"。长期以来，制约中式卷烟的最大问题是降焦。受烤烟型卷烟本身特点的制约，烤烟型卷烟的降焦问题一直是烟草科技的关卡。虽然近几年中国烤烟的焦油含量已有所下降，但还有很长的路要走。但是必须指出，卫生界通过科学研究已获得普遍的共识：降焦不能减害，因为根本不存在"安全的"低焦水平。（2）发展"中式卷烟"，要重视烟叶的生产。发展"中式卷烟"要以提高主要产区烤烟的香味风格为基础，在栽培措施和品种选育上要对有利于本地区香味特征方面的技术有所侧重。以香味风格品质为目标，分出有香味品质特点的和市场需要的可用性强的烟区。各地区栽培技术、品种选育以有利于提高本地区香味特征为主。在化学研究上要进一步找出其理化特征和主要致香成分的依据，同时也为该地区卷烟加香技术找出重点。根据市场需要选择自然环境近似的地区发展，以增多数量，满足生产发展要求。（3）工业方面，叶组配方的传统做法亟待改进，我国仍执行着工厂一次配叶的传统办法。国际上早已执行在产地打叶复烤时进行配方打叶进行第一次配合的两次配方办法，其好处一是可以拓宽烟叶使用范围，使一些可用性较好而数量较少的烟叶能充分利用；二是减少打叶等级便于生产和存放；三是可以减少叶组配方的调整频率，有利于产品质量的稳定和控制。在配方的指导思想上，有些烟厂还没有打破只有上等烟、腰叶才能做高级卷烟的陈旧过时的思想。对发育正常、成熟度好的上部、下部烟重新认识其品质特征，科学地掺配利用，发挥其应有的使用价值是非常必要的。否则一个大品牌希望生产数百万箱，但原料供应是不可能的。据了解，菲莫公司近年特别欣赏成熟度好的顶叶，2002 年又高价抢购大量美国的下部烟叶，这也是值得我们深思的。

（四）入世后烟草产业管制前景分析

在我国实行烟草专卖的同时，世界上一些国家和地区在经济全球化的大背景下相继开放烟草市场，对烟草工业实行民营化改革，致使烟草资源在全球范围内重新配置。除市场化趋势外，20 世纪末跨国烟草企业的扩张并购也浪潮迭起，用于国际化经营的资金相当庞大。就市场规模及渗透性而言，虽然全球消费仍处于小幅增长态势中，但卷烟消费量的重心已向发展中国家转移。为弱化发达国家国内市场萎缩带来的影响，跨国公司开拓发展中国家市场的力度也在逐渐加大，而直接向拥有 1.7 万亿支（3 400 万箱）消费量的中国市场渗透是跨国公司觊觎已久的目标。随着我国投资环境和贸易环境的宽松和好转，外国烟草巨头会加快在我国合资参股或独资建厂的步伐，大部分产品将直接进入我国市场。国际上已有预言，专卖体制将随着中国入世的进程而开始放松。

加入 WTO 以后，中国政府必将采取更加开放的对外政策，这对烟草行业的现行体制势必产生冲击和影响。此外，WTO 的农业框架协议、补贴与反补贴协议、反倾销协议、贸易技术壁垒协议以及全球烟草控制框架公约等都对入世后的中国烟草业产生了一系列影响和约束。WTO 规则是一个"世界性的法律"，对加入的每一个国家和地区都具有约束力。如日本、韩国以前也曾实行专卖制度，但迫于外国要求开放烟草市场的压力，20 世纪 80 年代中期不得不取消烟草专卖制度。同样，在我国入世谈判中，美国和欧盟为了要打开我国的烟草市场，对我国的初始要求就是极力想冲破我国烟草专卖制度。从入世谈判的过程可以看出，国外烟草企业争占我国烟草市场的目的是显而易见的，但我国政府在与美国和欧盟签订的两个协议中，都坚持保留了烟草专卖制度。

应当看到，当我国经济发展达到一个相当发达的阶段后，烟草专卖制度最终会被取消。但是，就目前的情况而言，取消烟草专卖制度的条件并不具备：一是国内市场经济机制还不成熟；二是烟草行业综合竞争力较弱，无法与国外厂商展开同台竞争；三是我国仍处于社会主义初级阶段，需要大量的资金用来发展经济，烟草行业的税收目前占国民收入的比重仍然很高，短期内也不可能完全降下来；四是 WTO 并没有以取消专卖制度作为加入的前提，WTO 也有很多特殊规定我们完全可以利用。国外烟草专卖制度演变的历史证明，烟草属于特殊商品，无论是实行烟草专卖制度，还是废除烟草专卖制度，政府对烟草的管制都较一般商品更为严格。

结合中国烟草行业的实际，一方面，在现行专卖制度暂时维持不变的情况下，我们要充分发挥专卖制度的体制优势，强化专卖管理，完善专卖制度；另一方面，要积极推进以市场为取向的改革，引入市场经济的竞争机制，探索专卖制度与市场经济结合的有效途径。通过政策引导和市场行为，做实做强中国烟草，为今后烟草行业由行政垄断走向经济垄断创造条件、奠定基础。

入世以后，我国烟草行业要走出封闭，要审时度势，加强与国外烟草企业的合作，通过合作来取长补短，站稳脚跟。我们开展与国外的合作不是怕被外烟吃掉，而是要与它们同台竞争并且要立于不败之地。虽然在已有的入世谈判中中国坚持烟草专卖制度，但随着国内市场的逐步国际化，烟草专卖制度能否一直保持是值得我们去思考的。现在世界上保持烟草专卖制度的国家仅剩下 20 多个，很多过去实行烟草专卖的国家在加入 WTO 以后，或者随着市场经济的发展都逐步取消了专卖制度，这势必也会影响到我国烟草专卖制度的未来走向，从这个角度来认识，可以说加入 WTO 对我国烟草产业和专卖制度的影响将是巨大而深远的。

参考文献：

1. 陶明：《专卖体制下的中国烟草行业：理论、问题与制度变革》，学林出版社 2005 年版。

2. 王树文、张永伟、郭全中：《加快推进中国烟草行业改革研究》，载《中国工业经济》2005 年第 2 期。

3. 张德荣：《烟草专卖制度的两难选择：财政效率还是市场效率》，载《当代财经》2005 年第 7 期。

4. 王献生：《世界烟草企业重组动态观察与思考》，载《中国烟草学报》2005 年第 3 期。

5. 刘伟：《经济转轨与市场分割：以烟草业为例》，载《社会科学战线》2004 年第 2 期。

6. 李保江：《战略管理、制度依赖与行业竞争力——中国烟草行业实证研究》，载《经济理论与经济管理》2002 年第 2 期。

7. 陈立鹏：《烟草业经营管理体制的特征与趋势》，载《工业经济》2002 年第 12 期。

8. Ahmad, M., (1984), "Chinese Tobacco and Tobacco Industries", Pak Tobacco Vol. 8, No. 2. pp. 19–20.

9. Robin Richmond (1997), "Ethical dilemmas in providing tobacco to developing

countries: the case of China", Addition 92 (9), pp. 1137 – 1141.

10. W. kip Viscusi (1994), "Cigarette Taxation and the Social Consequences of Smoking", the 1994 National Bureau of Economics Research Conference on Tax Policy and the Economy, Washington D. C., November 1.

11. World Health Organization. Office of Health Communication and Public Relation, (1997), "Smoking in China: a time Bomb for the 21st century". World Health Organization, Geneva: 4p, WHO fact sheet, No. 177.

第九章 中央和地方政府在烟叶生产中的作用

胡德伟　毛正中　蒋和胜　陶　明　Ayda Yurekl

一、引言

中国是世界上最大的烟叶生产国。2000 年，中国生产了 224 万吨烟叶，约占世界产量的 1/3（Mackay and Eriksen，2002）。中国也是世界上最大的烟草消费国，有 3.2 亿多的吸烟者，约占世界吸烟者的 1/4。2000 年，这些吸烟者消费了 17 000 亿支卷烟。另外，估计有 4.4 亿人（主要为妇女和儿童）暴露于家中的烟雾，这部分人被称为"环境吸烟者"或"被动吸烟者"。中国卫生部门官员和很多政府高层官员都意识到吸烟给健康带来的负面影响。因此，从公共卫生的角度考虑，政府应考虑通过各种有效的手段，包括经济手段（如提高烟税）控制卷烟消费。

中国政府通过国家专卖的形式——国家烟草专卖局（STMA，State Tobacco Monopoly Administration）和中国烟草总公司（CNTC，China National Tobacco Company）——在烟叶和卷烟的生产中扮演着重要的角色。2000 年，烟草部门向中央政府上缴的烟草总利润和税收为 1 050 亿元。卷烟是中央政府收入的重要来源，约占其总收入的 10% 左右（Hu and Mao，2003），因此，一切关于中国控烟的讨论都需要很好地理解烟草生产对中国整个农业经济和政府收入的影响及政府在烟草生产中的作用。烟农的收入和烟草行业工人的工作保障是中国政府关注的另一个重要问题。

在过去的几年里，几种外部因素已经对中国的烟叶和卷烟生产产生了影响，这包括 2001 年中国加入世界贸易组织（WTO），2003 年中国签署世界卫生组织（WHO）《烟草控制框架条约》（FCTC）。中国加入 WTO

对烟叶和卷烟产品贸易产生了直接的影响，签署 FCTC 也必然会影响卷烟的消费（因为要批准和执行协议）。本章描述了中央和地方政府关于烟草生产的政策，并解释了在 20 世纪 90 年代政府的政策是如何影响烟草生产和烟农的。

本章由以下几部分构成：第二部分描述了中央政府在烟草生产中的作用；第三部分调查了烟草生产、政府采购价格以及烟草在农业经济中的作用这三者间的关系；第四部分以四个主要烟草生产省为例，讨论了地方政府的作用；第五部分分析了家庭的烟草生产以及烟草在维持家庭收入中的作用；第六部分初步分析了加入 WTO 对中国烟草生产的潜在影响；第七部分分析了中国由生产烟草转向生产其他农作物的潜力；第八部分为总结。

二、中央政府在烟草生产中的作用

1980 年以前中国的烟叶和卷烟制造主要是省和地方政府分散管理，由地方政府制定当地的烟草生产计划。由于烟叶的农业产品特种税是一些地方政府财政收入的主要来源，所以这些地方政府大力鼓励农民种植烟叶，结果造成了烟叶的大量剩余。1982 年 1 月，中央政府决定对卷烟的生产进行垂直和统一的管理，成立中国烟草总公司，由中国烟草总公司管理整个过程：从烟叶的生产、采购和定价，到卷烟的加工和营销。1983 年 9 月，国务院发布《烟草专卖条例》，正式确立了国家烟草专卖制度；1984 年 1 月，国家烟草专卖局成立；1991 年 6 月，全国人大常委会通过了《中华人民共和国烟草专卖法》，1992 年，开始实施《烟草专卖法》并成立了国家烟草专卖局。作为一个烟草专卖机构，国家烟草专卖局管理着整个国家的烟叶生产和卷烟的制造与营销。

国家烟草专卖局是一个制定烟叶生产和卷烟制造所有政策的政府机构，它还委托烟草总公司全权负责以下几项任务：
第一，决定各省烟草生产配额的分配；
第二，烟叶的采购；
第三，烟叶的运输和储存；
第四，卷烟的制造和销售。
国家烟草专卖局负责从制定各省烟草生产的配额、烟叶的定价、卷烟生产配额到国际贸易管理等各个环节的所有烟草政策。由于成立了国家烟草专卖局，与烟叶生产相关的政策、数据收集和研究职能等权限均从农业部转到了经济贸易部。

烟草总公司不仅执行政府（国家烟草专卖局）的烟草生产政策，而且也负责处理有关外国企业事务。如与跨国烟草公司（如英美烟草）的联合经营，也要在烟草总公司的指导下进行。烟草总公司生产 1 000 多个品牌的卷烟，雇佣 50 多万名员工，这约占中国总雇佣人口的 0.4%（《中国统计年鉴（2000～2001）》）。

烟叶的采购是烟草总公司具有的垄断职能之一。未得到烟草总公司的许可，任何机构和个人均不得购买烟叶或生产卷烟。零售商也需要烟草总公司的许可才能销售卷烟。从根本上说，烟草总公司控制着生产原料（烟叶）的来源、配额的分配和营销渠道。虽然不允许私人部门生产卷烟，然而政府的能力有限，无法完全执行这些规定。烟草总公司面临的挑战之一是：过剩的烟叶被卖给了私人生产者以及由此带来的假烟黑市的存在。

中国正面临着日益激烈的国际竞争。例如，津巴布韦和巴西都能够生产高质量的烟叶。因此，烟草总公司的主要任务之一就是发展烟叶生产和卷烟制造技术。据报道，2001 年有 10 亿元（8.23 元 = 1 美元，2001 年汇率）用于研发，这约占行业利润的 2.5%。烟草总公司拥有一个用于预防昆虫疾病、改善质量和预测产量的技术信息网络，两个大型研究机构（一个在河南省，一个在云南省），9 个实验室和 15 个技术推广站。所有的技术信息都通过烟草总公司的技术信息网络传送到各地的烟草专卖局和烟草公司。

1991 年通过的《烟草专卖法》规定，只有国家计委能够决定烟叶的生产总量以及省、地级的生产配额。为确保完成生产配额，烟草总公司（或它的子公司）与烟农签署合同，以明确烟叶的种植面积和不同质量级别的烟叶价格。烟草总公司必须按照事先决定的价格来采购配额面积以内生产出来的所有烟叶，同时，私人公司禁止收购烟叶。国家烟草专卖局的一项重要干预政策就是制定价格以控制烟草的生产，这些价格是根据产地和产品质量而制定的。每年 10 月，国家烟草专卖局会公布一张含有 200种价格的清单，这些价格覆盖了五个生产区域和四个质量级别；每个质量级别又包含 10 余种详细的采购价格。表 9 - 1 列出了 2000 年和 2001 年选择样本的采购价。

表 9 – 1			2000 年和 2001 年样本烟草的采购价			单位：元/50 公斤

	2000 年			2001 年		
	烟叶产区			烟叶产区		
区域	1	3	5	1	3	5
优等						
1	835	750	650	917	820	712
6	705	635	550	710	635	550
11	567	495	430	554	495	430
中等						
1	565	490	425	593	530	460
8	413	370	325	347	310	270
17	288	260	225	235	210	182
低等						
1	155	150	140	112	100	87
10	85	85	75	62	55	48
次等						
1	60	58	50	37	33	30
2	38	35	32	22	20	17

资料来源：中国烟草专卖局：《中国烟草年鉴》，中国经济出版社 2000 年版、2002 年版。

　　五个烟叶产区和四个质量级别之间的价格变化很大。云南省属于一区，北方的省份属于五区。区之间价格的变化小于四个级别之间的变化。2000 年，一区的优等烟草可以卖到 835 元/50 公斤，而次等烟草仅售 38 元/50 公斤。比较 2000 年和 2001 年的价格表可以发现，政府提高优等烟叶采购价的同时也降低了次等烟叶的采购价。该措施是政府想减少次等烟叶生产的强烈信号。

　　使用价格表从烟农处购买烟叶的难题之一就是缺乏一个科学的基准，这常常使烟农与采购机构之间发生争执。烟草总公司的采购机构试图通过将烟农的烟叶与机构的样品进行对比来降低烟农烟叶质量的等级，以此来压低烟叶的采购价。另外，烟农也想寻求一个较高的销售价，但是烟草总公司的专卖地位却让烟农在交易过程中处于弱势地位。近年来，烟草总公司也试图通过邀请社区的烟农成为价格委员会委员的方法，利用第三方的形式来调解价格争执。根据法律，烟草总公司是烟叶的唯一合法购买者，然而在实际中，烟农将剩余的烟叶卖给私人，被用于假烟的生产。由于假烟削弱了烟草总公司和外国烟草公司的市场份额，所以它成为烟草总公司和国外品牌面临的一个巨大挑战。事实上，假烟的挑战性甚至超过了走私的外国卷烟。仅 2000 年一年，政府就没收了 57 万箱假烟（中国烟草，2003）。

三、全国烟叶生产状况及其在农业经济中的作用

虽然 1990 年和 2000 年的烟草产量相差不大（225.9 万吨对 223.8 万吨），但是这种稳定却掩盖了 10 年内的巨大波动，从 1994 年的 194 万吨到 1997 年的 391 万吨，差额超过了 1 倍（见表 9 - 2）。

表 9 - 2　　　　　　　　中国的烟草种植（1990 ~ 2000 年）

年份	烟草种植面积（1 000公顷）	烟叶产量（1 000 吨）	总农业面积/种植面积（1 000 公顷）	烟草种植面积占总种植面积的比例（%）	平均政府采购价（元/公斤）	烤烟总产值（百万元）	农业总产值（10 亿元）	烟叶总产值占农业总产值比例（%）
1990	1 342	2 259	148 362	0.90	2.42	5 462.26	459.43	1.19
1991	1 562	2 670	149 586	1.04	2.54	6 774.86	514.64	1.32
1992	1 849	3 119	149 007	1.24	2.58	8 040.78	558.80	1.44
1993	1 835	3 036	147 741	1.24	2.85	8 664.74	660.51	1.31
1994	1 302	1 940	148 241	0.88	3.13	6 079.36	916.92	0.66
1995	1 309	2 072	149 879	0.87	3.57	7 389.05	1 188.46	1.12
1996	1 683	2 946	152 381	1.10	5.15	15 159.95	1 353.98	1.12
1997	2 162	3 908	153 969	1.40	6.20	24 232.96	1 385.25	1.75
1998	1 200	2 088	155 706	0.77	5.54	11 562.02	1 424.19	0.81
1999	1 216	2 185	156 373	0.78	5.20	11 361.10	1 410.62	0.81
2000	1 269	2 238	156 300	0.81	5.58	12 497.79	1 387.36	0.90

资料来源：《中国统计年鉴（1990 ~ 2001）》，中国统计出版社各年版；《中国工业统计年鉴（1990 ~ 2001）》，中国统计出版社各年版。

在 20 世纪 90 年代，烟叶种植面积的波动也很大。例如，1997 年烟草的种植面积为 216 万公顷，可是一年以后却陡然降到 120 万公顷。这表明当烟叶产量达到顶峰时会导致大量烟叶剩余，政府就会在来年减少烟叶生产的配额。通过比较烟叶的产量和种植面积可以估计烟叶的平均产量。

1990 年烟叶的产量为 1.68 吨/公顷，2000 年为 1.76 吨/公顷，这表明从
每公顷产量的角度来看，生产率有一定的提高。

2000 年，烟叶产值从 1990 年的 54.6 亿元增加到 125 亿元，增长了约
130%，然而，依据农产品通货膨胀率调整后来算，实际增长约为 35%。
最高产值出现在 1997 年，烟叶总产值达 242 亿元，为 1990 年产值的 4
倍。比较过去 10 年烟叶生产的货币价值（平均政府采购价）和烟叶产
量，1990 年为 2.42 元/公斤，2000 年为 5.58 元/公斤，增长约 35%，最
高价格为 1997 年的 6.20 元/公斤，这一年烟草产量也是最高。1997 年以
后，价格下降到 5.20 元/公斤至 5.58 元/公斤之间，烟叶产量也从 391 万
吨下降到 210 万吨，这表明产量和每公斤价格之间具有正相关关系。如表
9 - 2 所示，政府平均采购价与烟叶产量、烟草种植面积之间均呈正相关：
烟叶的政府采购价越高，种植面积越大，烟叶产量也越高。虽然政府可以
分配烟叶的种植面积和制定烟叶的采购价，但烟农仍可以通过改变烟叶的
产量和质量来做出回应。

中国的烟叶种植面积却仅占总种植面积的 1% 左右。中国的农业总产
值从 1990 年的 4 594 亿元稳定地增长到 2000 年的 13 874 亿元，实际增长
率为 75%。然而，烟叶对农业总产值的贡献却仅从 1995 年的 0.62% 增长
到 1997 年的 1.75%。总的来说，烟草对农业总产值的贡献是在下降，从
1990 年的 1.19% 减少到 2000 年的 0.9%。以上统计显示，烟叶生产对中
国农业经济的贡献很小，烟叶的种植面积和经济价值均呈下降趋势。然
而，烟草在某些省份（如云南省、贵州省）仍然是重要的经济作物。

四、省级烟草生产和地方政府的角色

因为烟叶生产是地方政府税收的重要来源，所以中国的 31 个省中有
24 个都在种烟，约有 500 万户农户（约占农民总人口数的 2%）种烟
（《中国统计年鉴（2000～2001)》），几乎所有的农户在种烟的同时也种植
其他农作物。从种烟和制造卷烟的角度看，云南省、贵州省、河南省和四
川省是 24 个种烟省份中最重要的四个省。这四个省的烟草总产值占中国
烟草总产值的 51%，2000 年的烟厂数量占全国 343 家烟厂的 1/3，共生产
611.5 亿包卷烟，约占全国总产量的 30%（《中国统计年鉴（2000～
2001)》）。

在这四个省中，2000 年云南省的种烟面积为 33 万公顷，贵州省为

19.34 万公顷，河南省为 16.33 万公顷，四川省为 5.46 万公顷。由于前两个省地处高纬度地区，降雨量丰富，气候温暖，所以其生产的烟叶质量较高、产量较大。事实上，云南省被认为具备种烟的最佳土壤和气候条件，它也是全国最大烟厂的所在地。云南省和贵州省种烟面积占农业总面积的比例（5.7% 和 4.1%）也高于河南省和四川省（1.2% 和 0.6%），而其他种烟省份种烟面积占农业总面积的比例都小于 1%。按照全国的趋势，这些省的种烟面积在 1990 年和 2000 年之间也有所波动，1997 年达到最大值。随后由于采购价的降低和烟草生产配额的减少，烟叶种植面积也开始减少。2000 年，云南省生产了 64.607 万吨烟叶，贵州省为 31.094 万吨，河南省为 27.177 万吨，四川省为 9.73 万吨。1997 年的产量最大，云南省几乎在这一年生产了 100 万吨烟叶。

数据显示，2000 年云南省的烟叶产值为 36 亿元，约占云南省农业总产值的 8.7%，而 1997 年，烟叶产值占了云南省农业总产值的 15%。2000 年，烟草生产占贵州省、河南省和四川省农业产值的比例分别为 6.2%、1.2% 和 0.69%。因此，任何控烟政策的改变都将对云南省和贵州省（特别是云南省）产生巨大影响。

虽然由中央政府制定采购价，但实际上各地方烟草公司也参与了实际的采购过程。公司之间的采购操作有所不同，有些公司在为烟农提供援助（包括提供贷款、肥料和种子）方面更加积极。这些公司寻求高质量的烟叶，并且更愿意帮助那些能提供高质量烟叶的农民。

使用价格来控制产量并不会总是有效，因为依靠烟叶的农产品特种税的地方政府常常鼓励或甚至要求农民种烟，而且，农作物的种植时间和价格的制定时间之间有时滞，即使烟草总公司提前通知了生产配额，也不能保证产量会达到目标。在 1997 年以前，政府长期遭遇烟叶缺乏的问题；1997 年的最高采购价使得烟叶产量大幅增长，最后导致烟叶过剩。1997 年以后，政府降低了采购价，希望年产量能下降到 200 万吨。从那时起，政府一直在积累过剩的烟叶，有时库存相当于一年的卷烟产值。

这种剩余现象可由两个原因来解释：第一个原因是由于技术的革新，每支卷烟所需的烟叶使用量有所下降。1999 年，卷烟行业生产一箱卷烟（5 000 支）的烟叶使用量为 39.5 公斤。到 2002 年，生产同样数量卷烟的烟叶使用量降为 38.4 公斤，这意味着一年中节约了大约 3.7 万吨烟叶，约占总产量的 2%（中国烟草，2003）。第二个原因是由于一些地方烟叶对地方（县）和省税收所做的巨大贡献。2003 年以前，地方政府对烟叶征收 27%~31% 的税，比其他农产品的税高 8 个百分点。当烟草总公司向农民购买烟叶时，会扣除付款额的 31% 作为农民对地方烟税的贡献。因此，对地方政府来说，存在着一种强大的动力来鼓励或要求农民种烟（Peng，1996）。

目前尚没有关于地方政府征收的烟税总额的官方数据，然而，我们可以通过将每个省的烟叶产值乘以 31% 来估计该值。例如，2000 年，云南省地方和省政府从烟叶生产中征税 11.1 亿元，约占云南省总（农业）税收的 70%；贵州省征税 5.38 亿元，河南省和四川省分别为 4.70 亿元和 1.68 亿元。

由于农民向除烟草总公司以外的任何人出售烟叶都是违法行为，所以不存在私营烟草市场的官方数据。但是，私营的烟草市场在现实中确实存在，倘若可以得到市场上假烟的数量，那么就可以证明私营烟叶市场无疑是在运行的。

五、农户的烟叶生产和收入

在提出鼓励农户从种植烟草转变为种植其他农作物的政策之前，重要的是首先了解与种植其他农作物相比，农民种烟的成本、生产率和收入等情况。据烟草总公司估计，中国有 24 个省的 2 000 万农民（约 500 万农户）参与烟草生产。然而，有关烟叶的生产、成本和农户的总体经济状况等信息对大众来说却非常有限，获取种烟大省农户的生产和收入信息最为重要。2002 年，我们在四川省、贵州省和重庆市的种烟县以个人访谈的方式对 1 015 户农户进行了调查（Hu et al.，2003）。调查显示，约 1/3 农户拥有的耕地面积小于 0.5 公顷；还有 1/3 农户拥有的耕地面积在 0.5~1 公顷之间；剩下 1/3 农户拥有的耕地面积大于 1 公顷。换句话说，中国农户拥有的耕地面积很小。在这些受访农户中，有 20% 的农民没有种植任何烟草，然而也有 20% 的农户种烟面积大于总耕地面积的 50%。除烟草以外，这些农户还种植粮食作物、豆类、油料和水果。

这项调查收集了每种农作物的生产成本和收益，以便比较它们之间的经济收益。然而，大多数农民都没有账目记录。为帮助农民回忆起这些农作物的成本和收入，该调查使用了一种资源会计框架，该框架向农民详细地询问每项费用的类型、数量和单位成本。成本包括租金、雇佣劳动力（全职或兼职）、烟叶加工成本和销售的运输成本。还详细询问了农户售给市场（或政府）的每种农作物的数量、类型和平均单位价格。

表 9-3 按照农户的规模总结了每种农作物的总收入和总成本，即给出了收益-成本比。根据四川省和贵州省一些县的访谈显示，由于柑橘的市场价格很高，因此水果的收入最高；接下来是烟草。虽然烟草的收入排在第二，但是它仅相当于小农户水果收入的 2/3，中等规模农户水果收入的 1/2，大农户水果收入的 1/3。比较每种农作物的收入成本比可以看到，烟叶和粮食作物的收益均低于油料、豆类和水果。这些比值意味着农民在种植水果时每花费 1 元就会获得平均 3.7 元的收入，小农户甚至收益更高，种植水果每 1 元的花费将带来 4.7 元的收入。另外，农民在种烟方面每花费 1 元却仅有 2.4~2.8 元的收益，种烟的利润低于其他农作物（如豆类或油料）。很明显，造成农民不会仅仅种植水果而不种植烟草的原因包括：不同的土地禀赋、对烟草的优先资金投资、降雨和气候、营销、政府对烟叶采购的保证以及政府分配给农民的烟草配额。

表 9-3　　　　主要农作物的收入成本比（按耕地面积大小）

	小（<0.5公顷）(n=302)	中（0.5~1.0公顷）(n=361)	大（>1.0公顷）(n=340)	样本总计 (n=1 003)
粮食作物	2.5	2.3	2.6	2.5
烟草	2.4	2.6	2.8	2.6
豆类	3.0	5.9	2.9	4.3
油料	3.1	4.0	3.7	3.7
水果	4.7	3.4	3.7	3.7

注：1 亩 =1/15 公顷。

我们还可以用烟叶种植所占土地的比来比较收益。这一百分比可以分为四类：0（约为总样本的 20%，n=212）；0~30%（n=298）；30%~45%；>45%。表 9-4 按烟草种植面积所占百分比列出了收益与成本的比值。在没有种烟的土地中，种植水果的净收入最高，它也是所有作物类型中（包括烟叶）净收入最高的。种植水果每花费 1 元会有约 4 元的收入。虽然种烟面积大于 45% 时种植水果的利润较低，但是种烟面积在 0~45% 之间时种植水果的利润却很高，这可能是由于劳动力和资金都转向种烟的缘故。

我们的研究仅限于四川省、贵州省和重庆市。结果显示，这些地方的

表9-4　　　　　　　　　　烟叶种植的收益-成本比

	0 n=212	≤30% n=298	≤45% n=248	>45% n=245
粮食作物	2.4	2.6	2.4	2.5
烟叶	—	2.5	2.9	2.6
豆类	1.7	5.6	3.7	4.3
油料	3.9	3.9	3.9	2.7
水果	3.9	5.1	5.7	1.1

农民种植其他农作物比种植烟叶收益会更好。与水果相比，种烟的收益随种植规模的增加呈下降趋势。在五种农作物中，水果的净收入最高。水果、油料和豆类的每单位成本的净收益也高于烟草。从净收益和收益-成本比的角度看，种水果的土地（不种烟）回报都是最高的。即使是种烟面积的比例很高的农户，其回报也不高，且收益-成本比也小于其他几种农作物。这些发现告诉我们，确实存在着有希望替代烟草的农作物，然而，却有许多制度性的、政府的和技术性的障碍阻止农民从种植烟叶转向种植其他农作物。

一项研究在比较了烟农的经济收益和中国卷烟行业的经济收益后，得出这样的结论：烟农在烟草行业中的获利最小（Lien，2002），烟草不能产生最佳的经济回报。我们的这一发现并不只是中国特有（Kweyuh，1998）。印度的一项研究得出以下的收益-成本比：红花为4.01；芥末为1.33；烤烟为1.2（Chari et al.，1992）。种烟是一种高强度的劳动，而且需要烤烟的设备，这些都会使净利润减少，因此，其他农作物有时会产生高于烟叶的收益-成本比。

正如烟草总公司所报告的，来自于烟叶的相对低的收益可能是由于烟叶的过度供应造成的（Chen，2002）。政府对烟叶没有价格补贴政策。事实上，虽然，中国的总消费者价格指数在过去10年里有所增长，但中国的总农产品价格指数却没有增长（《中国农业年鉴》（1990~2001））。如果与其他农作物相比，烟草并不能带来更好的经济收益，那么为什么农民还要继续种烟呢？原因之一是一些地方政府的财政历来对烟税的依赖；第二个原因是烟草总公司在与农民签订的协议中提供了技术支持和采购保证，因此农民不用考虑烟叶的储藏或营销问题，就可以通过该协议确保来自于烟叶的收入；第三个原因是这些省的土壤和气候都很适合种烟；最后一个原因是可能有些农民不知道存在可供选择的其他农作物。

　　烟草总公司新的采购价格清单为烟农传递了一个明确的信息：减少低质量烟叶的需求。如果取消烟叶特种税，地方政府促使农民种烟的动机将会有所减弱，因此，这对中国烟农来说是一个重新考虑其烟叶种植计划的关键时刻。此时，中国政府应通过取消生产配额、提供经济激励和技术援助来帮助那些希望从种烟转向种植其他农作物的农民。

六、加入 WTO 对烟草生产的潜在影响

　　2000 年，中国对进口烟叶征收 40% 的关税；2002 年，按照 WTO 贸易协议，中国同意在 2004 年时将上述关税降到 10%，这已低于其他进口农产品 17% 的税率。据估计，2000 年烟叶的平均市场价比从津巴布韦进口的烟叶价格低 30%。不过，进口关税的降低有望使国内的烟叶价格与从津巴布韦或巴西等国进口的烟叶价格具有可比性。然而，中国的烟叶质量一般都低于那些国家的烟叶（Wang，2003）。

　　目前，中国的烟草进口量为 30 万吨，约相当于国内总产量的 13%。WTO 农业框架协议规定：出口国不能以研发、在欠发达地区开展扶贫项目、环保项目或出口贷款等形式提供政府补贴。现在，中国有两种形式的出口补贴：第一，出口烤烟、烟叶和卷烟的出口退税政策；第二，出口卷烟的出口补贴。每个省可以制定不同的补贴率，平均的出口补贴为 0.03 元/美元，而在云南省，出口商品的补贴率为 0.06 元/美元。由于中国加入了 WTO，所有的这些补贴措施都不得不停止执行，这使得中国的烟叶和卷烟在世界市场上更缺乏竞争力，也削弱了中国出口烟草的能力。

　　最后，WTO 也要求成员国降低进口卷烟的关税。在加入 WTO 之前，中国卷烟的进口配额为国内消费量的 1%~3%。2000 年，进口卷烟的关税为 65%，2004 年时下降到 25%。中国卷烟零售价的变异范围也很大：由于关税税率较低以及外国卷烟的走私，一些受欢迎的外国品牌卷烟价格约在 10~15 元（已经包括 25% 的关税），并不比国内中华、红塔山等品牌的卷烟贵。因此，较低的关税会使外国品牌卷烟更具竞争力，甚至进而挤压了国内卷烟的市场份额。虽然中国卷烟和外国卷烟存在着口感上的差异，但外国卷烟具有更为有效的促销方案，特别是那些定位于中国年轻群体和女性群体的外国卷烟。此外，外国卷烟正试着使其卷烟的口感适合中国吸烟者。国产卷烟市场份额的减少在不久后将会转变成对中国烟叶需求

的减少。

由于 2003 年签署了 WTO 农业框架协议，国家烟草专卖局开始停止颁发烟草零售许可证（这是用于控制外国卷烟零售的机制之一）。取消这些措施将扩大外国卷烟品牌在中国的销售，通过削弱地方卷烟和低质量卷烟的竞争力，对国内的烟草生产带来负面影响。即使是作为 WTO 的成员国，中国现在也不允许外国公司对烟叶或卷烟生产进行直接投资。另外，国家烟草专卖局允许外国投资者与现有的中国烟草公司进行合资。例如，RJR 和英美烟草公司最近就与国家烟草专卖局签署了一项在有限的范围内投资的协议。

特别是由于签署了 WHO 烟草控制框架公约（FCTC），中国烟草行业的高层官员认识到世界范围内日益高涨的反吸烟浪潮。中国政府的官员意识到：快速发展的汽车、计算机和电信行业最终将会导致烟草对政府收入的贡献减少（目前约为10%）。一些官员认为烟草行业已是一个"夕阳产业"，这意味着它在中国经济中的作用会逐渐减弱。随着外国卷烟在中国市场份额的增加，政府意识到中国烟草的垄断体制最终可能将会民营化及分散化，要实现这种转变可能需要 5~6 年的时间。与此同时，国家烟草专卖局/烟草总公司正尝试通过取消效率低下的烟厂、减少烟叶（特别是低等烟叶）的过剩供应和降低采购价来减少烟厂的数量（Nie，2000）。地方政府应该取消烟叶配额，让烟叶的价格成为烟农考虑转向种植其他农作物的一个市场信号。

七、结论

烟草一直被视为一种对中国经济非常有吸引力的有附加值的产品，烟草生产也是地方和中央政府重要的税收来源。中国政府尚未使用经济手段（如税收）控制吸烟的主要原因是担心这会导致地方政府减少来自烟叶的税收和中央政府减少来自卷烟工业的税收。我们的研究显示，除了极少数地方（如云南省和贵州省）以外，烟叶对中国农业经济的贡献是非常小的。从历史上看，由于在过去 10 年里烟叶生产具有较大的波动性，因此价格并不是使烟叶生产稳定的有效手段。1997 年为烟叶产量的高峰期，从那以后烟叶产量开始持续下降。最近进行的农业税改革（降低了烟叶的特产税）可能会降低地方政府鼓励农民种植烟叶的经济动机，从而有助于减少烟叶生产过剩的问题。

　　对烟农的入户调查显示，大多数中国烟农为小规模（<1 公顷/户）种植，烟叶收入通常低于总收入的 20%。与其他经济作物（如水果、糖料、油料和粮食作物）和畜牧类相比，烟叶的经济回报率（收入－成本/亩）较低。对国家烟草专卖局来说，与大规模种植的烟农进行交易以获得大量烟叶，是一种更具有成本－效果的方法，因此，政府应该阻止烟叶产量较少又没有利润的省种烟。中国加入 WTO 导致国外高品质的烟草进入中国市场，对中国国内的烟草行业是一种威胁，这使得低品质的烟草将不再具有竞争力。

　　农作物替代对烟农来说是一项常常被提到的选择，然而，烟农必须考虑以下重要的因素：即使可以确定一种可供替代的农作物，种植的转变也需要时间和经济资源（包括对可供替代的农作物的初始投资）；另外，还必须考虑可供替代的农作物潜在市场的大小，对价格改变的敏感性、市场准入、生产成本、地区的土壤和气候等问题（Jacobs et al. , 2000；Skolnick, 1996）。这些影响中国农民经济利益的重要政策问题还需要进一步的研究。

　　目前，由国家烟草专卖局取代农业部来负责管理烟叶的种植计划，这两个机构应该共同合作以提高农民的经济收益。农业部应该为农民提供可供替代的农作物的信息，也为农民的烟叶替代种植提供技术帮助。在中国，政府已将改善农民的经济状况作为最优先的议题。通过提供种植其他农作物的信息和技术来帮助 2000 万烟农改善生活水平，对中国政府而言有重大的意义。中国政府对提高卷烟税可能对烟农造成负面经济影响的担心是没有依据的，因为这种影响微乎其微。事实上，提高卷烟税可能会刺激农民寻求产量更高、利润更大的其他农作物。像联合国粮食与农业组织、世界银行等这样的国际机构也应该制定政策来帮助烟农完成从种植烟叶到种植其他农作物的转变。

参考文献：

1. 编辑委员会：《中国农业年鉴》（1990～2000），中国农业出版社 2001 年版。

2. 国家统计局：《中国统计年鉴》（1990～2001），中国统计出版社各年版。

3. 国家统计局：《中国统计年鉴》（2000～2001），中国统计出版社各年版。

4.《中国烟草》，2002 年第 8 期，第 24 页。

5.《中国烟草》，2003 年第 8 期。

6.《中国烟草》，2003 年第 1 期，第 10 页。

7. Chen, Y. , 2002, From monopoly to consolidation, *China International Business*, October.

8. Chari, M. S. and Kameswara, R. B. V. , 1992, Ro！e of Tobacco in the National Economy: Past and Present, in P. C. Gupta, J. E. Hammer and P. R. Murti (Eds.) *Control of Tobacco-related Cancers and Other Diseases: International Symposium 1990*, Bombay: Oxford University Press.

9. Hu, T. W. , Mao, Z. , 2002, Effects of Cigarette Tax on Cigarette Consumption and the Chinese Economy, *Tobacco Control*, Vol. 11, pp. 105 – 108.

10. Hu, T. W. , Mao, Z. and Yurekli, A. , 2003, Tobacco Farmers in China: Their Economic Status and Alternative Options, *Report Submitted to the World Bank*.

11. Jacobs, R. , Gale, H. , Capehart, T. , Zhang, P. and Jha, P. , 2000, The Supply-side Effects of Tobacco-control Policies, *Tobacco Control in Developing Countries*.

12. Kweyuh, P. H. M. , 1998, Does Tobacco Growing Pay? The Case of Kenya, in Abedian, R. van der Merwe, N. Wilkins and P. Jha (Eds.) *The Economics of Tobacco Control: Towards an Optimal Policy Mix*, Cape Town: Medical Association of South Africa Press, pp. 245 – 250.

13. Lien, J. , 2002, Who will Curb China's Tobacco Ondustry? *China International Business*, October, P. 20.

14. Mackay, J. and Eriksen, M. , 2002, *The Tobacco Atlas*, Geneva: WHO.

15. Nie, H. P. , 2000, How to Deal with WTO-issues of China Tobacco Leaf [in Chinese], *China Tobacco*, Vol. 183, No. 7, pp. 21 – 22.

16. Peng, Y. , 1996, The Politics of Tobacco: Relations between Farmers and Local Governments in China's Southwest, *The China Journal*, Vol. 36, pp. 67 – 82.

17. Skolnick, A. A. , 1996, Answer Sought for Tobacco Giant China's Problems, *Journal of the American Medical Association*, Vol. 275, pp. 1220 – 1221.

18. Wang, Q. J. , 2003, Memorandum on Control Tobacco Leaf Production, *China Tobacco Biweekly*, May, pp. 11 – 23.

第十章 烟叶种植与烟农的比较收益

蒋和胜 张 衡 毛正中 胡德伟

一、烟叶种植及其对农村经济发展的影响

（一）烟叶种植地区分布

中国是世界烟叶种植第一大国，从东经 75 度~134 度、北纬 18 度~50 度，共 28 个省（市、区）的 1 741 个县（市）种植烟草或曾经种植烟草，其中烤烟分布于 26 个省（市、区）的 907 个县（市）。2005 年全国实际有 26 个省（其中有 22 个省种植烤烟），114 个地级单位，510 个县级单位种植烟叶，全国大约有 364 万农户种烟，占全国农户总数的 1.44%，涉及人口 1 500 万人。主产区是云南、贵州、河南、山东、湖南、湖北、四川、陕西、安徽、黑龙江、福建、重庆和辽宁等省（市）。中西部的云南、贵州、河南、四川、重庆、湖南 6 个省（直辖市）的产量之和为 193.3 万吨，占了全国总产量 268.3 万吨的 72.05%；烤烟产量之和为 180.6 万吨，占了全国烤烟总产量 243.5 万吨的 74.17%（Hu，T. W.，Mao，Z.，2002）。

根据自然条件与社会经济状况的不同，中国目前分为七个烟叶种植区：

（1）北部、西部黄花烟区。包括黑龙江西部与北部，吉林西部，内蒙古、甘肃大部，宁夏、新疆、青海、西藏全部，四川西部，云南西北部。本区一般不宜于种植普通型烟草，可种植黄花烟。

（2）东北部晒烟、烤烟区。包括黑龙江、吉林、辽宁三省的大部分地区。本区种植晒烟和烤烟。

（3）黄、淮海烤烟、晒烟、香料烟区。包括内蒙古自治区东南部，河北、山西、山东全部，陕西、河南大部，江苏、安徽淮河以北地区。本

区种植烤烟、晒烟、香料烟。

（4）长江中下游晒烟、白肋烟、烤烟区。包括陕西南部、湖北西部、甘肃东南部和四川盆地。本区种植晒烟、白肋烟、烤烟。

（5）长江中下游晒烟、烤烟、香料烟区。包括浙江、江西、江苏、安徽、湖北、湖南、福建等省大部，广东、广西等省（区）的北部及河南南部。本区种植晒烟、烤烟、香料烟。

（6）西南部烤烟、晒烟、晾烟区。包括云南省大部，贵州全省，川南、湘西、鄂西南及桂西南。本区种植烤烟、晒烟、晾烟。

（7）南部烤烟、晒烟区。包括福建东南部、台湾地区、广东南部及云南南部。本区种植烤烟、晒烟。

（二）烟叶种植面积及产量

中国是世界上烟叶生产最多的国家，种植面积和总产量均占世界总量的 30% 以上。生产的烟叶品种有烤烟、白肋烟、晒烟和香料烟等。

表 10 – 1、图 10 – 1、图 10 – 2 提供的信息说明，烟叶种植面积和产量在不同年份有所波动。1990 年以来，有 3 个年份（1992 年、1993 年、1997 年）的种植面积突破了 200 万公顷，1993 年最高，达到了 235.3 万公顷；有 5 个年份（1991 ~ 1993 年、1996 ~ 1997 年）的产量达到 300 万吨以上，其中 1997 年最高，达到 425.1 万吨。近几年烟叶种植面积基本维持在 130 万公顷左右，年烟叶产量在 200 万吨以上。2005 年烟叶种植面积为 136.3 万公顷，总产量达到 268.3 万吨，其产量占世界总产量 503.92 万吨的 53.24%。其中烤烟产量最大，2005 年烤烟总产量为 243.5 万吨，占国内烟叶总产量的 90.76%，居世界第一，占世界烤烟总产量 387.34 万吨的 62.86%。

表 10 – 1　　　　　　　1990 ~ 2005 年全国烟叶种植面积与产量

年份	烟叶种植面积（公顷）	烟叶总产量（吨）	烤烟种植面积（公顷）	烤烟总产量（吨）	烤烟价格水平（人民币/公斤）
1990	1 593 000	2 627 000	1 342 000	2 259 000	2.52
1991	1 804 000	3 031 000	1 562 000	2 670 000	2.537
1992	2 093 000	3 499 000	1 849 000	3 119 000	2.587
1993	2 089 000	3 451 000	1 835 000	3 036 000	2.831

年份	烟叶种植面积 （公顷）	烟叶总产量 （吨）	烤烟种植面积 （公顷）	烤烟总产量 （吨）	烤烟价格水平 （人民币/公斤）
1994	1 490 000	2 238 000	1 302 000	1 940 000	3.222
1995	1 470 000	2 314 000	1 309 000	2 072 000	3.682
1996	1 853 000	3 234 000	1 683 000	2 946 000	4.437
1997	2 353 000	4 251 000	2 161 000	3 908 000	3.962
1998	1 361 000	2 364 000	1 200 000	2 088 000	4.84
1999	1 374 000	2 469 000	1 216 000	2 185 000	7.00
2000	1 437 000	2 552 000	1 269 000	2 238 000	7.00
2001	1 340 000	2 350 000	1 181 000	2 045 000	7.00
2002	1 328 000	2 447 000	1 192 000	2 135 000	7.00
2003	1 264 000	2 257 000	1 139 000	2 015 000	8.69
2004	1 266 000	2 406 000	1 145 000	2 163 000	9.54*
2005	1 363 000	2 683 000	1 245 000	2 435 000	9.54*

2004 年和 2005 年烟叶价格水平来源于《国家发展改革委、国家烟草专卖局关于 2004 年烤烟收购价格政策的通知》、《国家发展改革委、国家烟草专卖局关于 2005 年烤烟收购价格政策的通知》。

资料来源：中国统计局：《中国统计年鉴（2006）》、《中国物价统计年鉴（2006）》，中国统计出版社 2006 年版。

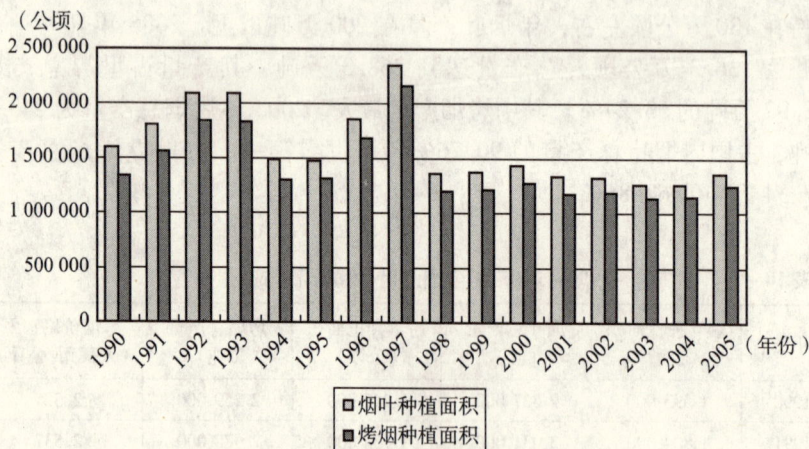

图 10 - 1　1990 ~ 2005 年全国烟叶种植面积

（吨）

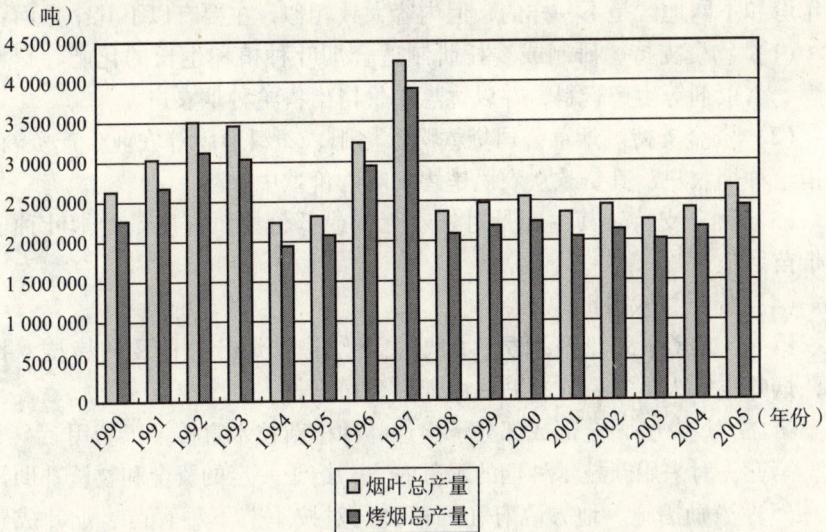

图 10 - 2　1990~2005 年全国烟叶种植产量

（三）烟草公司及地方政府对烟叶种植农户的支持措施

在中国，从烟叶到卷烟的生产和销售，都实行政府专卖制度。国家烟草专卖局是管理烟叶和卷烟生产与销售的机关。从烟叶生产与销售来看，国家烟草专卖局（中国烟草总公司）每年会同国家发展改革委员会等部门制定下一年全国烟叶种植面积、生产及收购数量计划，然后采用指令性计划方式分配到各省市自治区，各省市自治区再分配到各地市州，又由地市州分配到县，最后由县、乡（镇）、村落实到农户，实行户籍管理，农户按计划面积生产，并按烟草公司规定的数量、质量和价格向烟草公司下设的收购站出售烟叶。

由于烟叶的生产成本、质量和市场供求的变化，种烟农户和烟草公司在烟叶交售数量、质量和价格方面有时会出现较大分歧，导致烟叶生产数量和价格出现较大波动。如果烟叶丰收或烟叶质量太差，烟农的部分烟叶就卖不出去，遭受损失；如果烟叶减产或烟叶质量不符合要求，满足不了烟草公司的需要，地方政府和烟草公司就会采取支持措施，提高烟叶质量，调动烟农种烟积极性。中国没有统一的支持政策，长期以来，主要是地方政府及烟草公司在支持烟叶生产，1998 年开始，中央政府为了抑制烟叶生产过剩势头，提高烟叶质量，明令禁止地方政府价外补贴。近年来，各级烟草公司根据实际情况出台了一些支持政策，各种支持措施在不同年份和不同地区是不一样的，但内容大致相似，主要有以下几个方面：

（1）物资支持。研制或委托研制适合烟叶种植和生长的化肥、塑料薄膜、杀虫剂等生产资料，并以优惠的价格出售给种烟农户。

（2）资金支持。烟草公司贷款购置化肥、塑料薄膜等农业生产资料，赊销给种烟农户，其贷款从农民销售烟叶的价款中扣除。

（3）种子支持。其主要是对烟农无偿或低价提供高质量的烟叶种子及烟苗。

（4）提供技术援助。

第一，培养、培训技术员，向烟农无偿提供烟叶种植及初烤技术指导，烟叶技术人员工资或补贴，由烟草公司支付。

第二，烟草公司全部或部分承担烟叶种植新技术宣传推广费用。

第三，对采用新技术种烟的示范农户，给予一定的资金和物资补助。

（5）激励措施。地方政府和烟草公司对按季节下种育苗、烟叶成熟度高，亩产优质烟叶多的农户，在道路建设、机械化耕种、水利灌溉、化肥供应、小烤房改造等方面给予一定数量的补贴和奖励，以提高烟叶产量和质量，降低烟叶成本。

（6）调整价格。国家烟草公司和政府有关部门根据农业生产资料和其他农作物的价格变动情况，适时调整烟叶收购价格。如果农业生产资料价格上涨，烟农出现亏损，或者种烟收入远不及种植其他农作物的收入，而影响了农民的种烟积极性，烟草公司会提高烟叶收购价格，使种烟农户能补偿成本，取得微利。

（四）烟叶收购价格

在中国，烟草实行专卖制度，烟叶的生产、购销及价格都由国家烟草专卖局会同政府有关部门采用指令性计划确定。1999年以来，为了提高烟叶质量，根据各地区烤烟质量的差异，烟叶收购价格按区域制定，国家发展改革委员会会同国家烟草专卖局制定全国各地区烟叶中准收购价，国家烟草专卖局制定各等级、各品种的具体收购价。各省、自治区、直辖市必须严格按照国家发展改革委员会和国家烟草专卖局确定的价格执行，同一区域实行统一价格（见表10-2）。2005年以前全国烤烟收购价格分为五个价区，2005年按照全国烟叶区域规划和布局，适应烤烟生产的变化情况，国家发展改革委员会和国家烟草专卖局对烤烟价区进行了适当调整，全国烤烟收购价格划分为四个价区，分区定价，使不同价区间保持适

当的地区差价，一价区烤烟中准级收购价大约高于四价区 16%。同一价
区内不同等级烟叶的质量差价很大，上等上级烤烟的收购价是低等低级烤
烟收购价的 20 倍。

表 10 - 2   2005 年烤烟中准级收购价格   单位：元/50 公斤

价区	中准级收购价格	包括地区
一价区	505	云南省玉溪市、昆明市、红河州
二价区	500	云南省除玉溪市、昆明市、红河州以外其他市（州）；贵州省遵义市、黔西州；湖南省郴州市、永州市、长沙市、衡阳市、娄底市、益阳市、邵阳市；福建省；浙江省；江西省；广东省；广西壮族自治区；河南省三门峡市、洛阳市；安徽省皖南地区
三价区	480	四川省；重庆市；湖北省；山东省；贵州省除遵义市、黔西南州以外其他市（州）；湖南省除郴州市、永州市、长沙市、衡阳市、娄底市、益阳市、邵阳市以外其他市；河南省除三门峡市、洛阳市以外其他地市；陕西省安康市、商洛市、汉中市；安徽省除皖南以外其他地市
四价区	435	河北省；山东省；内蒙古自治区；辽宁省；吉林省；黑龙江省；陕西省除安康市、商洛市、汉中市以外其他地市；甘肃省；宁夏自治区

资料来源：国家发展改革委员会、国家烟草专卖局公布。

由于烟叶的生产成本、质量、市场供求和比较收益的变化，政府管理
部门及烟草公司会相应调整烟叶收购价格，因此烟叶收购价格在不同年份
也会出现波动（见表 10 - 1）。

表 10 - 1 的资料表明，烤烟价格水平整体呈上升趋势，从 1990～
2005 年，以 1990 年为基期，2005 年烤烟收购价格比 1990 年上涨了
278.57%。1996 年烟叶价格上涨幅度较大，比 1995 年上涨了 21%，刺激
了下一年的烟叶生产；1997 年烤烟生产达到 216.1 万公顷，产量达到
390.8 万吨，是 1990 年以来最高的，导致烟叶过剩，价格比 1996 年下降
了 11%。1999～2002 年，烟叶价格、种植面积及产量保持基本稳定。
2003 年烟叶价格上涨幅度较多，比 2002 年上涨了 24.14%，主要是 2000
年后种烟的比较效益下降，挫伤了农民的生产积极性，烟草公司为了调动
农民种烟积极性，提高了烤烟收购价格。为保护农民利益，增加农民收
入，引导烟叶生产，保持烟叶供求总量平衡，促进烟草行业稳定发展，
2004 年烟叶价格比 2003 年进一步上涨了 9.78%（见图 10 - 3）。

（元/公斤）

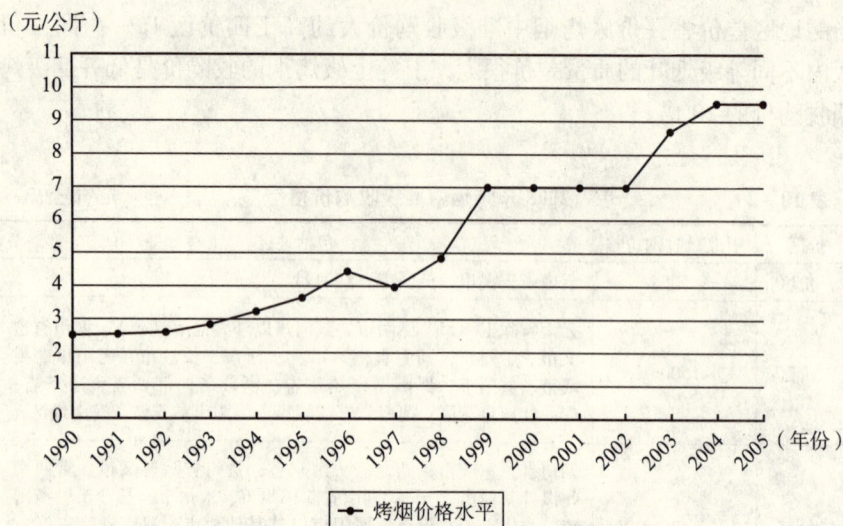

图 10 – 3　1990 ~ 2005 年全国烟叶价格变动趋势

二、烟叶种植对农村经济发展的影响

（一）烟叶税及其对地方财政收入的影响

在 2006 年以前，生产与收购烟叶主要缴纳农业特产税。1994 年中国实行第二次税收改革，开征了农业特产税，税法规定对烟叶征收 31% 的农业特产税；1999 年降低了烟叶特产税，税率从原来的 31% 降为 20%，另征收 4% 的附加税；2004 年取消了除烟叶以外的农业特产税，烟叶特产税继续征收，由收购单位向当地财政部门缴纳，即由烟草公司按收购金额和相应的税率计算出应纳税额，直接上交当地县、区财政部门。自 2006 年 4 月 28 日起，《中华人民共和国烟叶税暂行条例》开始施行，烟叶特产税废除，开征烟叶税。烟叶税基本保持过去烟叶特产税的征收格局，地方税务部门按照 20% 的税率，并在征税对象上另加 10% 计算税额，向烟叶收购部门征收，税收归地方财政。2005 年全国收购烤烟 196.3 万吨，收购金额 187.27 亿元，按此推算，烟叶特产税为 37.45 亿元，占全国税收总额比例和财政收入总额分别为 1.3‰ 和 1.2‰（见表 10 – 3），所占比例很低。（蒋和胜、毛正中、胡德伟，2005）。

表 10 – 3   2000 ~ 2005 年全国烤烟特产税占财政税收收入比重

年份	种植面积（公顷）	收购数量（吨）	收购金额（亿元）	烟叶特产税（亿元）	烟叶特产税占税收收入比重（%）	烟叶特产税占财政收入比重（%）
2000	1 269 000	1 417 000	99. 19	19. 8	0. 16	0. 14
2001	1 181 000	1 450 000	101. 50	20. 3	0. 13	0. 12
2002	1 192 000	1 579 000	110. 53	22. 1	0. 13	0. 12
2003	1 139 000	1 563 000	135. 82	27. 2	0. 13	0. 13
2004	1 145 000	1 682 000 *	160. 46	32. 1	0. 13	0. 12
2005	1 245 000	1 963 000 *	187. 27	37. 45	0. 13	0. 12

注：＊国家烟草专卖局网站 http：//www. tobacco. gov. cn/yczxcontentgb. php？news_id = 68715 &type = 商情，《2005 年 1 ~ 12 月份行业经济运行情况》。
资料来源：《中国统计年鉴》，其中收购金额和特产税分别按国家规定的平均收购单价和税率计算。

在烟叶主产区，烟叶税占农业税和地方财政收入的比重较大，如云南省 1996 ~ 2000 年烟叶税占全省农业税的比重达 80% 以上，占地方财政收入 10% 以上，又如云南省曲靖市麒麟区 1998 年以来除 1998 年烟叶特产税占地方财政收入低于 10% 以外，其余均在 10% 以上（见表 10 – 4）。

表 10 – 4   云南省曲靖市麒麟区（1998 ~ 2002 年）

时间 项目	1998	1999	2000	2001	2002
财政收入（万元）	15 684	17 224	16 754	17 887	19 853
烤烟收购金额（万元）	4 351.5	12 887. 9	10 955. 2	12 381. 8	15 602
烟叶特产税（万元）	870. 3	2 577.58	2 191.04	2 476. 36	3 120.4
占财政收入比重（%）	5. 55	14. 96	13. 08	13. 84	15. 72

资料来源：云南省曲靖市麒麟区统计局资料，烟叶特产税按国家规定税率计算。

表 10 – 5、图 10 – 4 的资料表明，虽然云南省会泽县 2001 ~ 2003 年烟叶税占县财政收入不到 10%，但加上烟厂缴纳的城市维护建设费、教育费附加和个人所得税后却占到 49% 以上，最高达 86.8%。由此可见，烟叶主产区（特别是建有烟厂的地区）烟叶税及相关税在地方财政税收收入中占有重要地位。

表 10－5　　云南省会泽县 2001～2003 年烟叶税占地方财政收入的比重

时间 \ 项目	财政收入（万元）	烟厂税收（万元）	烟叶特产税（万元）	烟叶特产税占财政收入比重（%）	烟税总额占财政收入比重（%）
2001	15 921	12 849	978	6.14	86.8
2002	24 735	10 920	1 399	5.66	49.8
2003	28 406	14 760	2 828	9.96	61.9

资料来源：当地政府部门提供的数据。

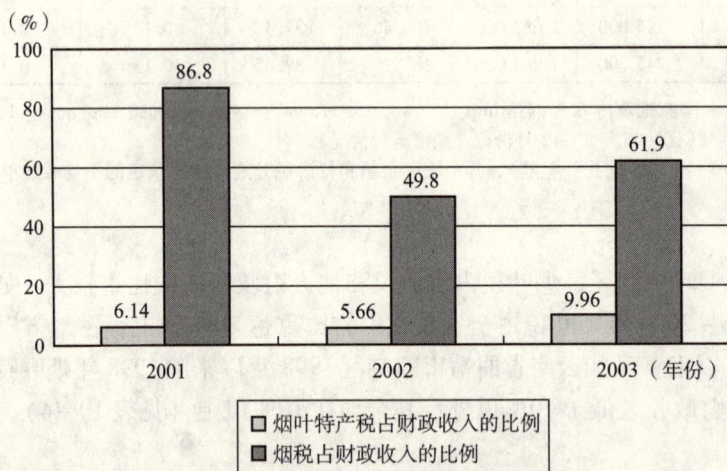

图 10－4　云南省会泽县 2001～2003 年烟叶税占地方财政收入的比重

　　由于烟叶特产税归地方财政所有，烟叶种植面积、产量、收购数量与地方财政收入密切相关，烟叶种植面积、产量、收购数量越多，地方财政烟叶税收入越大，导致地方政府一方面会鼓励农民种烟，甚至强制农民种烟，使烟叶种植面积和产量突破国家计划，超量生产；另一方面地方政府又千方百计对烟叶收购公司施加影响，要求烟叶收购公司收购烟叶松级松价，对烟农生产的烟叶，不管质量高低、数量多少，都要悉数收购，导致烟草公司库存积压。地方政府的这种行为带来的负面影响十分严重。首先，干预了农民的生产经营自主权，烟农市场主体地位丧失，不能按照市场需求和自身利益最大化原则决定产销行动，烟农的基本权益受到损害；其次，难以切实减轻农民负担。烟草公司可以通过税收转嫁将税收负担前转给烟农承担，从而使烟农与非烟农产生税负不公现象，损害烟农利益；再次，不利于烟草控制。地方政府为了多征烟叶税，增加财政收入，必然会干预农民的种植行为和烟草公司的收购行为，从而突破中央政府的烟叶种植计划和收购计划，最终导致烟叶种植面积及产量失控。因此，应当创造条件，逐步取消烟叶税。

（二）烟叶种植对农民就业与收入的影响

1. 烤烟种植对农民就业的影响

表 10－6 的资料表明，2004 年全国有 365 万户烤烟种植户，占全国总农户数 24 971.4 万户的 1.46%，全年种植烤烟 114.5 万公顷，吸纳 285.316875 万标准劳动力就业，相当于全国农村劳动力总数 51 639 万人的 5.5‰，涉及种烟农户总人口 1 277.5 万人，占全国农村人口 7.5705 亿人口的 1.69%，说明烤烟种植对农民就业有一定的影响，但非常有限，并不是人们想象的那样大。

表 10－6　　　　2004 年中国烟叶种植的面积、成本、收益
及其对农民就业和收入的影响

1. 种植面积（公顷）	1 145 000	中国统计年鉴数据
2. 收购数量（吨）	1 682 000	国家烟草专卖局数据
3. 收购金额（亿元）	160.46	按政府规定的每公斤均价 9.54 元计算
4. 每公顷耕地种烟用工（天）	598.05	按政府统计部门抽样调查每亩用工 39.87 天计算
5. 种烟用工总和（亿天）	6.8476725	表中 1 项乘以 4 项
6. 种烟用工折算标准年劳动力总和（万人）	285.316875	按 240 天折算为一个标准年劳动力
7. 种烟标准劳动力占全国农村劳动力比重（‰）	5.5	按全国农村劳动力 51 639 万人计算
8. 每公顷耕地耗用物质费用（元）	6 682.05	按政府统计部门抽样调查每亩耗用物质费用 445.47 元计算
9. 物质费用总和（亿元）	76.5094725	表中 1 项乘以 8 项
10. 烤烟纯收入总和（亿元）	83.9505275	表中 3 项减 9 项
11. 种烟标准劳动力人均来自烟叶的纯收入（元）	2 842.36	表中 10 项除以 6 项
12. 种烟农户总和（万户）	365	国家烟草专卖局数据
13. 种烟农户户均来自烟叶的纯收入（元）	2 300.01	表中 10 项除以 12 项
14. 种烟农户总人口（万人）	1 277.5	按全国农户户均 3.5 人计算

续表

15. 种烟农户人均来自烟叶纯收入（元）	657.15	表中 10 项除以 14 项
16. 种烟农户人均来自烟叶纯收入占人均全部纯收入比重（%）	22.38	人均全部纯收入按当年全国农民人均纯收入 2 936 元计算

2. 烤烟种植对农民收入的影响

种烟农户来自烟叶生产的收入占有相当大的比重。2004 年全国烤烟纯收入总额 83.9505275 亿元，按种烟农户 365 万户计算，户均烟叶纯收入（含劳动力费用）为 2 300.01 元，人均烤烟纯收入为 657.15 元，占人均全部纯收入的 22.38%。特别需要指出的是，一个标准劳动力全年种植烤烟纯收入为 2 842.36 元，比 2004 年全国农民年人均纯收入 2 936 元低 3.19%，说明 2004 年种植烤烟的收入与从事其他劳动收入大致相当。

中国的云南、贵州、四川、河南、湖南是烟叶生产大省，5 省的烟叶种植面积和产量占全国的 63.76% 和 64.63%，但农民人均烤烟纯收入很低，云南为 147.35 元，占该省农民人均纯收入总额的 7.9%，贵州省为 43.25 元，占该省农民人均纯收入总额的 2.5%，四川省为 6.8 元，占该省农民人均纯收入总额的 0.27%，河南省为 21.15 元，占该省农民人均纯收入总额的 0.83%，湖南省为 25.5 元，占该省农民人均纯收入总额的 0.9%，说明烤烟种植对农民收入的贡献不大，详见表 10 - 7、图 10 - 5。

表 10 - 7　　　　　2004 年中国 5 省农民种植烤烟纯收入
占农民全部人均纯收入的比重（%）

项目	云南省	贵州省	四川省	河南省	湖南省	备注
1. 种植面积（公顷）	353 700	188 000	45 900	129 500	82 100	《中国统计年鉴（2005）》
2. 总产量（万吨）	69.2	30	9.4	25.5	18	《中国统计年鉴（2005）》
3. 烤烟产值（亿元）	75.537456	27.2646	7.501388	23.26977	21.29364	按照各地区平均收购单价计算
4. 物质费用（元/公顷）	6 627.9	7 084.95	6 448.5	5 251.5	9 725.1	参考 2004 年各地区数据

续表

项目	云南省	贵州省	四川省	河南省	湖南省	备注
5. 烤烟纯收入总额（亿元）	52.0945737	13.944894	4.5415265	16.4690775	13.3093329	烤烟产值减去物质费用总额
6. 农业人口（人）	35 355 350	32 246 208	66 809 566	77 851 402	52 215 626	中国人口统计年鉴 2005
7. 农民人均烤烟纯收入（元）	147.35	43.25	6.8	21.15	25.5	表中 5/6
8. 农民人均纯收入总额（元）	1 864.19	1 721.55	2 518.93	2 553.15	2 837.76	中国统计年鉴 2005
9. 人均烤烟纯收入占农民人均纯收入总额比重（%）	7.9	2.5	0.27	0.83	0.9	表中 7/8

数据来源：中国国家统计局：《中国统计年鉴》，《中国人口统计年鉴》，中国统计出版社各年版；《中国对外经济贸易年鉴》，中国对外经济贸易出版社各年版。

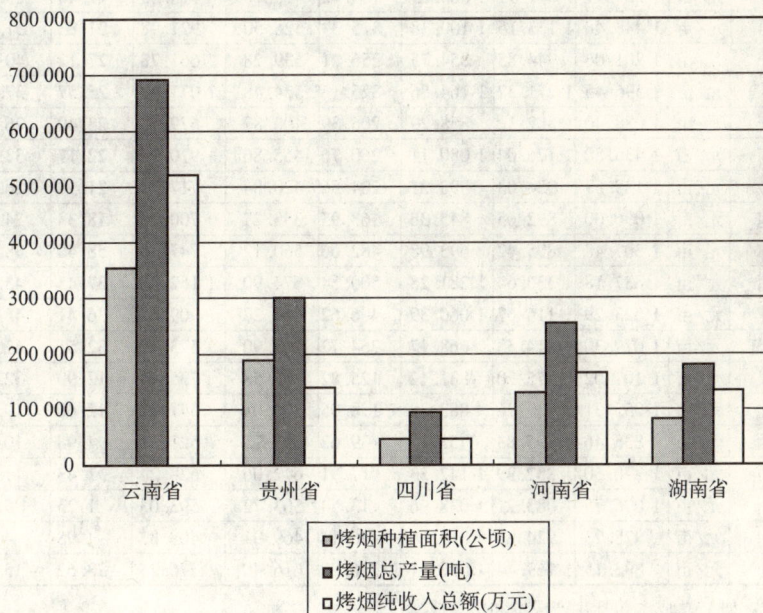

图 10-5 2004 年中国 5 省农民烤烟面积、产量与烤烟纯收入总额

三、烟农的比较收益

（一）全国及主要省份烟叶生产成本与比较收益概况

从表 10 - 8 的统计资料来看，2004 年中国 18 个烟叶主产省（市）的烤烟成本收益情况是：甘肃、湖北、陕西、广西、贵州、山东、四川这七个省的成本利润率普遍低于平均水平，且山东、四川两省成本利润率均为负数，表现出明显的亏损。江西、辽宁、广东、重庆、云南、安徽、河南七省的成本利润率略高于平均水平，而吉林、湖南、福建、黑龙江四省的成本利润率则明显高于平均水平。

表 10 - 8　　2004 年中国 18 省（市）烟叶成本收益情况（按统一工价）

项目 省份	单位	产值合计	总成本	生产成本	净利润	现金成本	现金收益	总成本 利润率 （%）	生产成本 利润率 （%）
全国平均	元/亩	1 259.41	1 071.99	1 000.03	187.42	485.76	773.65	17.48	25.94
江西	元/亩	1 448.48	1 133.15	1 100.38	315.33	526.50	921.98	27.83	31.63
辽宁	元/亩	1 201.06	944.85	854.75	256.21	539.28	661.78	27.12	40.52
广东	元/亩	1 596.45	1 271.32	1 164.86	325.13	524.48	1 071.97	25.57	37.05
重庆	元/亩	1 088.40	882.1	858.29	206.39	408.87	679.53	23.40	26.81
云南	元/亩	1 436.80	1 176.04	1 080.11	260.76	465.86	970.94	22.17	33.02
安徽	元/亩	1 138.59	934.03	898.21	204.56	420.84	717.75	21.90	26.76
河南	元/亩	1 056.00	892.05	845.36	163.95	355.27	700.73	18.38	24.92
吉林	元/亩	1 307.48	825.42	693.98	482.06	560.12	747.36	58.40	88.40
湖南	元/亩	1 837.18	1 336.64	1 281.28	500.54	674.90	1 162.28	37.45	43.39
福建	元/亩	1 523.29	1 116.67	1 060.39	406.62	614.27	909.02	36.41	43.65
黑龙江	元/亩	1 079.30	814.53	668.17	264.77	505.90	573.40	32.51	61.53
甘肃	元/亩	1 101.02	975.20	831.12	125.82	365.58	735.44	12.90	32.47
湖北	元/亩	1 055.31	937.26	883.38	118.05	508.04	547.27	12.60	19.46
陕西	元/亩	835.46	795.83	753.15	39.63	307.75	527.71	4.98	10.93
广西	元/亩	1 270.30	1 252.39	1 142.33	17.91	642.06	628.24	1.43	11.20
贵州	元/亩	1 096.75	1 083.21	1 038.96	13.54	503.72	593.03	1.25	5.56
四川	元/亩	878.73	924.87	839.36	-46.14	469.91	408.82	-4.98	4.69
山东	元/亩	893.15	1 169.44	1 058.51	-276.29	616.40	276.25	-23.62	-15.62

注：（1）总成本包括生产成本和土地成本；
（2）生产成本包括物质与服务费用、人工成本；
（3）土地成本为流转地租金或自营地折租。
资料来源：国家发展和改革委员会价格司编：《全国农产品成本收益资料汇编（2005）》，中国统计出版社 2005 年版。

　　表 10-9 反映的是各省主要农作物与烤烟的成本收益情况。河南六种农作物除桑蚕茧亏损外，均有利润，但从有利润收入的烤烟、中籼稻、小麦、玉米、油菜子六种主要农作物比较看，烤烟每亩成本利润率最低，排第六，亩净利润仅高于油菜子，排第五，也是较低的。况且油菜子每亩获得 48.02 元利润，只付出了 206.10 元成本，成本利润率为 48.02%，而烤烟每亩取得了 163.95 元利润，但却付出了 892.05 元成本，成本利润率仅为 18.38%。也就是说，种植一亩油菜子支付 100 元成本，可以收入 48 元利润，而种植一亩烤烟支付 100 元成本，只能获得 18 元利润，只及油菜子的 38%。所以，河南省种植烤烟的收入最低，没有优势，而种植中籼稻和小麦收益很高，每亩净利润和成本利润率分别达到 438.59 元、310.36 元和 136.84%、104.84%，具有绝对优势。

表 10-9　　2004 年中国中西部 6 省市烤烟与主要农作物成本收益比较（云南省的中籼稻以粳稻代替）

项目	品名	省份	河南	湖南	云南	贵州	四川	重庆
烤烟	产量		114.70	155.10	134.30	120.40	110.10	110.40
	产值		1 056.00	1 837.18	1 436.80	1 096.75	878.73	1 088.40
	成本		892.05	1 336.64	1 176.04	1 083.21	924.87	882.01
	利润		163.95	500.54	260.76	13.54	-46.14	206.39
	成本利润率		18.38	37.45	22.17	1.25	-4.98	23.40
中籼稻	产量		525.10	547.10	502.40	465.30	512.80	487.60
	产值		759.11	834.17	959.64	772.15	773.39	764.50
	成本		320.52	415.47	727.49	672.30	418.69	513.03
	利润		438.59	418.70	232.15	99.85	354.70	251.47
	成本利润率		136.84	100.78	31.91	14.85	84.72	49.02
小麦	产量		394.30	—	182.30	139.20	226.10	180.20
	产值		606.40	—	293.61	216.91	333.99	285.82
	成本		296.04	—	340.77	330.47	319.10	369.46
	利润		310.36	—	-47.16	-113.56	14.89	-83.64
	成本利润率		104.84	—	-13.83	-34.35	4.67	-22.63
玉米	产量		381.20	—	357.30	351.80	402.10	370.60
	产值		475.87	—	527.64	503.21	590.63	594.97
	成本		273.96	—	531.99	485.35	399.28	475.75

项 目　品 名　省 份		河南	湖南	云南	贵州	四川	重庆
玉米	利润	201.91	—	-4.35	17.86	191.35	119.22
	成本利润率	73.70	—	-0.81	3.68	47.92	25.06
油菜子	产量	114.60	112.30	153.00	121.50	149.00	109.70
	产值	306.10	327.11	464.13	325.31	445.54	330.68
	成本	206.79	223.89	444.42	355.09	337.00	360.03
	利润	99.31	103.22	19.71	-29.78	108.54	-29.35
	成本利润率	48.02	46.10	4.43	-8.38	32.21	-8.14
桑蚕茧	产量	81.30	—	95.90	101.10	107.00	114.60
	产值	1 155.37	—	1 476.31	1 375.77	1 303.19	1 505.33
	成本	1 205.72	—	1 127.68	785.35	980.34	1 246.23
	利润	-50.35	—	348.63	590.42	322.85	259.10
	成本利润率	-4.17	—	30.92	75.18	32.93	20.79
茶叶	产量	—	755.80	—	52.00	36.90	—
	产值	—	1 442.49	—	1 040.00	1 095.55	—
	成本	—	724.23	—	604.80	882.98	—
	利润	—	718.26	—	435.20	212.57	—
	成本利润率	—	99.18	—	71.96	24.07	—

　　资料来源：国家发展和改革委员会价格司编：《全国农产品成本收益资料汇编（2005）》，中国统计出版社2005年版。

　　湖南省种植烤烟、中籼稻、油菜子、茶叶四种主要农作物，按每亩成本收益率高低排序，烤烟排第四，为最低。

　　云南省种植烤烟、粳稻、小麦、玉米、油菜子、桑蚕茧六种主要农作物按每亩成本收益率高低排序为：粳稻、桑蚕茧、烤烟、油菜子、玉米、小麦，烤烟排第三。因此，云南省作为自然条件适宜种植烤烟的中国传统种植区，烤烟的收益也不是最高的，而桑蚕茧的收益最高，排在第一。

　　贵州省与云南省情况类似，在种植的烤烟、中籼稻、小麦、玉米、油菜子、桑蚕茧、茶叶七种主要农作物中，除小麦、玉米两种农作物亏损外，在有利润收入的五种主要农作物中，按每亩利润和成本利润率排序，烤烟排在最后，每亩净利润和成本利润率分别只有13.54元、1.25%，最高的桑蚕茧每亩利润和成本利润率达到了590.42元、75.18%，排在第

三、第四位，普遍种植的中籼稻和玉米的利润和成本利润率却分别达到了99.85元、14.85%和17.86元、3.6%。所以，像贵州省这样的传统烤烟种植区，继续种植烤烟也是不划算的。

四川省种植的7种农作物中，除烤烟亏损、小麦的利润较低外，其余五种农作物的每亩利润均在100元以上，成本利润率都高于20%，其中中籼稻最高，每亩利润、成本利润率分别高达354.70元、84.72%。

重庆市种植的6种主要农作物中，小麦和油菜子都是亏损的，在有利润的烤烟、中籼稻、桑蚕茧三种农作物中，中籼稻的利润和利润率最高，分别为251.47元、49.2%，烤烟与桑蚕茧的成本与收益状况相差不大。

综合6省（市）的情况看，大多数省份种植烤烟的收入与其他主要农作物相比，处于较低水平。四川省烤烟种植是亏损的，贵州省烤烟的成本利润率很低，只有1.25%，处于微利水平；湖南省种植烤烟有较高收入，但成本收益率仅为37.45%，大大低于水稻的100.78%。在六省（市）中，湖南省种植水稻的利润和成本利润率最高，具有种植水稻的绝对优势；云南省虽然烤烟的收入不如桑蚕茧、粳稻高，但比小麦、玉米和油菜子要高，有种植烤烟的相对优势。

（二）云南、四川、湖南三省抽样调查农户种植烟草与非烟草的成本收益综合比较

我国已正式加入国际烟草控制框架公约，这意味着我国要在公约规定的时间，采取各种有效措施，逐步减少烟草种植面积和烟草消费。

我国是一个烟草生产与消费大国，烟草税是烟草种植区地方政府的重要财政收入，同时，在一些贫困地区，种植烟草一直是一项重要的反贫困项目，因此，实施烟草控制必然对烟农和地方政府的利益产生重大影响。由于地方政府和烟农的利益最终取决于烟草种植给烟农带来的比较收益，因此，对烟农的成本收益进行比较分析，是判断烟草控制对地方政府和烟农利益影响程度的客观依据，也是制定有效的烟草控制政策的客观基础。

1. 数据来源与分析方法

为考察烟草种植的成本收益，我们采用田野调查法，参照国家统计局农村调查总队的统计方法和统计项目，设计了包括农户家庭基本信息（含生产经营信息）、成本费用信息和税收信息等三大类共184个项目的调查问卷。为使调查具有代表性，我们选择我国主要烟草种植区云南、四川和湖南的曲靖、宜宾、西昌、临澧等市县作为样本地区，分别于2002

年（四川）、2003 年和 2004 年（云南）、2006 年（湖南）对样本地区进行抽样调查。

在样本地区我们随机抽取 1 100 家农户作为调查对象，以调查采取访谈与填写调查问卷相结合的方式进行。期间我们共发出调查问卷 1 100 份，收回 1 000 份，有效问卷 872 份，占全部收回问卷的 87.2%，得到 156 400 个数据。在有效问卷中烟草种植户 667 户中，占有效问卷的 76.49%。表 10 - 10、表 10 - 11、表 10 - 12 分别是样本地区的农户、烟草种植户和非烟草种植户的统计特征。其中受教育程度以数字代码 0～5 分别代表文盲、小学、初中、高中和大专以上，出于简化，没有对农户受教育程度作丹尼森调整。

表 10 - 10 样本农户的统计特征

	样本	最小值	最大值	平均数	标准差	方差
年龄	872	21	84	44. 73	10. 128	102. 569
受教育程度	872	0.00	5.00	2. 2993	0. 78071	0. 610
家庭人口数	872	1.00	11.00	4. 1204	1. 20197	1. 445
家庭总收入	872	1 053.00	85 798.00	12 071.9846	9 041. 8797	81 755 588. 6
实际耕地面积	872	1.00	71.00	9. 0987	6. 53998	42. 771
种植业总收入	872	320.00	91 000.00	6 807. 5811	6 087. 76750	37 060 913. 2
Valid N (listwise)	872					

表 10 - 11 烟草种植户的统计特征

	样本	最小值	最大值	平均数	标准差	方差
年龄	677	21	84	43. 39	9. 853	97. 074
受教育程度	677	0.00	5.00	2. 2674	0. 77365	0. 599
家庭人口数	677	1.00	10.00	4. 1462	1. 14388	1. 308
家庭总收入	677	1 053.00	85 798.00	11 666. 16	8 765. 60683	76 835 863. 172
实际耕地面积	677	1.00	71.00	9. 3475	6. 73947	45. 420
种植业总收入	677	580.00	91 000.00	7 215. 1184	6 419. 07599	41 204 536. 552
Valid N (listwise)	677					

表 10 - 12 非烟草种植户的统计特征

	样本	最小值	最大值	平均数	标准差	方差
年龄	195	21	74	49. 38	9. 711	94. 303
受教育程度	195	0.00	4.00	2. 4103	0. 79683	0. 635

续表

	样本	最小值	最大值	平均数	标准差	方差
家庭人口数	195	2.00	11.00	4.0308	1.38440	1.917
家庭总收入	195	1 450.00	79 080.00	13 480.9123	9 836.15476	96 749 940.388
实际耕地面积	195	1.00	43.00	8.2350	5.72668	32.795
种植业总收入	195	320.00	33 600.00	5 392.6949	4 496.83559	20 221 530.330
Valid N (listwise)	195					

本章的研究目的是在对比中考察烟草种植给烟农带来的比较收益的大小。作为研究的前提，我们接受理性小农假说。根据该假说，农户的决策行为通常是首先考虑最大化家庭收入，然后在预期收入约束下，最大化家庭效用，即农户遵循如下行为模式：

$$\max U(c_i, x_i)$$

$$s.t. \ p(c_i) + \lambda(x_i) \leq f(\cdot) - K(\cdot) + \tau E_i^x + zN$$

其中，c_i、x_i 为农户家庭消费与闲暇；i 为家庭成员；p 为消费价格；λ 为闲暇的价格；$f(\cdot)$、$K(\cdot)$ 为农户的生产函数和成本函数；E_i^x、τ 为家庭成员拥有的时间禀赋和时间价值；N、z 为农户拥有的土地和土地价格。因此，就本研究而言，接受该假说意味着农户选择专业种植烟草是因为烟草种植会给农户家庭带来最大化的比较收益。

由农业生产的特点可知，农户的收入可以分为价值形式和实物形式。为考察方便，在本文，农户收入采用价值形式。农户的总收入是农户出售其产品和劳务的市场价值总和，总收入扣除各项生产费用得到农户的纯收入。农户纯收入实际上可以看做是农户要素投入的报酬。由于农户既是"自我雇佣"的生产者又是消费者，这决定了农户必须对自己进行支付。这种支付一方面构成生产费用，另一方面又构成农户的劳动报酬。因此，农户的纯收入可以有两种计算方法：一种是将农户自我雇佣的支付计入成本，由此得到的农户纯收入相当于厂商的利润，即：

$$R_1 = pf(\cdot) - wL - rK - zN$$

其中，p 为销售价格；w 为农户自我雇佣支付；L 为劳动；r 为资本价格；K 为资本。

另一种方法是将农户的自我支付同时计作农户的劳动报酬，即：

$$R_2 = f(\cdot) - wL - rK - zN + wL = f(\cdot) - rK - zN = R_1 + wL$$

显然，$R_1 < R_2$。由于 R_1 是农户总收入 $pf(\cdot)$ 扣除完全成本 $wL + rK +$

zN 后的余额，因此采用 R_1 来核算农户纯收入比采用 R_2 更加合理。但是，分析表明 R_2 对于理解农户的决策行为仍然有重要意义。

与 R_1、R_2 相适应，我们定义两种纯收益率：

$$\pi_1 = \frac{R_1}{wL + rK + zN}$$

和

$$\pi_1 = \frac{R_1}{rK + zN}$$

前者是完全成本纯收益率，后者是物质成本纯收益率。在不考虑土地价格的条件下，两种纯收益率可以进一步简化为：

$$\pi_1 = \frac{R_1}{wL + rK}$$

和

$$\pi_1 = \frac{R_1}{rK}$$

采用 R_1 来计算农户的纯收入需要准确核算农户的自我支付水平。根据我国有关机构制定的统计核算方法，农户的自我支付采用农村劳动日工价来计算。农村劳动日工价有统一工价和地区工价两种不同的计价标准。一般来说，地区工价比统一工价更符合特定地区农户自我支付的实际情况。但是，在我国有关机构公布的农村劳动日工价统计中，缺乏地区工价的连续数据。考虑到这种情况，本章将以样本地区农户调查数据为基础，并参考统一工价来核算农户的自我支付，由此得到的农户自我支付只是实际自我支付的近似。

由于本研究的主要目的是考察烟草种植的比较成本收益，因此，采用的基本方法是描述性统计的数据探索，使用的软件是 SPSS。

2. 烟农烟草与非烟草种植的成本收益比较

与专业化分工生产不同，作为生产者和消费者相统一的农户，通常是一个多种经营者。就种植业而言，样本地区烟农不仅种植烟草，而且种植其他农作物。除烟草外，烟农种植的其他农作物主要有谷物、豆类、油料、棉花、土豆、红苕和水果。种植多种农作物相当于组合投资。在既定的耕地面积和要素投入约束下，烟农种植业收入取决于多种农作物的市场价格和种植结构。

表 10-13 是样本地区烟农的种植结构。在 677 户烟农中，有 670 户

种植谷物，并且谷物种植在总面积和户平均面积上均超过了烟草种植而居第一位，居第二位的是烟草。在户均种植面积方面居第三位的是水果种植（52 户），户均种植面积达 2.5962 亩。谷物、豆类和油料是样本地区烟农多样化种植的主要选择。

表 10－13　　　　　　　样本地区烟农的种植结构

	样本数	最小值	最大值	总数	平均数	标准差	方差
谷物（亩）	670	0.30	30.00	2 721.66	4.0622	3.31186	10.968
烟叶（亩）	677	0.30	60.00	2 385.07	3.5230	3.58082	12.822
豆类（亩）	168	0.10	8.00	277.27	1.6504	1.36082	1.852
油料（亩）	120	0.20	6.00	242.55	2.0213	1.28971	1.663
棉花（亩）	76	0.20	12.00	167.00	2.1974	1.64940	2.721
水果（亩）	52	0.30	20.00	135.00	2.5962	4.07561	16.611
土豆（亩）	69	0.20	3.00	83.50	1.2101	0.73648	0.542
红苕（亩）	66	0.20	10.00	143.75	2.1780	1.93669	3.751
蚕桑（亩）	36	0.10	5.00	45.50	1.2639	0.94299	0.889
其他（亩）	89	0.10	6.00	134.14	1.5072	1.08700	1.182
实际耕地面积（亩）	677	1.00	71.00	6 345.24	9.3475	6.73947	45.420

如前所述，农户种植业纯收益和纯收益率可以从物质成本和完全成本两个角度来考察。种植业物质成本包括固定资产折旧、购买种子秧苗、化肥（农家肥）、农药、农膜、小农具等的支出，以及排灌、农具租赁、农具维修、办公、差旅、保险、销售、运输等费用。在物质成本的基础上加上支付的人力（自我雇佣、雇工、技术指导等）费用就构成种植业的完全成本。对烟草种植而言，专业烤烟设备是不可缺少的物质投入。此外，在人力支出上，烟农必须支出一定数量的初烤烟人力。这两项相当于烟草种植的固定投入。显然，在相同条件下，种植烟草的成本更高。表 10－14 给出了样本地区烟农种植业按亩计算的物质成本和完全的统计特征。可以看出，按每亩平均计算，无论是物质成本还是完全成本，烟草都是最高的。比较而言，从物质成本到完全成本变化较小的是谷物、豆类、水果和其他种植项。由于种植谷物和豆类的农户占了样本农户的98.97% 和 24.82%，因此，这一结果是值得重视的。

表 10 – 14 　　　　　　　　　　烟农种植业成本原统计特征

物质成本	样本	最小值	最大值	总数	平均数	标准差	方差
谷物（亩）	670	90.82	1 189.76	179 317.75	267.6384	92.24962	8 509.992
烟叶（亩）	677	254.03	1 751.00	379 557.99	560.6470	172.56343	29 778.138
豆类（亩）	168	69.69	1 102.76	33 979.13	202.2567	97.05983	9 420.610
油料（亩）	120	22.70	1 142.27	18 831.21	156.9267	163.31381	26 671.400
棉花（亩）	76	128.62	1 209.76	27 310.39	359.3473	132.79657	17 634.929
水果（亩）	52	50.88	892.34	14 648.14	281.6950	143.42099	20 569.582
土豆（亩）	69	37.29	327.86	8 304.63	120.3569	71.86393	5 164.424
红苕（亩）	66	20.25	262.50	5 482.29	83.0650	59.97102	3 596.523
蚕桑（亩）	36	85.32	385.00	6 325.32	175.7032	69.18213	4 786.167
其他（亩）	89	52.85	394.69	16 235.18	182.4177	72.73391	5 290.221
完全成本	样本	最小值	最大值	总数	平均数	标准差	方差
谷物（亩）	670	185.39	1 499.86	345 788.76	516.1026	111.26949	12 380.900
烟叶（亩）	677	657.00	2 643.00	847 965.05	1 252.5333	255.54498	65 303.239
豆类（亩）	168	108.00	1 282.76	57 182.39	340.3714	108.10589	11 686.883
油料（亩）	120	88.49	1 217.27	37 647.41	313.7284	169.12485	28 603.215
棉花（亩）	76	442.22	1 657.66	58 111.77	764.6285	149.46537	22 339.898
水果（亩）	52	225.55	1 564.34	25 070.24	482.1200	242.79567	58 949.737
土豆（亩）	69	103.79	495.86	18 339.83	265.7946	105.87899	11 210.361
红苕（亩）	66	103.62	482.00	14 662.89	222.1650	87.07559	7 582.159
蚕桑（亩）	36	130.12	1 961.95	17 950.92	498.6366	287.87341	82 871.099
其他（亩）	89	167.73	1 024.98	32 021.28	359.7896	121.55190	14 774.865

在物质成本中，具有最大标准差（和方差）的是烟草种植，造成这一结果的原因是烟农在烤烟设备投入上的明显差异。根据调查数据，样本地区烟农烤烟设备投入最高的达 24 000 元，最低的只有 100 元，两者相差 23 900 元。

表 10 – 15 是按亩计算的物质成本纯收益率和完全成本纯收益率的统计特征。按亩计算的物质成本纯收益率（p_2）的平均值最高的是蚕桑（3.9224），其次是棉花（2.2243）和土豆（2.1588）。完全成本亩纯收益率（p_1）平均值最高的仍然是蚕桑（1.5541），其次是水果（0.4702）和棉花（0.4047）。种植户最多的烟叶、谷物、豆类和油料的物质成本亩纯收益率平均值分别是 1.3669、1.3928、0.5149 和 1.9932。相应的完全成本亩纯收益率平均值分别是 0.0211、0.1487、

−0.2403 和 −0.0016。

表 10−15　　　　　　　　烟农种植项目的收益率（亩）

p₂	样本	最小值	最大值	总数	平均数	标准差	方差
谷物（亩）	670	−0.86	15.01	933.17	1.3928	1.59355	2.539
烟叶（亩）	677	−0.85	5.99	925.36	1.3669	1.15732	1.339
豆类（亩）	159	−0.78	9.77	81.87	0.5149	1.38787	1.926
油料（亩）	120	−0.82	12.09	239.18	1.9932	2.12905	4.533
棉花（亩）	76	−0.77	16.49	169.05	2.2243	2.15236	4.633
水果（亩）	51	−0.82	27.67	107.79	2.1135	4.71698	22.250
土豆（亩）	69	−0.52	10.50	148.96	2.1588	2.26293	5.121
红薯（亩）	66	−0.84	8.22	132.38	2.0058	2.28781	5.234
蚕桑（亩）	36	0.0017	15.41	141.21	3.9224	3.00080	9.005
其他（亩）	89	−0.85	12.54	171.00	1.9213	3.07019	9.426
p₁	样本	最小值	最大值	总数	平均数	标准差	方差
谷物（亩）	670	−0.90	4.73	99.62	0.1487	0.62850	0.395
烟叶（亩）	677	−0.94	2.20	14.27	0.0211	0.44175	0.195
豆类（亩）	168	−1.00	3.52	−40.37	−0.2403	0.62414	0.390
油料（亩）	120	−0.84	1.21	−0.19	−0.0016	0.40533	0.164
棉花（亩）	76	−0.87	4.09	30.76	0.4047	0.67538	0.456
水果（亩）	52	−1.00	7.41	24.45	0.4702	1.61980	2.624
土豆（亩）	69	−0.83	5.73	23.06	0.3342	1.01977	1.040
红薯（亩）	66	−0.93	3.02	2.95	0.0446	0.84087	0.707
蚕桑（亩）	36	−0.61	9.07	55.95	1.5541	1.76353	3.110
其他（亩）	89	−0.90	3.79	19.70	0.2214	0.97273	0.946

　　这一结果可能有些令人意外。考虑到样本容量的差异可能对分析结果产生影响，需要在等样本容量条件下对数据做进一步的考察。考察方法是 SPSS 的 Explore 过程。烟草种植的样本容量由软件根据比较对象自动生成。就本章的研究目的而言，只取 Explore 过程的 M-Estimators 估计量（最大似然比稳健估计量）即可。因为最大似然比稳健估计量可以很好地代替样本均值和中位数，并能够给出比均值更合理的估计。分析结果如表 10−16 所示。

表 10 – 16　最大似然比稳健统计量

P₂	N	Huber's M-Estimator[a]	Tukey's Biweight[b]	Hampel's M-Estimator[c]	Andrews' Wave[d]	P₁	N	Huber's M-Estimator[a]	Tukey's Biweight[b]	Hampel's M-Estimator[c]	Andrews' Wave[d]
烟叶	670	1.2376	1.2041	1.2655	1.2037	烟叶	670	-0.0040	-0.0117	0.0015	-0.0120
谷物	670	1.0657	0.9617	1.0655	0.9602	谷物	670	0.0331	-0.0137	0.0232	-0.0144
烟叶	168	1.3943	1.3932	1.4167	1.3934	烟叶	168	0.1023	0.0963	0.0976	0.0961
豆类	168	0.2194	0.1603	0.2463	0.1593	豆类	168	-0.3571	-0.3863	-0.3469	-0.3864
烟叶	120	1.0550	1.0053	1.0647	1.0052	烟叶	120	-0.0586	-0.0931	-0.0611	-0.0938
油料	120	1.6969	1.6428	1.7361	1.6425	油料	120	-0.0301	-0.0461	-0.0333	-0.0459
烟叶	76	1.9074	1.8916	1.8954	1.8913	烟叶	76	0.3100	0.3037	0.3059	0.3040
棉花	76	1.9778	1.9142	1.9585	1.9142	棉花	76	0.3828	0.3780	0.3687	0.3779
烟叶	52	1.6712	1.6553	1.6920	1.6544	烟叶	52	0.2373	0.2251	0.2434	0.2239
水果	52	0.7425	0.5015	0.5951	0.5021	水果	52	0.0967	0.0051	0.0770	0.0025
烟叶	69	0.9376	0.8795	0.9188	0.8791	烟叶	69	-0.2029	-0.2045	-0.1991	-0.2044
土豆	69	1.7301	1.5441	1.6461	1.5438	土豆	69	0.1623	0.0951	0.1463	0.0928
烟叶	66	0.8234	0.7860	0.7984	0.7862	烟叶	66	-0.2662	-0.2943	-0.2750	-0.2960
红苕	66	1.3269	0.9867	1.2837	0.9814	红苕	66	-0.1650	-0.2675	-0.1439	-0.2716
烟叶	670	0.9865	0.9953	0.9956	0.9954	烟叶	36	-0.1138	-0.1156	-0.1110	-0.1153
蚕桑	36	3.5148	3.3770	3.4575	3.3764	蚕桑	36	1.1529	1.0402	1.0839	1.0411

注：a. The weighting constant is 1.339.
b. The weighting constant is 4.685.
c. The weighting constants are 1.700, 3.400, and 8.500.
d. The weighting constant is 1.340* pi.

　　由表 10 - 16 可知，烟草种植的最大似然比稳健统计量在物质成本纯收益率（p_2）均值方面，低于油料、棉花、土豆、红苕和蚕桑，高于谷物、豆类和水果；在完全成本纯收益率（p_1）均值方面，低于谷物、棉花、土豆和蚕桑，高于豆类和水果。特别是烟草的 M 值在 5 个项目的对比上出现了负值。这些情况表明，烟草种植并不具有高收益。

　　以上是把所有数据当做同一截面数据进行分析的结果，而没有考虑在不同时间对不同地区进行抽样可能对数据结构产生的影响，由此得到的结论虽然具有一般性，但是否完全适合不同抽样地区的情况则需要做进一步的讨论。

　　为确定数据是否存在结构性差异，我们假定，在不同时间对不同地区进行抽样调查，将得到的数据进行汇总，由此形成的截面数据不存在结构性差异。为检验该假定，我们构建如下含有虚拟变量的回归方程：

$$R = \alpha_0 + \sum_{i=1}^{2} \alpha_i D_i + \beta_0 L + \sum_{i=1}^{2} \beta_i (D_i L) + u$$

　　其中，R 是烟农种植业总收入；L 是烟农的实际耕地面积。虚拟变量 $D_1 = 1$，若数据来自四川地区（SC），否则 $D_1 = 0$；虚拟变量 $D_2 = 1$，若数据来自云南地区（YN），否则 $D_2 = 0$。原假设是数据不存在结构性差异，若虚拟变量的系数在统计上不显著，则接受原假设；否则接受备择假设，数据存在结构性差异，需要对不同地区进行考察。检验结果如下：

$$R = -1\,835.076 + 4\,276.361 D_1 + 2\,349.765 D_2 + 1\,022.904 L - 715.617 D_1 L - 265.241 D_2 L$$
$$(-3.4758)\quad(6.6209)\quad(3.8631)\quad(37.8054)\quad(-16.8093)\quad(-5.9149)$$
$$(0.0005)\quad(0.0000)\quad(0.0000)\quad(0.0000)\quad(0.0000)\quad(0.0000)$$

$R = 0.8065$　$\bar{R} = 0.8051$　$F = 559.4384$　$P = 0.0000$　$DW = 1.5589$

括号中的数字分别是 t 统计量（第一行）和相应的概率值 P（第二行）。

　　由回归模型可知，α_i 和 β_i 在 0.01 水平是统计上显著的。因此，拒绝原假设，接受备择假设，即在不同时间对不同地区进行抽样得到的数据存在结构性差异，需要对不同地区烟农主要种植业的成本收益进行分析。分析直接采用 Explore 过程。得到的 M 估计量如表 10 - 17 所示。

表10-17　　分地区的最大似然比稳健统计量

四川样本

P_2	N	Huber's M-Estimator[a]	Tukey's Biweight[b]	Hampel's M-Estimator[c]	Andrews' Wave[d]	P_1	N	Huber's M-Estimator[a]	Tukey's Biweight[b]	Hampel's M-Estimator[c]	Andrews' Wave[d]
烟叶	194	0.9152	0.8808	0.9102	0.8795	烟叶	194	-0.1416	-0.1572	-0.1437	-0.1573
谷物	194	1.3502	1.2695	1.3561	1.2681	谷物	194	0.0596	0.0233	0.0423	0.0233
烟叶	19	1.0826	1.1153	1.0946	1.1165	烟叶	24	-0.0696	-0.0721	-0.0676	-0.0742
豆类	19	0.7818	0.6992	0.7377	0.6996	豆类	24	-0.1410	-0.1874	-0.1769	-0.1874
烟叶	26	0.6392	0.6398	0.6421	0.6400	烟叶	26	-0.3058	-0.3040	-0.3031	-0.3040
油料	26	3.3436	3.3013	3.2952	3.3018	油料	26	0.0473	0.0541	0.0468	0.0540
烟叶						烟叶					
棉花						棉花					
烟叶	13	1.5704	1.5781	1.5982	1.5784	烟叶	13	0.1932	0.2002	0.2050	0.2003
水果	13	0.8161	0.5316	0.5633	0.5328	水果	13	0.2760	0.0881	0.1663	0.0881
烟叶	63	0.8691	0.8159	0.8660	0.8157	烟叶	63	-0.2418	-0.2536	-0.2395	-0.2540
土豆	63	1.6254	1.4561	1.5291	1.4549	土豆	63	0.1016	0.0718	0.0944	0.0722
烟叶	52	0.6938	0.6788	0.6899	0.6789	烟叶	52	-0.3217	-0.3389	-0.3270	-0.3390
红苕	52	1.1441	0.7759	1.0535	0.7687	红苕	52	-0.3169	-0.4191	-0.3120	-0.4200
烟叶	23	0.9632	0.9746	0.9607	0.9745	烟叶	23	-0.0806	-0.0757	-0.0778	-0.0756
蚕桑	23	3.6889	3.5725	3.6602	3.5729	蚕桑	23	1.3067	1.2196	1.2675	1.2161

续表

π₁	N	Huber's M-Estimator[a]	Tukey's Biweight[b]	Hampel's M-Estimator[c]	Andrews' Wave[d]
烟叶	380	-0.0009	-0.0001	0.0048	-0.0002
谷物	380	-0.0066	-0.0048	-0.0174	-0.0657
烟叶	121	0.0802	0.0768	0.0738	0.0767
豆类	121	-0.3309	-0.3541	-0.3143	-0.3551
烟叶	58	-0.1573	-0.1681	-0.1499	-0.1682
油料	58	-0.0952	-0.1174	-0.0919	-0.1172
烟叶					
棉花					
烟叶	20	0.0954	0.0988	0.0931	0.0994
水果	20	0.0819	-0.0355	0.0678	-0.0444
烟叶					
土豆					
烟叶	13	-0.0232	-0.0269	-0.0501	-0.0236
红苕	13	0.5734	0.5328	0.5825	0.5325
烟叶	13	-0.1705	-0.1901	-0.1659	-0.1925
蚕桑	13	0.8855	0.7998	0.8027	0.7994

云南样本

π₂	N	Huber's M-Estimator[a]	Tukey's Biweight[b]	Hampel's M-Estimator[c]	Andrews' Wave[d]
烟叶	380	1.2877	1.2922	1.3353	1.2926
谷物	380	1.0141	0.8906	1.0060	0.8892
烟叶	117	1.2987	1.3236	1.3386	1.3242
豆类	117	0.2281	0.1626	0.2635	0.1623
烟叶	58	0.7510	0.7370	0.7824	0.7363
油料	58	1.3535	1.2721	1.4268	1.2723
烟叶					
棉花					
烟叶	20	1.4219	1.4565	1.4560	1.4629
水果	20	1.0745	.5176	.7518	.5137
烟叶					
土豆					
烟叶	13	1.3206	1.2715	1.2612	1.2714
红苕	13	2.1231	2.0481	2.1565	2.0485
烟叶	13	1.0385	1.0491	1.0639	1.0494
蚕桑	13	3.217850	3.1008	3.2714	3.0979

续表

湖南样本

π_2	N	Huber's M-Estimator[a]	Tukey's Biweight[b]	Hampel's M-Estimator[c]	Andrews' Wave[d]
烟叶	96	1.9370	1.9040	1.9344	1.9034
谷物	96	0.7930	0.7318	0.7885	0.7315
烟叶	23	2.1510	2.0613	2.1163	2.0614
豆类	23	-0.1429	-0.1691	-0.1376	-0.1690
烟叶	36	2.1073	2.0023	2.0699	1.9969
油料	36	1.0982	1.0967	1.1502	1.0964
烟叶	69	1.9741	1.9423	1.9664	1.9430
棉花	69	2.0618	2.0101	2.0804	2.0106
烟叶	18	2.0601	2.0501	2.0558	2.0508
水果	18	0.4810	0.4703	0.5389	0.4722
烟叶					
土豆					
烟叶					
红苕					
烟叶					
蚕桑					

π_1	N	Huber's M-Estimator[a]	Tukey's Biweight[b]	Hampel's M-Estimator[c]	Andrews' Wave[d]
烟叶	96	0.3167	0.2919	0.3150	0.2919
谷物	96	0.1156	0.0987	0.1174	0.0991
烟叶	23	0.3852	0.3621	0.3883	0.3622
豆类	23	-0.5309	-0.5377	-0.5301	-0.5377
烟叶	36	0.4141	0.3891	0.4201	0.3886
油料	36	0.0320	0.0232	0.0281	0.0231
烟叶	69	0.3323	0.3122	0.3290	0.3130
棉花	69	0.4248	0.4080	0.4228	0.4067
烟叶	18	0.5344	0.5295	0.5353	0.5294
水果	18	-0.0128	-0.0698	0.0085	-0.0753
烟叶					
土豆					
烟叶					
红苕					
烟叶					
蚕桑					

注：a、b、c、d 的含义同表 10－16。

由表 10 – 17 可知，除湖南地区烟农的烟草种植表现出一定的高收益外，其余地区烟农的烟草种植均没有表现出应有的高收益。这与前述分析是一致的。

3. 烟农与非烟农种植业成本收益比较

在全部调查样本中，有非烟草种植户 195 家，占全部样本的 22.36%。这使得我们可以对烟农与非烟农在种植业的成本收益方面进行比较。我们仍然首先将全部数据作为同一时点的截面数据来分析。由于非烟农大大少于烟农，因此，采用亩均值进行比较是合理的。但是，总量均值比较在揭示不同农户的成本收益差异方面仍然有其特殊价值。考虑到这一点，在进行比较分析时，我们也采用了总量均值比较。

如前所述，种植烟草在成本支出方面要比非烟草种植高。这主要是因为种植烟草需要专用性设备投资以及更多的人力支出。表 10 – 18 是采用 Explore 过程得到的烟农与非烟农在主要种植成本方面的估计量。

表 10 – 18　　　烟农与非烟农种植业成本比较（M-Estimators）

	N	Huber's M-Estimator[a]	Tukey's Biweight[b]	Hampel's M-Estimator[c]	Andrews' Wave[d]
固定资产	195	698.7528	651.8574	694.1082	651.2695
	677	2 115.9129	1 927.9409	2 067.9726	1 926.2826
固定资产（亩）	195	83.2483	77.9649	81.2769	77.8866
	677	263.0010	226.4787	251.5292	225.9679
物质成本	195	1 780.4087	1 693.5223	1 782.5895	1 693.0879
	677	2 751.9289	2 605.6062	2 728.9629	2 604.0147
完全成本	195	3 717.6442	3 590.2748	3 698.7804	3 589.3917
	677	4 811.6213	4 592.9801	4 793.1889	4 592.6793
物质成本（亩）	195	251.06574	247.59282	250.32209	247.55866
	677	367.83795	365.60408	365.12794	365.58374
完全成本（亩）	195	490.8541	482.2303	491.1833	482.0402
	677	621.5054	619.5344	620.3005	619.4863
农药费（亩）	195	52.0877	49.2057	53.9119	49.1711
	677	29.6527	27.3426	28.7267	27.3283
排灌费（亩）	195	7.9343	5.7935	7.9715	5.6974
	677	9.9259	7.3229	10.6581	7.1884

注：a、b、c、d 的含义同表 10 – 16；每栏第二行为烟农数据。

　　由于种植业办公、差旅及保险费用（元/年）、农膜费（元/亩）、机械作业费（元/亩）、棚架费（元/亩）和销售费（元/亩）的最大似然比统计量无法计算，我们给出了相应的样本均值（见表10-19）。

表10-19　　　　　烟农与非烟农种植业成本比较（样本均值）

	样本数	平均数	标准误差	标准差
种植业办公、差旅及保险费（年）	195	20.3487	3.80957	53.19776
	677	37.1786	5.03496	131.00580
农膜费（亩）	195	8.0731	1.14555	15.99680
	677	28.8593	0.89378	23.25542
机械作业费（亩）	195	11.9692	1.71683	23.97419
	677	14.6273	0.76569	19.92267
棚架费（亩）	195	0.4897	0.32061	4.47702
	677	1.0883	0.31420	8.17524
销售费（亩）	195	1.4103	0.65450	9.13958
	677	5.0817	2.96729	77.20647

　　注：每栏第二行为烟农数据。

　　可以看出，无论是最大似然比统计量还是样本均值，除农药费外，在各主要成本项目上，烟草种植户的成本支出均高于非烟草种植户。
　　表10-20是样本地区烟农与非烟农种植业纯收益比较。烟草种植户在物质成本纯收益（R_2）方面明显高于非烟草种植户，但是，在完全成本纯收益（R_1）方面，烟草种植户的纯收益则大大低于非烟草种植户的纯收益。

表10-20　　　　烟农与非烟农种植业纯收益比较（M-Estimators）

	N	Huber's M-Estimator[a]	Tukey's Biweight[b]	Hampel's M-Estimator[c]	Andrews' Wave[d]
种植业纯收益（R_2）	195	2 661.1137	2 420.1690	2 625.6237	2 416.4519
	677	3 208.4414	2 963.6032	3 196.8092	2 959.0500
种植业纯收益（R_1）	195	964.7699	770.4292	920.4498	770.6215
	677	92.7874	-47.7210	72.4008	-50.6532
种植业亩纯收益（R_2）	195	361.7553	337.0334	358.3411	336.5606
	677	402.6967	396.2553	405.3364	396.2376
种植业亩纯收益（R_1）	195	141.6287	126.4466	135.5068	126.3461
	677	7.7868	7.6244	8.2191	7.6736

　　注：a、b、c、d的含义同表10-16；每栏第二行为烟农数据。

　　烟草种植的高成本、低收益决定了烟草种植户的纯收益率必然低于非烟草种植户，如表 10－21 所示。

表 10－21　　烟农与非烟农种植业纯收益率比较（M-Estimators）

	N	Huber's M-Estimator[a]	Tukey's Biweight[b]	Hampel's M-Estimator[c]	Andrews' Wave[d]
种植业纯收益率（π_2）	195	1.6512	1.5399	1.6409	1.5379
	677	1.1772	1.1539	1.1728	1.1534
种植业纯收益率（π_1）	195	0.3009	0.2652	0.2951	0.2644
	677	0.0082	0.0024	0.0103	0.0021

注：a、b、c、d 的含义同表 10－16；每栏第二行为烟农数据。

　　由于在不同时间对不同地区进行抽样会产生数据的结构性问题，因此需要进一步对不同地区烟农与非烟农的成本收益进行比较分析。出于篇幅考虑，我们只给出了收益率的比较结果（见表 10－22）。从比较中可知，除云南的样本外，其余各烟草种植户无论是在物质成本纯收益率（π_2）方面，还是在完全成本纯收益率（π_1）方面，均低于非烟草种植户。

表 10－22　　分地区烟农与非烟农种植业纯收益率比较（M-Estimators）

	N	Huber's M-Estimator[a]	Tukey's Biweight[b]	Hampel's M-Estimator[c]	Andrews' Wave[d]
四川种植业纯收益率（π_2）	42	2.9795	2.7355	2.8436	2.7306
	196	1.1414	1.1248	1.1395	1.1245
四川种植业纯收益率（π_1）	42	0.4104	0.3400	0.3741	0.3387
	196	−0.0686	−0.0705	−0.0652	−0.0700
云南种植业纯收益率（π_2）	30	0.7717	0.6469	0.7408	0.6437
	384	1.1160	1.0947	1.1121	1.0943
云南种植业纯收益率（π_1）	30	0.0030	−0.0660	−0.0303	−0.0658
	384	−0.0215	−0.0247	−0.0165	−0.0249
湖南种植业纯收益率（π_2）	123	1.5669	1.5246	1.5814	1.5228
	97	1.4683	1.4172	1.4577	1.4182
湖南种植业纯收益率（π_1）	123	0.3335	0.3171	0.3394	0.3165
	97	0.2951	0.2818	0.2913	0.2811

注：a、b、c、d 的含义同表 10－16；每栏第二行为烟农数据。

4. 结论

本章的研究表明，烟草种植并不能给烟农带来更高的收益：从烟农自身的种植结构看，烟草不是收益率最高的项目（见表 10 - 16、表 10 - 17）；从烟农与非烟农种植业收益率均值比较来看，非烟农的收益率高于烟农的收益率（见表 10 - 20、表 10 - 22），而成本则相反。如果考虑到可能获得的非农收入，烟农将处于更不利的地位：样本总体的非农业纯收入的 M 统计量，烟农分别为 497. 4225、140. 7646、285. 3127 和 139. 8705，而非烟农则分别为 3 797. 6126、3 444. 6103、3 956. 6007 和 3 427. 7651，非烟农的非农业纯收入高于烟农的非农业纯收入。

分地区看，非农业纯收入均值分别为：四川烟农 1 121. 1735，非烟农 4 985. 7143；云南烟农的 M 统计量为 713. 8802、305. 9426、514. 8204、304. 8506，非烟农为 6 351. 6465、6 252. 1522、6 529. 3582、6 252. 8632；湖南烟农的 M 统计量为 1 652. 0349、1 099. 2051、1 522. 2286、1 091. 5710，非烟农为 3 436. 4504、3 111. 7523、3 647. 9797、3 102. 5813。烟农非农业纯收入明显低于非烟农。

外出务工是农户的重要收入来源。表 10 - 23 是样本地区和样本总体外出务工收入的 M 统计量和样本均值，显然，烟农的外出务工收入明显低于非烟农。一个可能的解释是，烟农要把更多的时间用于烟草种植，从而在外出务工方面不具优势。

上述情况表明，烟农比非烟农有较高的机会成本。

表 10 - 23　　　烟农与非烟农外出务工收益比较（M-Estimators 和样本均值）

	N	Huber's M-Estimator[a]	Tukey's Biweight[b]	Hampel's M-Estimator[c]	Andrews' Wave[d]	Mean	Std. Error	Std. Deviation
四川外出打工收入	42	1 507. 7009	1 395. 9762	1 575. 9367	1 396. 2254	2 002. 3810	365. 2992	2 367. 4096
	196					810. 4592	115. 0047	1 610. 0662
云南外出打工收入	30					2 243. 3333	704. 6754	3 859. 6662
	384					1 314. 0104	134. 1137	2 628. 0810
湖南外出打工收入	123	2 123. 7312	1 476. 8763	2 133. 6990	1 440. 1127	3 568. 2927	423. 9377	4 701. 6969
	97	882. 6123	386. 2067	715. 4175	382. 7412	2 448. 4536	428. 1615	4 216. 9021
样本总体外出打工收入	195	1 396. 4133	826. 8528	1 217. 9502	821. 6904	3 027. 1795	302. 3079	4 221. 4999
	677					1 330. 7681	104. 8609	2 728. 3982

注：a、b、c、d 的含义同表 10 - 16；每栏第二行为烟农数据。

既然烟草种植并不具有高收益，根据本章所采用的理性小农假说，烟农应当退出烟草种植，以保证实现家庭收入最大化目标。事实上，在样本地区确实有烟农退出烟草种植的情况，但这种情况属于个案，不具有普遍性，烟农并未选择足够规模的退出行为。这似乎与理性小农假说不一致。

烟农没有选择足够规模的退出行为，除烟草种植体制因素外，可能的解释是农户对纯收益有不同理解。

如前所述，对农户而言，纯收益可以有两种不同理解：物质成本纯收益（R_2）和完全成本纯收益（R_1）。这两者的区别在于农户对自我支付的不同理解和处理。

由于农村不存在一个自我支付的劳动市场，农户也就没有一个基于劳动市场的自我支付的工资率概念。这意味着，自我支付实际上是由农户根据生产和积累的需要来调节的。当生产、积累和消费出现冲突时，农户通常会减少自我支付，并将自我支付压缩到可接受的最低限度，以保证家庭预期收入最大化。因此，在农户的生产函数中，自我支付并不构成一个硬的约束，即不存在一个标准的工资率。这样，农户所遵循的行为模式应当是：

生产行为：

$$\max R = pf(K,L) - rK - zN$$

$$s.\,t. \sum rK \leqslant C_{min}$$

消费行为：

$$\max U(c_i,\ x_i)$$

$$s.\,t.\ p(c_i) + \lambda(x_i) \leqslant f(\,\cdot\,) - K(\,\cdot\,) + \tau E_i^x + zN$$

$$\bar{w} \leqslant p(c_i) < w(S)$$

其中，C_{min} 是最小总成本；$\bar{w}$ 是农户可接受的最低水平的自我支付；$w(S)$ 是由积累来调节的自我支付函数。

或者可将农户行为模式等价地描述为：

$$Y(t) = c(t) + I(t) + iS(t)$$

$$Y = pf(K,\ L)$$

$$\begin{cases} \max \int^{T} \beta^t U(c_t) dt \\ s.\,t.\ c = f(K,L) - I - S < w(S) \end{cases}$$

其中，I 是投资；S 是储蓄（积累）。也就是说，农户的自我支付与通行的工资率无关，而由农户的积累计划决定。农户最大化其家庭效用服从于由积累计划决定的自我支付的约束，而不是基于劳动市场的工资率的约束。

如果以上分析成立，R_2 即物质成本纯收益就是农户理解的纯收益，因此，只要有更高的 R_2，农户就会选择种植烟草。由表 10 - 20 可知，烟草种植户的 R_2 确实高于非烟草种植户。

既然 R_2 是农户理解的纯收益并构成农户的目标函数，为什么烟草种植区还存在相当数量的非烟农？可能的解释是，烟草种植不仅要求专用性人力资本，而且在生产过程中存在着为较集中的风险，一旦发生风险，烟农将面临亏损甚至破产。如果农户对风险非常敏感，就不会选择种植烟草，尽管烟草种植有更高的物质成本纯收益。[1]

此外，种植烟草可以及时获得有保证的现金收入，而农户对及时获得的有保证的现金收入通常有更高的效用评价，同时，我国的烟草种植体制具有相当完善的性质。所有这些都会对风险中性的农户产生吸引力，从而成为农户种植烟草的一个重要原因。由此可见，农户选择或不选择种植烟草都是有理性根据的。

本章的分析表明，种植烟草不具有完全成本意义的高收益。与农户的其他农作物相比，烟草的收益率不高，因此，有进行种植替代的经济条件。从三个样本地区看，除云南的样本地区外，其余的样本地区，特别是四川的样本地区可以率先制定有关的烟控政策，有计划地减少烟草种植面积，并进行种植替代，使烟草种植逐步退出。

需要指出的是，由于农户对纯收益有不同的理解，若进行种植替代，必须设法改变农户对纯收益的理解，用完全成本纯收益概念代替对农户决策有重要意义的物质成本纯收益概念。[2]

四、支持烟农向其他农作物和产业转移的政策建议

为了促进烟叶种植替代，减少烟叶生产，保护环境，提高人类健康水平。在中国，政府应加大对烟叶生产的控制力度，不断调整农村种植业结构和产业结构，逐步压缩和转移烟叶种植面积，鼓励烟农转向比较效益高的其他农作物的生产，并逐步转移到非农产业就业（蒋和胜、毛正中、

---

[1]　在调研中，问及为何不种烟时，非烟农种植户的回答常常是种烟辛苦和风险太大。

[2]　在调研中，一些烟农特别抱怨种植烟草的辛苦，并据此认为种植烟草不合算。这类抱怨表明，部分烟农实际上考虑到了合理的自我支付，从而意识到了成本的完整含义。

胡德伟，2005）。

实现烟草种植替代应按照循序渐进的方式，通过市场导向、合理规划、政策扶持等方式逐步进行。今后种植烟草应遵循以下原则：严格遵守自愿原则，不与粮食争地；经济发达地区和粮食主产区的烟叶生产应逐步压缩；自然生态条件发生变化或不适宜种烟地区和烟叶收入低甚至亏损地区，应积极调整经济结构，退出烤烟生产；烤烟主产区应加大基础设施建设，改善农业生产条件，保证其他农产品收益的提高。

（1）经济发达地区通过实施经济综合发展以及国家小城镇化战略，逐步取代烟草种植。

政府应大力扶持乡镇企业发展和实施小城镇建设的规划，重点发展农产品加工业、服务业和劳动密集型企业。明确小城镇建设同发展乡镇企业、推进农业产业化经营、移民搬迁结合起来，引导更多的农民进入小城镇。农民逐步在乡镇企业就业、人口逐步向城镇集中，以种植烟草为主要收入的状况将会明显改变。

（2）鼓励烟叶主产区农民外出务工弥补收入不足，特别是现金收入不足，替代种烟所得收入。

从我们在湖南和云南两省随机抽样调查 297 户农户的现金收入及其构成看（见表 10-24），农民的家庭现金收入来源第一位的是打工收入，占家庭现金收入总和的 49.35%，其次是烟叶，占 29.34%。由于中国农民家庭经营规模小，商品率低，现金收入渠道窄，现金来之不易，为了降低烟叶收入在农民家庭现金收入的地位，应当加快城市化进程，创造更多非农产业就业岗位，鼓励农村富余劳动力进城务工。城市及用工单位应进一步清理和取消针对农民进城就业的歧视性规定和不合理收费，简化农民跨地区就业和进城务工的各种手续，取消一些用工方面的限制。这将有利于烟叶主产区烟农外出务工，弥补他们种烟的收入。

表 10-24　　湖南省和云南省抽样调查的 297 户农民现金总收入及其构成

分项收入	烟叶收入		畜牧水产及副业收入		林木水果收入		其他农作物收入		打工收入	
总收入（元）	金额（元）	占总收入比例（%）	金额（元）	占总收入比例（%）	金额（元）	占总收入比例（%）	金额（元）	占总收入比例（%）	金额（元）	占总收入比例（%）
4 230 893	1 241 327	29.34	699 998	16.54	22 053	0.52	179 541	4.25	2 087 974	49.35

（3）调整烟叶生产布局，引导自然生态条件不适宜烟叶种植或种植烟叶比较收益低甚至亏损的地区，改种其他作物。

从表 10－8 的统计资料来看，2004 年中国 18 个烟叶主产省（市）的烤烟成本收益情况是：甘肃、湖北、陕西、广西、贵州、山东、四川这七个省的成本利润率普遍低于平均水平，政府应逐步调减其种植面积计划，减少收购配额。山东、四川两省成本利润率均为负数，表现出明显的亏损，从成本收益比较看，特别不适宜烤烟生产，应当逐步取消这些省份烟叶的种植与收购计划。江西、辽宁、广东、湖南、重庆、安徽、河南七省的成本利润率略高于平均水平，而吉林、云南、福建、黑龙江四省的成本利润率则明显高于平均水平，比较适宜烤烟生产，对于这些地区，也要稳定烟叶种植面积，逐步寻找替代农作物的生产，以利于烟草控制。

（4）不断加强烤烟主产区基础设施建设，提高农业综合生产能力。尤其是要完善农田水利基础设施，使生产所有农产品都会有所收益，逐步取代烟草。

（5）对转产烟农提供政策支持，增加他们的收入。

包括取消农业税收、补贴资金（如粮食生产直补、良种补贴、农机具购置补贴等政策）、供应平价农业生产资料、建设农业产业化组织、提供技术援助和市场信息等措施，吸引农民由种植烟草转向种植粮食及其他经济作物。

我们在烟叶主产区湖南和云南两省随机抽样调查的 297 户农户中，访谈了其转产意向及要求。由于被访对象大都是留守乡村、坚持务农的农民，因此被问及如果减少种烟或不再种烟的选择时，92.55% 的农民选择了改种其他农作物，只有 7.45% 的农民选择外出打工。问到如果减少烟叶种植，改种其他农作物，希望得到什么支持时，有多达 54.55% 的农户希望政府提供良种支持，有 22.73% 的农户希望得到提供市场销路支持，这两项是最多的（见表 10－25）。因此，支持烟农种植替代农作物时，应重点提供良种支持，加强市场信息服务和市场体系的建设。

表 10－25　　　湖南省和云南省种烟农户转产意向及要求调查情况

项 目 名 称		比例（%）
如果减少种烟或不再种烟的选择	打工	7.45
	改种其他农作物	92.55

续表

项目名称		比例（%）
改种的农作物	豆类	5.50
	棉花	25.92
	玉米	35.22
	粮食	3.69
	土豆	29.67
改种其他农作物希望得到的支持	无息或低息贷款	1.52
	农艺技术支持	6.06
	提供良种	54.55
	提供销路	22.73
	其他措施	15.14

（6）逐年降低直至取消烟叶税。取消烟叶税，有利于割断地方政府财政收入与烟叶生产之间的内在联系，从根本上消除地方政府组织农民种植烟叶的动力机制，打破中国长期以来形成的烟叶生产经营的政府管制格局，让农民自主决定种植什么农产品，如果烟叶收益低，农民就会种植比较收益高的其他农产品，实现烟草种植替代（蒋和胜、毛正中、胡德伟，2007）。

取消烟叶税，可采取循序渐进、分步实施的方式推行，用3年左右的时间，逐步降低烟叶税税率，并同步提高卷烟消费税，最终用消费税取代烟叶税。设想每年降低5~7个百分点的烟叶税税率，同时按总额不变的原则相应提高消费税税率，用3年左右的时间实现取消烟叶税的目标。烟叶税取消之后，地方政府失去了组织或强制农民种烟的财政动因，农民的市场主体地位确立，能够按照市场需求自主确定产销行动，有利于农民选择生产比较收益高的替代农作物，减少烟叶种植。同时，烟叶消费税的提高，将推动卷烟价格上涨，有利于限制卷烟消费。为了有效解决因取消烟叶税而影响烟叶主产区财政收入问题，中央政府应通过转移支付方式，将新增的消费税无偿补贴给地方政府，满足地方财政必要的支出需要。

值得高兴的是，中国政府开始重新审视烟叶在经济发展中的作用，已经认识到烟叶生产不仅具有增加财税和农民收入，促进农民就业的正向作用，同时更有浪费土地资源、污染环境、影响人的健康的负面影响，开始实行控制烟叶种植面积和产量的"双控"政策，尝试调整烟叶主产区农村种植业结构，加之近几年烟叶生产成本上升、市场过剩、价格下降、比较收益低、中央政府的控制等多种因素的作用，近年来中国烟叶生产保持基本稳定并有下降趋势。具体表现在：

一是烟叶种植面积和收购量逐年下降。烟叶种植面积从 1997 年的 235.3 万公顷减少到 2005 年的 136.3 万公顷；烤烟总产量从 1997 年的 390.8 万吨减少到 2005 年的 243.5 万吨。

二是种烟区域逐年减少。通过政策引导，相当一部分烟草种植规模小，生态条件不适宜种烟地区的烟草种植被压缩。1999 年全国有 150 个地级单位，590 个县在种植烟草，到 2005 年烟草种植地级单位减少到 114 个，县级单位减少到 510 个。

三是种烟农户大幅减少。与烟草种植区域的减少相适应，全国种烟农户大幅减少，从 1997 年的 580 万户减少到 2005 年的 364 万户，有 216 万户农民不再种烟。

参考文献：

1. 中国统计局编：《中国统计年鉴》、《中国物价统计年鉴》，中国统计出版社各年版。

2. 中国对外经济贸易年鉴编辑委员会：《中国对外经济贸易年鉴》，中国对外经济贸易出版社各年版。

3. 国家发展和改革委员会价格司编：《全国农产品成本收益资料汇编（2005）》，中国统计出版社 2005 年版。

4. 李心愉：《应用经济统计学》，北京大学出版社 2006 年版。

5. 李子奈、叶阿忠编：《高等计量经济学》，清华大学出版社 2000 年版。

6. 黄海、罗友丰、陈志英：《SPSS10.0 for Windows 统计分析》，人民邮电出版社 2001 年版。

7. 刘铁男、熊必琳：《烟草经济与烟草控制》，经济科学出版社 2005 年版。

8. 蒋和胜、毛正中、胡德伟：《烟叶生产成本及收益的调查与分析》，载《农村经济》2004 年第 6 期。

9. 蒋和胜、毛正中、胡德伟：《烟草控制对中国烟叶主产区农村经济的影响及对策》，载《当代中国经济问题探索》，四川大学出版社 2005 年版。

10. Teh-Wei Hu, Zhengzhong Mao, Hesheng Jiang, Ming Tao, Ayda Yurekli, *The role of government in tobacco leaf production in China: national and local interventions*, Int. J. Public Policy, Vol. 2, Nos. 3/4, 2007.

11. Hu, T. W., Mao, Z., Ong, M., Tong, E., Tao, M., Jiang, H., Hammond, K., Smith, K. R., J de Beyer, and Yurekli, A., China at the crossroads: the economics of tobacco and health [J]. Tobacco Control 2006 (15).

第四部分

烟草税

第十一章 卷烟税对卷烟消费及中国经济的影响

胡德伟　毛正中

吸烟在中国非常普遍。据 1996 年的一项全国调查显示，63% 的成年男性（15 岁及 15 岁以上）和 3.8% 的成年女性是吸烟者（中国预防科学院，1997）。这种流行趋势表明，中国有超过 3.2 亿吸烟者（中国预防科学院，1997）。鉴于吸烟人群的规模这么大，我们可以毫无疑问地得出这样的结论：中国的卷烟消费量高于世界上其他任何一个国家。

众所周知，吸烟对健康造成重大的危害。中国许多卫生部门的官员和公共卫生专家已经认识到控烟的重要性；他们通过公共卫生活动来阻止卷烟的消费，且为之付出了很大的努力。虽然增税是控烟的有效途径，但他们尚未说服财政部、经贸部及农业部支持将增税作为控烟的政策。显然，在对公众健康的关注和烟草制造商的经济利益之间，在政策上存在冲突。中国的烟草制造企业是国有企业，为政府提供了相当可观的财政收入。同时，对一些贫困地区的农民而言，烟草种植是他们主要的收入来源。公共卫生政策制定者和经济政策制定者之间的利益冲突使中国政府陷入两难的窘境。

本章将通过描述、分析提高卷烟税收的经济影响，深入讨论这一政策上的两难选择。

一、卷烟税和政府财政收入

在中国，卷烟税是一种在生产环节征收，或在进、出口过程中征收的产品税。出于计税的需要，卷烟在生产环节定价，而不是在消费环节定价。中国没有销售税征税系统，对卷烟零售商征收增值税。也许是因为烟草制造企业是国有企业这一事实，中国的征税行为与国际惯例有所不同，国际上，税率都表示为零售价格的百分数。在中国，当产品运送到市场上时，国有企业直接就缴纳了税款。政府向厂商征收的税，主要是两部分：按出厂价格计算的 17% 的增值税，以及大约 50% 消费税（考虑了从价和从量税的一个大约的数字）。因此，从厂商的角度看，其缴纳给政府的税款是出厂价格的 67%。但是，如果将厂商缴纳税款和卷烟零售价格相比的话，估计实际税率大约是 38%（Hu, T. W., 1997）。

2005 年，烟草行业上缴利税 2 400 亿元，约占中央政府收入 31 649.29 亿元的 7.6%（国家烟草专卖局，2007；国家统计局，2006）。简言之，卷烟税款收入和利润是中央政府财政重要且可靠的来源。

其他一些因素会进一步增强卷烟税这一角色的重要性：（1）地方政府征收的烟叶税是一些地方税收收入的主要来源，尤其是在一些农业大省（如云南、贵州）；（2）中央政府和地方政府分享卷烟税；（3）作为国有企业的中国烟草总公司向中央政府缴纳了大量的税收和利润。

因此，提高卷烟税税率将会导致烟叶需求的减少以及卷烟产量的下降，中央政府和地方政府都认为会使政府收入减少。本章以下部分将提供详细的分析来阐述，若额外增加卷烟税，认为税收会减少的担心是没有道理的。

二、价格弹性、消费及其对政府财政收入的影响

为了阐述税收对卷烟消费的影响，以及紧接着的对政府财政收入和烟叶生产的重要影响，就必须分析卷烟价格和消费之间的关系。我们用 1980～1997 年的国家集合时间序列数据，进行了这个需求分析。

价格弹性非常重要，因为它测量了卷烟价格的变动对其消费量变动的影响。价格弹性可以应用统计学方法上，通过估计卷烟需求曲线而获得。一条基本的需求曲线通常包含了卷烟价格、居民可支配收入和反映消费者偏好变动的时间趋势等变量。我们已经从部分省份（四川、福建）的数据中估计出几个价格弹性，它们在 -0.40～0.91 之间（毛正中，蒋家林，1997；毛正中，蒋家林等，1997；毛正中，谢启瑞，胡德伟，2000）。本章还运用了《中国统计年鉴》中的人均时间序列数据来估计卷烟需求的价格弹性和需求弹性（China Statistics Bureau, 1986～1998）。

我们运用两个方程来估计这些弹性：一个方程未包含滞后因变量（上一个周期的卷烟消费量），此方程给出一个综合价格弹性；另一个方程包含滞后因变量，它既能给出短期的价格弹性也能给出长期价格弹性。

估计的需求方程如下：

$$\ln Q_t = 3.80 - 0.525P_t - 0.002I_t + 0.102T_t$$
$$\quad\quad\quad\quad (6.323)\quad(1.003)\quad(13.172)$$
$$\overline{R}^2 = 0.962 \quad\quad\quad\quad\quad\quad DW = 2.17 \quad\quad\quad (11-1)$$

$$\ln Q_t = 1.677 - 0.331P_t + 0.007I_t + 0.566\ln Q_{t-1} + 0.047T_t$$
$$\quad\quad\quad (2.399)\quad(0.443)\quad(2.261)\quad\quad\quad(1.594)$$
$$\overline{R}^2 = 0.976 \quad\quad\quad\quad\quad h = 1.25 \quad\quad\quad (11-2)$$

其中，

$\ln Q_t$ 表示 t 年（1980～1996 年）人均卷烟销售包数的对数；

P_t 表示 t 年以 1980 年价格计算的每包卷烟的价格（单位：元）；

I_t 表示 t 年以 1980 年价格计算的人均收入（单位：元）；

T_t 表示时间趋势，其中：1980 = 1，……，1996 = 17；

R^2 表示经自由度调整的决定系数；

DW 表示检验自相关的 DW 统计量；

h 表示在滞后变量方程中检验自相关的统计指标；

括号中的值为 t 值。

方程（11-1）不存在自相关。方程（11-2）存在自相关，但已使用 Cochran-Orcutt 方法进行了修正，其 h 值显示自相关被消除了。既然这两个方程是以半对数的形式给出的，那么价格弹性就可以通过将变量"价格"的系数与 1980～1996 年间的样本平均价 1.03 元相乘而计算出来。由方程（11-1），可计算出综合价格弹性为 -0.54，通过方程（11-2）计算出短期价格弹性为 -0.35，长期价格弹性为 -0.66。设定 0.01 的检验水准，所有这些价格弹性均是显著的，且这些用全国资料估计的价格弹性在以前用省的资料估计的价格弹性范围之内。运用此处估计的价格弹性，我们就可以阐述卷烟税对卷烟消费和政府税收的影响这一主题了。

我们用 1997 年的价格和销售数据来说明卷烟税增加对卷烟销售量的影响以及由此引起的税收变化。卷烟的名义平均零售价为 4.00 元/包，为简便起见，我们用"元"作为货币单位；卷烟销售量为 3 367 万箱，即 841.75 亿包；实际税率（以零售价格计算）为 38%，为计算简便，我们将其假设为 40%，即 1.60 元。如果中国政府征收的卷烟税由 1.60 元/包增加到 2.00 元/包，即税率上升 25%，那么卷烟的零售价将会是 4.40 元/包，即零售价上涨 10%。结合上述估计出的价格弹性 -0.54，我们可以得知卷烟消费量会减少 5.4%，即 45.45 亿包，新的卷烟消费量为 796.3 亿包，这时的税收收入 1 592.6（79.63×2）亿元，与之前的税收收入 1 346.8 亿元（841.75×1.60）比较，可以得到新增加的税收是 245.8 亿元。同理，如果假定价格弹性为 -0.64，那么卷烟消费量会减少 53.87 亿包，但税收将会增加 228.9 亿元。总之，当消费量下降比例被价格上涨比例抵消后，税收增加将会同时导致卷烟消费量下降和税收收入增加。长期价格弹性为 -0.66，大于短期的 -0.35，这就意味着卷烟消费量会进一步下降，这是中国政府所关注的。然而，国际经验显示，吸烟者需要很长的时间来适应税率的增加。

三、中国卷烟经济的状况和健康成本

为了分析烟草税对烟草经济的负面影响，阐明卷烟经济在农业和工业中的地位是非常重要的。

1997 年，中国种植了 216.1 万公顷烟草，生产了 3 908 亿吨烟叶，平均生产率为 1.81 吨/公顷。据估计，烟草生产涉及约 560 万农户，这些农户中的大多数人也在种植其他农业作物，他们的收入并非完全依靠烟草（Nie，H. P.，2000）。烟叶价格由政府制定，1997 年的平均价格为 242 元/50 千克，1997 年，烟叶的总值为 229 亿元。

中国的烟草制造业 1997 年生产了卷烟 3 367 万箱（每箱 2 500 包），价值 1 296 亿元。卷烟是附加值极高的产品，烟草制造业的平均利润率达到了 10.3%（Hong Kong City University，1999）。据估计，每制造一箱卷烟会耗费 0.041 吨烟叶（Wang，S.，Li，B.，2000）。烟草工业共雇佣大约 50 万生产工人，另外还有 350 万人从事卷烟零售（Zhu，J.，1996）。然而，只有一部分零售商仅仅从事卷烟零售，因为卷烟只是零售商品的一种。

吸烟的危害之一在于对医疗保健成本的影响。吸烟对人体是有害的，会通过与抽烟相关的一系列疾病，比如肺癌、心血管疾病等，导致过早死亡。由于导致疾病和早亡，吸烟产生了大量的医疗保健费用，降低了生产力。

最近由姜垣等完成的一项研究（姜垣、金水高，1998），采用中国 1998 年的死亡率数据（Liu，B. Q.，Peto，R.，Chen，Z. M. et al.，1998），估计出 1998 年吸烟相关疾病导致 51.41 万例早亡；其中，癌症致死 21 万例，

呼吸系统疾病致死 19. 03 万例，循环系统疾病致死 11. 37 万例。假定 60 岁退休，以此作为生产年龄的参照，可以估计出因吸烟而丧失的人年数是 114. 6 万。

我们也用 1998 年全国卫生服务调查的数据来估计可归因于吸烟的直接医疗费用。据估计，有 3. 47 亿次门诊和 152 万次住院可归因于吸烟有关的疾病。其中，门诊服务费用 171 亿元，住院服务费用 58 亿元，因此，可归因于吸烟的直接医疗费用为 229 亿元。1998 年中国医疗服务总费用为 3 776 亿元（卫生部，1994），吸烟导致的医疗费用占到中国医疗卫生支出的 6%。

四、卷烟税对经济的影响

由于提高卷烟税会降低卷烟消费，所以，提高卷烟税会给卷烟产业及烟农带来负面影响。因此，估计这些负面影响就显得非常重要了，这样才能为政府政策制定者在做出有关卷烟税的决策时提供足够的信息。

当对卷烟增加税赋时，直接影响是销量减少，而这又将导致卷烟业收入和就业人数减少。总的来说，卷烟制造业雇佣了约 50 万人，卷烟产品价值为 1 296 亿元（中国统计局，1986~1998）。

如果我们在 40% 税率的基础上增税 25%，如前所述，卷烟销量将会减少 45. 45 亿包（估计价格弹性为 - 0. 54）。卷烟的净价为 2. 4 元/包（不含税价，4. 4 - 2 元），因此卷烟业损失的收入总量为 109. 1 亿元。卷烟制造业的平均利润率为 10. 3% （Hong Kong City University，1999），利润损失为 11. 2 亿元。

如果我们将就业人数看做产量的线性函数，那么卷烟销量降低 5. 4%，就业率也会下降相同的比例，这将导致约 27 000 人失业。按平均线性生产关系，这可能是失业的最大数量。在多数情况下，由于提前退休和工作转移，减员率会低一些。如果要估计失业的 27 000 人的价值，假定年收入为 7 200 元（卫生部，1994），那么总收入损失就是 1. 944 亿元。

中国烟草总公司已经在着手关闭无效率的工厂，进行生产的整合。提高税赋和卷烟销量的降低可能会对提高卷烟生产效率起到进一步的推动作用。消费量的减少可能会导致卷烟制造业走向多元化生产的道路，而且，吸烟者节省下来的收入还可以用于食物或日用品的消费，因此，对就业的实际影响会比估计的小得多。

根据政府采购计划，中国烟农近年来一直在超额生产烟叶（Wang,
S.，Li，B.，2000）。1997 年，烟农在 216.1 万公顷的土地上生产出
39.08 吨烟叶，平均生产率为 1.81 吨/公顷。制造一箱卷烟（每箱 2 500
包）需耗费 0.041 吨烟叶，因此，税率提高 25%，销量减少 45.45 亿包
（即 182 箱），这将导致烟叶需求量减少 74 600 吨；烟叶的政府平均购买
价是 242 元/50 千克，因此，烟农将损失 3.611 亿元。种植烟叶的土地会
减少 41 215 公顷，但这并不意味着将这些土地闲置荒芜，其仍可用来种
植其他经济作物，如茶叶、向日葵。虽然种植这些作物带来的收益可能没
有烟叶那么高，但通过种植替代作物，烟农的年收入损失会比估计的
3.611 亿元少得多。

烟农烟叶销量的减少也意味着地方政府税收的减少。如前所述，地方
政府为了获得财政收入，鼓励烟农出售烟叶，烟叶的税率在 1999 年以前
是 30%（1999 年以后为 20%），由于烟农将损失 3.611 亿元，地方政府
将损失 1.083 亿元的财政收入。

考虑到卷烟工业收益和烟农收入的损失，政府可能会对卷烟制造企业
和烟农进行补贴，以期其可以转向其他产业和作物，提供新的生产机会。
无需赘言，转产是有成本的，收入及高就业也有不确定性，因而需要通过
进一步的研究或小规模的试点来考查提高税赋给烟草工业及烟农带来的实
际负面经济影响。

五、提高卷烟税赋的健康收益

据估计，卷烟的价格需求弹性可以分解为两部分：进入（或退出）
弹性和吸烟者需求量的条件弹性：大约 1/3 来自戒烟的减少，2/3 来自吸
烟者减少消费量；或者，一半来自戒烟，一半来自吸烟者卷烟消费量的减
少（Warner，K. E.，Chaloupka，F. J.，Cook，P. J. et al.，1995）。

如果在每包 4 元（基于 40% 的税率）的零售价格基础之上增税 25%
（0.4 元），那么新的零售价将会上涨 10%，涨至 4.4 元。以价格弹性
-0.54 为例，中国有 3.2 亿人吸烟，且价格由于上涨了 10%，那么，有
1.8%（576 万人）~2.7%（864 万人）的吸烟者会戒烟。根据世界银行
公布的流行病学分析报告（World Bank，1999），会有 144 万~216 万人
的生命因价格上涨 10% 或税率上升 25% 而得以拯救。

较近的一项研究已经估计出（Jiang, Y., Jin, S., 2000）：归因于吸烟的直接经济成本是 229 亿元，或每个吸烟者 72 元（229 亿元/3.2 亿人）。576 万~864 万人戒烟意味着节约直接医疗消费 4.15 亿~6.22 亿元。

因此，在中国，提高卷烟税能够减少卷烟消费量，使政府获得更多的税收，并能拯救生命，减少直接医疗成本，提高生产率。

六、结论和建议

由于卷烟对公共卫生和医疗保健成本的影响，世界上的许多国家已经采取行动控制卷烟消费。在这一点上，中国有着独一无二的地位，因为其具有较高吸烟率，因此提供了庞大的税基。若提高卷烟税，则对于增加中央政府财政收入和减少卷烟消费有显著的作用。

通过对提高卷烟税影响的分析可以看出，税率上升 25% 会使卷烟销量减少 45.4 亿包，使税收收入增加 245.8 亿元。统计分析表明，576 万~864 万吸烟者会戒烟，144 万~216 万人的生命得以挽救，能够节约 4.15 亿~6.72 亿元医疗费用，而这还没有包含避免早亡、生产率提高所带来的收益。这些货币收益可以抵消下列损失：烟草工业收入损失 109.1 亿元（包括 11.2 亿元的利润），27 000 人失业（带来每年 1.944 亿元的工资收入损失），烟叶损失 3.611 亿元（烟叶过剩 0.0746 吨带来的损失），地方政府收入减少 1.086 亿元。实际上，上述货币收益远远超过了给卷烟工业和烟农带来的负面影响。不计算拯救生命年及减少的医疗费用，仅从财务角度来看，中央政府的税款收入是烟农收入损失、烟草业工人收入损失、产业损失及地方政府收入损失之和的两倍。

中国是烟草生产和消费大国，提高卷烟税对政府而言，既是一个公共卫生议题，又是一个经济议题，本章对这两方面都进行了阐述。一个重要的问题是：提高卷烟税对不同经济部门以及农村烟叶主产区的影响。短期的解决办法是：以增加的烟草税对烟农和烟草工业进行补助；长期的解决办法是转向其他产品的生产。

本章仅限于国内卷烟生产和消费的研究，卷烟走私及中国加入世界贸易组织（WTO）的可能影响均未涉及。中国加入 WTO 已经使得政府进一步关注提高卷烟税对国内外卷烟生产的影响。本章的结论清晰地表明：对中国政府而言，提高卷烟税无论是从财政方面，还是从公共卫生方面考虑都是有利的。

参考文献：

1. 中国预防医学科学院：《1996 年全国吸烟行为的流行病学调查》，中国科学技术出版社，1997。

2. 中国烟草专卖局：《中国烟草年鉴（2005）》，中国经济出版社，2007。

3. 国家统计局：《中国统计年鉴（2006）》，中国统计出版社，2007。

4. 卫生部：《国家卫生服务研究——1993 年全国卫生服务调查分析报告》，1994 年。

5. 国家统计局：《中国统计年鉴》，中国统计出版社，1986 ~ 1998。

6. 毛正中、蒋家林、龚志平：《卷烟需求与价格政策》，载《中国卫生经济》1997 年第 16 期，第 50 ~ 52 页。

7. 姜垣、金水高：《1998 年中国居民吸烟归因社会经济负担》，载《中国 21 世纪控烟策略研讨会报告》，2003 年。

8. Nie, H. P.. How to Deal With WTO—Issues of China Tobacco Leaf [in Chinese]. China Tobacco 2000；183（7）：pp. 21 – 22.

9. Hong Kong City University. China Markets Yearbook, Cigarettes. Hong Kong：Hong Kong City University, 1999：P. 224.

10. Hu, T. W.. Cigarette Taxation in China：Lessons from International Experiences. Tobacco Control 1997；6：pp. 136 – 140.

11. Wang, S., Li, B.. 1999 – 2000：Analysis and Estimate of the Situation of China's Tobacco Sector [in Chinese and English]. Sino World Tobacco. 2000；47：pp. 6 – 11.

12. Zhu J. How to Coordinate the Conflict between Tobacco Control and Tobacco Production in China. Periscope 1996；46：pp. 12 – 13.

13. Liu, B. O., Peto, R., Chen, Z. M. et al. Emerging Tobacco Hazards in China：I. Retrospective Proportional Mortality Study of One Million Deaths. BMJ. 1998；317：pp. 1411 – 1422.

14. Warner, K. E., Chaloupka, F. J., Cook, P. J. et al. Criteria for Determining an Optimal Cigarette Tax：the Economist's Perspective. Tobacco Control. 1995；4：pp. 380 – 386.

15. World Bank. Curbing the epidemic：government and the economics of tobacco control. Washington DC：World Bank, 1999：P. 23.

第十二章 专项烟草税：可以学习的经验

胡德伟 Xiao-peng Xu Theodore Keeler

一、引言

专项税是指用于指定的政府或公共服务的税收（Buchanan，1963），换句话说，"专项"需要同时对税收水平和支出做出逐项选择。虽然关于专项税的文献较少，但将专向税用于各种政府服务的实际案例却很常见。事实上，美国有 1/3 的联邦、州和地方政府的支出都来源于专项税（Mcmahon and Sprenkle，1970）。判断税收是否合理通常基于受益原则。例如，将汽油税或汽车税用于高速公路融资，地方政府将财产税用于居民服务（包括当地公立学校的教育）。专项税的另一个例子是社会保障税，通常用于员工退休后的收入。很明显，政府专项税融资已非新事物。

同样地，对烟草制成品课税也不是一个新现象。几十年来，烟税在国际上已经相当普遍，它也一直是中央或地方税收的重要部分。然而，相对而言，将部分烟税专项用于特定的支出却是最近才出现。判断卷烟税是否合理的基本原则如下：（1）将卷烟税看做一种具有低管理成本、能够为政府获得财政收入的有效工具。例如，1951 年，美国在朝鲜战争期间就利用烟税来增加国家收入；1975～1976 年期间，芬兰也如此。（2）将卷烟税视为"使用者付费"或"罪恶税"。有人认为它包含了吸烟的外部成本，并阻止了吸烟者吸烟。因此，通过降低与吸烟相关疾病的发病率和死亡率，烟税减少了与烟草相关医疗保健的成本。1964 年，在美国医疗卫生总监发布有关"吸烟与健康"的报告之后，上述以增加烟税来抵制吸烟第二个原则得到体现。从 1980 年起，一些国家（如澳大利亚、加拿大和新西兰）就纷纷将提高烟税作为减少卷烟消费的一种手段。在 20 世纪 80 年代晚期和 90 年代早期，很多国家也纷纷通过提高烟税来控制烟草使用以及将烟草税收的一部分来用于支持反吸烟的相关活动和健康相关的支出（如健康促进或医疗保险）。因此，从某种意义上讲，烟税在很多情况下已成为专项税的一种形式。

使用专项税的原则之一是：当能够很容易确定指定的公共物品或服务的使用者或受益人时，专项税能够缓解对这些公共物品或服务的一般税收融资的压力。因此，可将专项税看成是对这些公共物品或服务直接收费的替代物。

然而，公共财政专家认为"专项"可能不是一种好的税收预算方式，因为它引入了"刚性"，因而不允许在竞争的使用中进行适当的调配。另一方面，有人认为将烟税用于健康促进和疾病预防可能是合适的，这符合税收的受益原则，即更好的健康行为和健康状况会导致更好的支出决策。实质上，"专项"可能因此成为导致预算刚性的一项专断的财政政策，也可能成为税收受益形式的一种有用策略，而这取决于如何使用烟税（Musgrave and Musgrave，1980）。

在过去的10年里，很多发达国家（特别是美国）都将专项烟草税用于卫生事业，这已成为一种普遍的财政手段和一项公共卫生政策。政策的形成以及专项烟草税对消费、政府收入、烟草业及总体经济的影响，都值得其他国家来考察一番。由于很多欠发达国家（LDCs）也是烟草生产国，维持烟农和烟草业的福利对他们的经济具有很大的利害关系，所以，这样的信息对他们特别有用（Warner，1990；Warner and Fulton，1994）。考查专项烟草税的经济含义和一般社会福利损失或获得非常重要，这有助于将来制定更可靠的控烟政策。

本章的目的是回顾专项烟草税的国际经验，分析专项烟草税的经济含义，借鉴这些税收的经验，为国际社会提供选择和进一步的建议。接下来一部分将会提供政策的具体内容，介绍美国、加拿大、芬兰、澳大利亚实施专项烟草税所造成的直接和间接影响。此后将会介绍不同经济部门一般社会福利损失或获得的理论估计和试探性的定量估计（以美国和中国为例）。最后，提出一些选择和建议。

二、专项烟草税的美国经验

美国的烟税由联邦政府和州政府征收。从1995年12月起，50个州之间每包烟的烟税差距很大，从弗吉尼亚的2.5美分到华盛顿州的81.5美分（Fishman et al.，1996）。几个州已将烟税用于政府支出。虽然加州

的烟税不是最高的（在 1995 年仅名列第 18 位），但在 1988 年它却第一个
立法对烟草征收附加税，以此来阻止卷烟的消费，并进一步指定将这些税
收专项用于反吸烟的健康教育项目、穷人卫生保健、研究、环境项目和烟
草的健康相关研究（Bal，1990）。1988 年，全体居民投票以 58% 比 42%
通过了《加利福尼亚烟税和健康促进法》（99 号提案），将该州的卷烟消
费税从每包 10 美分增加到每包 35 美分。该法案的目的是在 2000 年时实
现将加州成人的吸烟率减少 75%（即成人吸烟率从该法实施前的 26% 降
到 6.5%）。该法案创立了“烟草产品附加税基金”，该基金由 6 个部分组
成：20% 用于健康教育和媒体宣传，35% 用于贫困者的医院服务，10% 用
于贫困者的医生服务，5% 用于研究，5% 用于环保，剩下的 25% 作为不
可分配账户。对烟草征收附加税和将税收专用的理由如下：

第一，吸烟有害健康，增加了吸烟者的卫生保健成本，因此给非吸烟
者（他们是纳税人并且支付了保险费）造成了负担；

第二，吸烟会使非吸烟者暴露于烟雾中；

第三，除了税收之外，还需要其他资源来启动控烟项目以阻止年轻人
和成年人吸烟。

专项烟草税的基本原则是通过媒体、学校、工作场所和公共场所来开
展人群控烟项目，这样既可以降低吸烟率又可以保护非吸烟者。可以肯
定，99 号提案的制定和实施需要在公共卫生组织、政治家和烟草业之间
进行大量且复杂的谈判（Novotny and Siegel，1996）。在 1989～1995 年之
间，约有 15 亿美元的税收被拨到专项账户。

人们运用大量计量经济学的分析来研究提高烟税对加州卷烟消费的
直接影响（Flewelling et al.，1992；Glantz et al.，1993；Hu et al.，
1994）。他们的研究均显示：加州的人均卷烟消费量有显著的减少。这
与 99 号提案的实施有着直接的关系。例如，据报道：提税后 6 个月，
成人每月卷烟的人均消费减少了 1 包，约减少了 11%（Hu et al.，
1994）。提税后 1 年，成人每月人均减少量保持在 3/4 包，即在以后的
3 年里约减少了 10%。从 1989 年 1 月到 1992 年 12 月，仅由于提税就
使得卷烟的消费减少了 13 亿包（Hu，Sung and Keeler，1995）。其他研
究也证实了上述发现（Pierce et al.，1994；Glantz et al.，1993）。

虽然提税使得卷烟的销售量显著下降，但是加州的税收却迅速的增
长。从增加的零售价来看，这是由于烟税增加的百分比高于卷烟销售量减
少的百分比。在这期间，加州卷烟需求价格弹性的估计值约为 - 0.40

（Keeler et al. ，1993；Sung et al. ，1994），即价格增加 10% 会使得需求量
减少 4%。因此，价格增加的百分比比需求量减少的百分比多 6 个百分
点，换句话说，提高价格所增加的值大大超过了销售减少损失的值，因
此，税收会增加。1989 年，尽管总卷烟销售量减少了 14%（1988 年的
25.38 亿包对 1989 年的 21.84 亿包），但加州的实际卷烟税收却增加了
200%（1989 年的 7.64 亿美元对 1988 年的 2.54 亿美元）。虽然卷烟的销
售每年继续下降，但税收却持续高于提税前（1988 年）时期。1993 年，
加州的烟税收入仍然比 1988 年高 170%（6.9 亿美元），见表 12 - 1。

表 12 - 1　　　　　加州卷烟的销售量、税收和税率（1989～1993 年）

年　份	销售量（百万包）	税收（百万美元）	税率（美元）
1987	2 563	25 825	0.10
1988	2 538	25 385	0.10
1989	2 184	76 442	0.35
1990	2 205	77 170	0.35
1991	2 054	71 909	0.35
1992	2 019	70 670	0.35
1993	1 970	68 964	0.35

资料来源：加州税收平衡局。

　　这对控烟的政策制定者和税收部门来说是一项非常重要的发现。只要
卷烟需求价格弹性值小于 - 1，提税就会导致总税收的净增加。需求弹性
越小，提税对减少卷烟消费的影响越小，税收增加得越多。为使卷烟消费
的减少和税收的增加均达到预期水平，我们有必要了解卷烟需求价格弹性
的大小。

　　另一方面，征收卷烟附加税给烟草业带来了明显的直接负面影响。据
估计（Glantz et al. ，1993），1989～1993 年 6 月期间，99 号提案减少的
卷烟消费量达 8.02 亿包，导致烟草业税前销售额损失 11 亿美元，利润损
失约 2.86 亿美元。

　　如前所述，加州 99 号提案的特有之处是指定将卷烟税收专用于控烟
活动、烟草相关的疾病研究和穷人卫生保健服务支出。例如，每年投入
1.25 亿美元用于健康教育。由于税收的增加，加州卫生服务部投入 2 600
万美元在全州范围内进行了改变某些特定人群（包括成人吸烟者、孕妇、

儿童和少数族裔）烟草相关态度和行为的媒体宣传活动。

　　对 1989 ~ 1992 年加州的卷烟销售数据进行时间序列回归分析显示，每包 25 美分的州税和媒体的反吸烟宣传都对减少卷烟消费具有统计学意义（Hu，Sung and Keeler，1995）。这项估计显示，由于增加了额外的 25 美分州税，从 1990 年第三季度到 1992 年第四季度，卷烟销售量减少了 8.19 亿包，而同时期，由于媒体的反吸烟宣传而减少的卷烟销售量为 2.32 亿包。换句话说，征税和媒体的反吸烟宣传都是减少卷烟消费的有效手段。然而，效果的强度会受增加税收的大小和媒体宣传开支大小的影响，它们代表了两种不同的减少卷烟消费的方法。或许我们在对比媒体宣传的效果时，容易过高地估计税收的控烟效果，实际上，征税提供的是一种经济方面的抑制手段，而媒体宣传着眼于卷烟消费需求的心理基础，主要通过教育公众起到作用。

　　加州 99 号提案的实施表明，提税和将部分税收用于反吸烟宣传是减少卷烟消费的有效方法。税收是减少卷烟消费的一种既经济有效又获得财政收入的方法，同时，提高税收也可能并不能阻止某部分人群吸烟，而由烟草税收提供专门经费的媒体宣传却可能会影响这部分人群。因此，对控烟政策制定者们来说，烟草附加税和将部分税收专用于媒体及其他反吸烟教育宣传为他们提供了具有吸引力的政策工具。

　　99 号提案还产生了其他影响，例如，减少了非吸烟者的环境烟草烟雾暴露。据加州卫生服务部门 1994 年的报告，由于生活在无烟家庭儿童数量的增加，儿童环境烟草烟雾暴露的保护增加了 6.2%（1993 年家里的保护从 75.2% 增加到 80.4%）。另外，加州还有 22.8% 的成人在工作场所暴露于环境烟草烟雾（Pierce et al.，1994）。

　　其他专项税收被用于课堂教育，有超过 2/3 的加州学龄儿童受到影响。加州还有超过一半的学生（多于 290 万人）参加了反吸烟集会和社区项目，这包括通过运动、戏剧和音乐等活动来教育青少年。公立学校的健康教育、教师培训和传授预防烟草使用的新方法也被广泛使用。这些措施对卷烟消费的实际影响很难定量证明，然而，公众的意见显示，加州 95% 的公民赞同 99 号提案发起的烟草教育活动（Tobacco Education Oversight Committee，1993）。

　　吸烟导致医疗服务使用的增加，给社会带来了经济负担，所以有人认为卷烟税是一种"罪恶税"。在 1989 ~ 1994 年之间，加州卫生服务部门获得了 6.60 亿美元的医院和医生服务的费用，它们是贫困病人的医疗费用。

加州的反吸烟法（99 号提案）是加州选民的一个巨大成功。美国其他很多州（包括马萨诸塞州、俄勒冈州和亚利桑那州）也通过将税收专用于特定的健康教育和医疗用途而实施了类似的法律。密歇根州将烟税专用于当地的公众教育。本章将简要总结马萨诸塞州、亚利桑那州和俄勒冈州的经验。

1992 年 11 月，马萨诸塞州的选民通过了一份不记名的请愿书：从1993 年 1 月 1 日起，每包烟的烟税从 26 美分提高到 51 美分（即提高了25 美分）。这份申请要求立法机构将提税的收益用于烟草控制和健康教育。1 年后（1994 年早期），该州开始资助当地的卫生部门和青少年项目以减少环境烟草烟雾的公共支出和限制青少年获取卷烟。该州在支持健康教育项目、初级保健医生和其他帮助戒烟的服务方面也做出了巨大努力。1996 年 6 月，马萨诸塞州烟草控制项目（MTCP）支出总计为 1.16 亿美元（包括用于大众媒体宣传的 4 300 万美元）。

马萨诸塞州提高烟税、实行专项支出和反吸烟媒体宣传的影响显示，在请愿书实施 3 年以后的 1993 年，吸烟率从 1990～1992 年的 23.5%下降到 21.3%（Centers for Disease Control，1996）；每位成年人的卷烟消费量也从 1992 年的 117 包减少到 1996 年的 94 包，减少了 19.7%。这还只是一个总体估计值，并没有包括由于邻州（新罕布什尔州）低税所引起的跨境购买的可能性和全国总体卷烟消费量下降趋势的影响。

通过比较马萨诸塞州、加州和其余 48 个州（及哥伦比亚地区）每位成年人卷烟的购买包数，疾病控制中心（CDC，1996）的报告显示，从1992～1996 年，马萨诸塞州人均卷烟消费量下降了 19.7%，加州下降了15.8%，但是其他地方仅为 6.1%。CDC 总结到，马萨诸塞州和加州卷烟消费的下降说明与仅仅采用提税的方法相比，提税再结合使用专项支出进行反吸烟宣传的方法在减少人均卷烟消费方面将更为有效，如表 12 - 2所示。

一项基于 1992 年、1993 年和 1994 年对青少年调查数据的全国性研究（Chaloupka and Grossman，1996）进一步证明，那些将部分烟税专项用于反吸烟教育、媒体宣传或学校教育的州已对青少年吸烟的可能性和年轻吸烟者平均每日的卷烟消费量产生了负向的、具有统计学意义的影响。

表 12 - 2   1990 ~ 1996 年美国部分地区每位成年人*每年购买卷烟包数+

年　份	马萨诸塞州	加州	其余州和哥伦比亚地区
1990	125	100	139
1991	120	92	134
1992	117	89	131
1993	102	88	125
1994	101	73	127
1995	98	76	125
1996**	94	75	123

注：*年龄≥18 岁；+基于卷烟批发商的报税收据；**以 1 ~ 6 月累积值的 2 倍来估计。
资料来源：美国疾病控制中心（1996）。

亚利桑那州的选民在 1994 年的全国大选中通过了《烟草税和卫生保健条例》，该法将烟税从每包 18 美分提高到每包 58 每分。额外的税收（所增税收的 23%）将专用于建立一个"健康教育账户"，另外，该法将所增加税收的 70% 用于有治疗需要却付不起医疗费用的低收入儿童的卫生保健，5% 用于烟草相关疾病和成瘾的预防与治疗研究，剩下的 2% 用于在未来烟税收入下降的情况下作为一个调整账户使用。

1995 年 7 月《卫生保健条例》正式立法生效。亚利桑那州的卫生服务部负责基金管理，1996 年 1 月实施媒体宣传，1996 年 4 月开始进行调查评估，但至今仍无发表的成果。

在加州、马萨诸塞州和亚利桑那州提高烟税之后，1995 年后期，俄勒冈州全州范围内卫生保健和烟草使用预防界联合发表一项公民申请：从 1997 年 2 月 1 日起将每包卷烟税从 38 美分提高到 68 美分，将非卷烟烟草制品税从批发价的 35% 提高到 65%。该申请允许将新烟草税收的 10% 用于发展和实施全州的烟草使用预防和教育项目，其余的 90% 用于扩大没有很好享受医疗服务的人在《俄勒冈州卫生计划》内的保险额。亚利桑那州和马萨诸塞州都是最近才开始征收烟草附加税并将税收专用于控烟，它们都处于影响效果评价的初级阶段。

除了这四个州，密歇根州为增加学校的财产税基金，也于 1994 年将每包卷烟的烟税提高 25 美分。蒙大拿州（1990）和科罗拉多州（1992）也尝试发动公民提高烟税并将税收专用于控烟活动，但却未能获得选民的同意。

　　总之，美国四个主要的州已经采用选民的立法提案权来支持烟草附加税和将部分新税收用于健康教育、烟草预防和卫生保健服务，如表 12 - 3 所示。虽然分配的百分比不同，但是最大的部分（至少50%或更多）还是用于了卫生保健。健康教育和媒体宣传已被看做是常见的专款项目。关于专项烟草税的经济效率和对社会福利的损失或获得的问题将在下一部分分析。

表 12 - 3	美国四个州的专项烟草税			
	加州[a]	马萨诸塞州[b]	亚利桑那州[c]	俄勒冈州[d]
开始年份	1988	1992	1994	1995
烟税增加量（美元）	0.25（增加到0.35）	0.25（增加到0.51）	0.40（增加到0.58）	0.30（增加到0.68）
专项税的分配				
健康教育或媒体宣传	20%	65%	23%	10%
穷人卫生保健	50%	33%	70%	90%
研究	5%	2%	5%	——
环境	5%			
未分配	20%		2%	

　　资料来源：a——Bal（1990）；b——美国疾病控制中心（1996）；c——美国疾病控制中心（1997）；d——亚利桑那州卫生服务部，预防和健康促进中心。

三、专项烟草税的经济效应：理论及其影响

　　评价税收的基本原理第一是效率，第二是公平。税收效率是指消费者在各种商品和服务中的选择改变最小时，税收将取得最大。消费者对某个商品价格变化的反应越小（即需求缺乏弹性），征税越有效率。如果税已转变为价格的增加，那么对价格变化的反应越小意味着消费者满意度的负面变化越小。由于卷烟的需求被认为是相对缺乏弹性（在许多已工业化的国家中，卷烟的需求价格弹性估计值为 - 0.4 ~ - 0.5），因此卷烟税应是有效率的。英国的一项研究（Jones and Posnett，1988）显示，税率增加1%会使收入增加0.9%。加州的例子也说明卷烟税是获得财政收入的一个强有力的工具。

　　税收的公平原则是指税收负担公平地分配于各纳税人。评价公平有两个原则：第一，税收应以个人从政府提供的服务中所享受的利益为基础；

第二，税收应以个人的支付能力为基础。这两个原则未必总是互相一致或对立，这取决于征税的类型。例如，一些消费税的征收是基于受益原则，而所得税的评定是基于支付能力原则。控烟的支持者引用受益原则说明吸烟者应该为吸烟造成的负担（负面利益），如污染、社会成本（如火灾）和附加的医疗成本等付费。这些负担通过保险费的形式加重了他人的负担或增加了政府开支。"使用者付费"或"罪恶税"的概念也是基于受益原则。换句话说，征收卷烟税的目的之一是将卷烟的零售价提高到某个水平，该水平能完全反映由于卷烟的消费而产生的社会成本（Manning et al.，1989；Elleman-Jensen，1991）。从此目的的角度看，一个具有经济效率的卷烟价格应该是吸烟的净效益至少大于卷烟的价格，卷烟的价格能部分反映消费的社会成本。因此，卷烟税的制定应该遵循此原则：从吸烟者处获得的总税收应等于吸烟者产生的总社会成本。

虽然基于效率和公平（受益原则）的卷烟附加税看起来非常令人信服，但是仅仅使用烟税这项工具可能不会带来控烟的效果。卷烟需求缺乏弹性可能导致税收最大化，但是这与公共卫生的目的（即使卷烟的消费最小化）不一致。例如，价格增加10%会使烟草的消费减少4%。在吸烟减少的过程中，预期的健康增加会受到提价带来的税收增加的限制。即消费者可能不会仅对价格的变化有反映。同样，青少年关于吸烟对他们健康负面影响的理解也较少。因此，对卷烟征收专项税用于媒体或其他反吸烟宣传的教育是完全合理的，因为教育可以弥补"效率说"下价格作用的不足。另外，受益原则也证明，将专项税收用于烟草相关疾病的研究和医疗保健支出（特别是穷人的）是合理的。

以效率和公平为依据，将专项烟草税收用于健康促进、疾病预防和医疗服务的理由不能使所有的财政专家（Wagner，1991）、吸烟者和烟草行业信服。以效率为依据，总会出现由于价格（税）增加和消费减少导致的消费者剩余损失（效用或满意度的减少）、生产者剩余损失（收入的减少）和社会净损失（额外负担）。在公平和效率的基础上，虽然吸烟和增长的医疗成本之间具有高度的相关性（Bartlett et al.，1994），但也有必要考虑现在的年轻或成年吸烟者与那些吸烟多年导致的病人支出之间的代际转移，以及由于烟草相关疾病的早死导致的可能性医疗成本和社会保障成本的储蓄。关于这些观点存在着很多争论，但迄今还无结论性的一致意见（Warner et al.，1995）。

为评价专项烟草税对经济的影响，需要首先估计提高烟税对消费者、生产者以及社会净损失（额外负担）的福利效应，然后再考虑受影响的税收转移的大小和类型。我们应该考查烟税影响的分布，以及使用专项税来补偿因提高烟税而受到损失的损失者可能的选择。

提高烟税的经济和福利效应取决于市场价格对税率发生变化的反应、需求对市场价格发生变化的反应以及供给对市场价格发生变化的反应。对于零售价的税赋归宿最简单的假设是：价格根据全部税额的数量而改变。事实上，美国大多数的研究显示，每提高一项税，零售价都会增加，其增加额大于或等于税额。英国的两项研究（Townsend，1987；Jones and Posnett，1988）也显示了卷烟税的福利效应。为了说明提高烟税所带来的经济和福利效应的估计和大小，在本章以美国和中国为例进行说明。

（一）美国案例

美国联邦政府从 1993 年起对每包卷烟征税 24 美分。除此以外，从1996 年中期开始，美国州政府对每包卷烟征收的平均税额为 31.7 美分，同时期美国每包卷烟的平均总税额为 55.7 美分，这为美国各级政府带来了 73 亿美元的税收（Tobacco Institute，1997）。很明显，卷烟税对美国各级政府的影响是非常大的，但是卷烟的消费很明显因提税而进一步减少。为了深入理解提高卷烟税对消费和经济福利的潜在影响，本章将模拟美国联邦政府烟税进一步增加 1 美分所产生的效应进行计算。

虽然这些计算以 Barnett、Keeler 和 Hu（1995）早期的研究为基础，但在一些重要的方法上又扩展了他们的研究。在描述这些扩展之前，将首先总结一下 Barnett、Keeler 和 Hu（1995）早期研究中所使用的方法。他们早期的研究考虑了很多对美国卷烟行业起关键作用的重要因素。首先，这是一个寡头市场，所以，模型是基于具有推测变量的古诺型行为。相关的模型假设是：厂商是追求收益最大化的垄断者，同时，在制定价格时他们也考虑了相互的依赖性。其次，他考虑了卷烟制造商能够制定批发价来使利润最大化的事实，所以，他们能对联邦税和平均州税做出反应，但是他们不能制定零售价；卷烟的批发和零售业经营的竞争无论如何可能将更为激烈。最后，模型基于对卷烟制造、批发和零售的边际成本分别的估计。掌握每种成本的知识以及联邦税和州税的知识，是全面了解税收如何转移给价格所必需的。

Barnett、Keeler 和 Hu（1995）阐明了本次分析中模型、成本函数估计和其他基本假设的详细情况。此模型的进一步修正结果如表 12－4

所示。

表 12 - 4   美国联邦烟税提高一美分的模拟

λ（消费者剩余权重）	1	0	- 0.25	- 0.5	- 1
数量均数的变化（百万包/年）	- 226	- 226	- 226	- 226	- 226
价格均数的变化（美分/包，1990）：消费者支付的零售价	1.106	1.106	1.106	1.106	1.106
零售商收到的价格	0.016	0.016	0.016	0.016	0.016
批发价	- 0.134	- 0.134	- 0.134	- 0.134	- 0.134
消费者剩余的变化（λCS）	- 394	0	99	197	394
生产者剩余的变化	- 101	- 101	- 101	- 101	- 101
总福利变化	- 495	- 101	- 2	96	293
消费者份额	0.8	0	- 49.5	2.1	1.3
生产者份额	0.2	1	50.5	- 1.1	- 0.3
净损失	222	- 171	- 270	- 368	- 565
政府收入	272	272	272	272	272
总利润的变化	495	101	2	- 96	- 293
净损失占福利损失的百分比	0.45	- 1.7	- 1.08	3.84	1.93

资料来源：本表根据 Barnett、Keeler 和 Hu（1995）的研究做了两个修正：（1）将价格弹性从上述研究的 - 0.709 下调到 - 0.5；（2）使用社会福利函数的更一般形式，即 PS + λCS，这里 PS 和 CS 分别代表生产者剩余和消费者剩余，λ 代表政府分配给消费者福利的相对权重。在 Barnett、Keeler 和 Hu1995 年的研究中 λ = 1。

第一个改变是价格弹性已从 - 0.709 下调至 - 0.5（正如 Barnett、Keeler 和 Hu 在 1995 年的估计那样），这是由于与 - 0.7 相比，多数人同意美国卷烟需求价格弹性的估计值更接近 - 0.5，这正如上面所估计的那样。

Barnett、Keeler 和 Hu（1995）所做的第二个改变是考虑了社会福利函数中消费者剩余和生产者剩余不同的权重。在对税的福利进行分析时，我们通常是在假设每个人的福利（即消费者或生产者愿意支付 1 美元）权重一样的情况下来计算税的净损失或福利损失，而不管这个人（他或她）是消费者还是生产者。然而，如果社会中大多数人都认为该商品是"罪恶"的（如烟草或酒），那么社会对该商品的消费所赋予的福利权重可能会小于其他商品的消费。的确，赋予这类具有罪恶性商品的福利权重应该为 0 或甚至为负。

因此，Barnett、Keeler 和 Hu（1995）研究中的计算已进一步修正了卷烟消费中消费者剩余的福利权重。权重已被明确地指出或者小于1（虽然消费者剩余权重小于其他商品，但也允许为正）或者小于0（允许卷烟消费社会福利函数中的权重为负）。表12-4显示了卷烟消费中可供选择的消费者福利权重。Barnett、Keeler和Hu（1995）的研究假设消费者的福利权重为1（λ=1）。较低的权重为λ=0，负的权重从-0.25~-1。

从表12-4可以看出，提税1美分（根据1990年的价格和消费者指数）使得福利发生一系列的改变，从额外的2.225亿美元净损失（消费者剩余权重为1）到超过5亿美元的净福利增加（卷烟消费的消费者剩余福利权重为-1）。同时，这样的提税将使政府的收入增加超过2.70亿美元（根据1990年的价格）。

而且，这些计算还显示，1990年联邦税提高1美分将使美国每年卷烟的消费减少2.26亿包，健康也得到相应的改善（假设提税中没有专项用于反吸烟媒体宣传和学校广告）。本章前面部分的分析清楚地说明：将大部分增加的税收专项用于反吸烟活动能够进一步减少卷烟的消费。

（二）中国案例

中国1996年全国吸烟调查显示：中国成年男性的吸烟率为66.9%，成年女性吸烟率为4.2%，总吸烟率为37.6%（State Statistics Bureau（China），1993）。这表明中国有3亿多的吸烟者，约占全世界吸烟者的30%（Tobacco International，1993）。1992年中国的卷烟生产量为820亿包，烟草种植占地面积为185万公顷，比1981年的卷烟生产量和种植面积分别增加了93%和25%。

一项调查显示：1987年12%的男性死亡人数和3%的女性死亡人数是由烟草相关的疾病所导致的（Liu，Peto，Chen et al.，1998）。1989年，医疗保健支出中由于吸烟导致的经济损失估计为69亿元，然而生产力损失（或早死）值约为201.3亿元。这些资源的价值本应用于许多其他的社会生产服务行业。

中国在减少卷烟消费方面已取得了较大的进步，包括禁止所有的卷烟广告、提高卷烟进口关税和禁止在公共场所吸烟，然而，中国却没有将烟税作为一种控烟手段。1992年，中国的卷烟税收为310亿元，占政府总税收的9.4%，这毫无疑问地成为政府税收的重要来源（Hu，1997）。虽然卫生部对提高烟税也感兴趣，但有的政府部门和烟草行业都以提税会对烟农的收入和就业造成影响为理由而反对提税。几个主要的烟草生产省

（如云南、贵州和四川部分地区）相对比较贫穷，这些省的政府和农民在一段时间内都将烟草作为他们收入的主要来源。而且，财政部也不太清楚提高烟税将对长期税收产生如何的影响。作为对公众健康意识的一种反应，曾经有的地方政府（如上海）尝试性地提出最小限度地提高烟草附加税，以此作为控烟的试验点。

我们使用 1992 年的数据来说明在中国提高卷烟销售税可能对税收产生的影响。中国卷烟的销售量为 3 265 万箱（每箱有 10 条卷烟），平均零售价为 3 320 元/箱（State Statistics Bureau，China，1993）。最近一项研究（Mao，1996）估计中国四川的卷烟需求价格弹性为 -0.65 ~ -0.80，这略高于多数发达国家。假设中国人群的需求价格弹性为 -0.65，假设中国烟草业将价格提高 10%（即从 3 320 元/箱提高到 3 652 元/箱），额外的税将会导致销售量减少 6.5%（即从 3 265 万箱减少到 3 053 万箱），而总税收将会增加 2.9%（即从 1 084.1 亿元增加到 1 115 亿元）。因此，由于卷烟的需求缺乏弹性，当提高价格时总税收会增加。假设 1992 年的有效税率为 37.9%（Hu，1997），为使价格提高 10%，有效税率就不得不增加到 43.43%，这相当于将有效税率提高了 15%，税额提高了 26.5%。由于这些假设，总税收将增加 18.2%，总销售收入将会增加 2.9%。

应用美国估计烟税的消费者剩余、生产者剩余和净损失或福利损失所用的方法，我们以一个简单的形式来分析中国的例子。假设中国卷烟的供给价格弹性为 1.0 ~ 1.5，估计需求弹性为 -0.65（Mao，1996），1992 年的卷烟销售量为 816.25 亿包。运用线性需求和供给函数来估计烟税提高 1 美分对消费者剩余、生产者剩余、政府收入和净福利损失的影响。表 12-5 是对计算结果的总结，社会福利函数中消费者剩余的不同权重，从传统的权重（λ=1）到最大的负权重（罪恶或恶俗行为，λ=-1）。

从表 12-5 可以看出，在中国，将税提高 1 美分会使福利发生一系列的改变，从净损失增加 120 万元（当消费者剩余权重为 1 时），到净福利增加几乎达 10 亿元（当消费者剩余的福利权重为 -1 时），同时，这还会使政府的收入增加 8 亿多元。因此，这些结果显示，即使认为吸烟不是一种负面行为（λ=1），那么与政府增加的收入（8.135 亿元）相比，烟税带来的净损失也是极小的（120 万 ~ 140 万元）。而且，当吸烟的减少被认为是一种社会福利增加时，净损失就变为社会福利获得，其数量从 5 亿元到超过 10 亿元。

表 12 – 5　　　　　　　　中国卷烟消费税提高 1 美分的影响

$\varepsilon^D = -0.65$, $\varepsilon^S = 1\lambda$	1	0	– 0.25	– 0.5	– 1
消费者剩余的减少（λCS）	494.0	0	– 123.5	– 247.0	– 494.0
百万元（1992）					
生产者剩余的减少	321.1	321.1	321.1	321.1	321.1
福利的减少	815.1	321.1	197.6	74.1	– 172.9
政府收入的增加	813.8	813.8	813.8	813.8	813.8
净损失	1.2	– 492.7	– 616.2	– 739.7	– 986.7
$\varepsilon^D = -0.65$, $\varepsilon^S = 1.5\lambda$	1	0	– 0.25	– 0.5	– 1
消费者剩余的减少（λCS）	568.5	0	– 142.1	– 284.2	– 568.5
生产者剩余的减少	246.4	246.4	246.4	246.4	246.4
福利的减少	814.9	246.4	104.3	37.9	322.1
政府收入的增加	813.5	813.5	813.5	813.5	813.5
净损失	1.4	– 567.1	– 709.2	– 851.4	– 1 135.6

　　如果不将烟税专项化，增加的税收可能会视作政府的一般收入。例如，州经济委员会提出一项非正式建议，将几个试验点增加的烟税用于补贴州内负债累累的企业。然而，从公共卫生和专项税受益原则的观点看，虽然总的净损失（或利润）没有增加，但是部分增加的税收可用于以下用途：

　　（1）健康促进和疾病预防活动，如反吸烟媒体宣传和社区教育；

　　（2）农村和低收入户的医疗保险金；

　　（3）补助烟农和烟草工业，他们可能由于从烟草生产转向生产其他产品（如茶叶、咖啡豆和其他农作物）的生产转变和技术转变而造成收入的损失。

　　前两种用途将有助于减少消费者剩余，第三种用途将减少生产者剩余并进一步增强控烟的理由。

四、结论：经验和教训

　　吸烟既对吸烟者自身造成健康危害也对那些暴露于二手烟的人造成健康危害，因为烟草相关疾病导致了早死。吸烟也增加了医疗卫生成本，早死和疾病也导致了生产力损失。如上所述，由于与其他商品相比，消费者对卷烟价格的改变不太敏感，所以税收可以成为增加收入的有力工具。换句话说，从效率和公平的角度看，不仅为了增加收入，而且也为了控烟，卷烟税都是一项重要的财政手段。而且，把烟草税作为专项税，专门用于健康教育和反吸烟媒体宣传，这对于达到控烟的目的是很有好处的。

尚未回答的问题是：（1）应该对卷烟征收多少税；（2）如何使用这些税收。

为了制定合适的卷烟税额，我们不仅需要考察卷烟需求的价格和收入弹性，而且还需要考查征税对社会的影响。任何一项税的增加都将会引起消费者剩余（卷烟在吸烟者心中的价值减去吸烟者为吸烟实际支付的成本）损失、生产者剩余（生产者收入小于生产和销售成本）损失和净福利成本（消费者剩余小于征税获得收入的损失）。前面已用美国和中国的例子说明了提高烟税可能会产生的影响。考虑到吸烟的负外部性很大，消费者剩余的损失可能不一定为负，也就是说，减少吸烟会改善吸烟者和非吸烟者的健康。因此，依赖赋予消费者剩余对生产者剩余的相对权重，在美国和中国提高烟税显得特别适合，因为这两个国家的卷烟税税率相对来说大大地低于世界上很多其他国家。税收的增加总是小于消费者剩余的损失。当消费者剩余的损失被看做是正的获得时，就更有理由来提高烟税。税的净福利成本也会通过消费者剩余的增加而得到补偿。从概念上看，卷烟税额的制定应该符合这样的原则：从吸烟者处得到的总税收应等于吸烟者产生的总社会成本。

关于应该如何分配卷烟税的问题是本章的主题。虽然专项税不会总是一种理想的税收分配支出财政手段（因为它是刚性的，不允许在各种竞争用途下对总财政收入进行适当的调配），但已有证据和经验显示，将烟税用于健康促进和疾病预防是非常合适的，这符合税收的受益原则，与促成更好的健康行为和健康状况有助于更好地支出决策这一原则一致。

以前的研究没有讨论将专项烟草税用于补偿生产者剩余损失。换句话说，如果能将部分烟税分配给烟农和烟草制造业，用于将生产力转向其他可供选择的现金作物和行业，那么生产者剩余损失将会减少。同时，未来的经济将较少地依赖烟草产品。这对发展中国家（这些国家的烟草产品是收入和税收的主要来源）来说尤为适用。

回顾卷烟税的国际经验和专项税的使用可以学到很多经验和教训：

（1）烟税是提高政府财政收入的一种有效和有效率的手段，因为卷烟的需求价格相对地缺乏弹性。

（2）应将烟税政策与烟草的使用联系起来。政府的政策制定者应该考虑将烟税作为实现健康、促进和疾病预防目标的一种干预手段。

（3）当专项烟草税用于反吸烟宣传和其他健康促进或健康教育活动时，控烟的力度将会进一步增强。这些增加的措施比单独使用提税有效的多。

（4）虽然任何税的提高都会增加社会的福利成本和减少消费者及生产者剩余，但是吸烟外部成本的减少将会弥补消费者剩余和社会福利成本的损失。另外，如果能将部分专项烟税用于转产的烟草部门生产者，那么生产者剩余损失将会最小。同样，将部分专项烟草税收用于医疗保健和健康保险，则也会减少消费者剩余的损失的大小。

烟税是卫生政策和财政政策的一项重要工具。每个国家的烟税根据本国烟草产品的需求、生产和烟税税务的情况而有所不同。虽然世界上多数国家已经开始控制烟草使用，但是可能并没有实施专项税，或明确地将烟税作为一种政策手段。我们需要更多的信息和研究来考查征收烟草附加税的可行性和将专项税用于各种用途的可行性。现在对研究者和政策制定者来说，正是思考这个重要问题的关键时刻。

参考文献：

1. 国家统计局：《中国统计年鉴（1993）》，中国统计出版社 1993 年版。

2. 中国预防医学科学院：《1996 年全国吸烟行为的流行病学调查》，中国科学技术出版社 1997 年版。

3. Ahmad, Ehtisham and Stern (1985), The Theory Reform and Indian Indirect Taxes: *Journal of Public Economics*, 25: pp. 259 – 298.

4. Bal, D. (1990), Reducing Tobacco Consumption in California -development of a State-wide Anti-tobacco Use Campaign, *Journal of the American Medical Association*, 264: pp. 1570 – 1574.

5. Barnett, P., T. Keeler and T. Hu (1995), Oligopoly Structure and the Incidence of Cigarette Excise Taxes, *Journal of Public Economics*, 57: pp. 457 – 470.

6. Bartlett, J., L. Miller, D. Rice, W. Max and Office on Smoking and Health, Centers for Disease Control. (1994), Medical Care Expenditures Attributable to Smoking-United States. 1993, *MMIVR*, 43: pp. 469 – 472.

7. Buchanan, L. (1963), The Economics of Earmarked Taxes, *Journal of Political Economy*, October.

8. Centers for Disease Control (1997) Tobacco Tax Initiative -Oregon: 1996, *MMWR*,

46: pp. 246 – 248.

9. Centers for Disease Control (1996), Cigarette Smoking before and after an Excise Tax Increase and an Anti-smoking Campaign -Massachusetts: 1990 – 1996, *MMWR*, 45: pp. 966 – 970.

10. Chaloupka, F. and M. Grossman (1996), *Price, Tobacco Control Policies and Youth Smoking*, Working paper No. 5140, Cambridge, Mass: National Bureau of Economic Research.

11. Elleman-Jenscn, P. (1991), The Social Cost s of Smoking Revisited, *Britisn lournal of Addiction*, 86: pp. 957 – 966.

12. Fishman, et al. (1996), *State Tobacco Control Highlights* 1996, Centers for Disease Control, Atlant a, GA: US Department of Health and Human Services, 1996.

13. Flewelling, R. et al. (1992), First Year Impact of the 1989 California Cigarette Tax Increase on Cigarette Consumption, *American JOllrnal of Pllh/ic Health*, 82: pp. 867 – 869.

14. Glantz, S. et al. (1993), Changes in Cigarette Consumption, Prices and Tobacco Industry Reviews Associated with California's Proposition 99, *Tobacco Control*, 2: pp. 311 – 314.

15. Hu, T. W. (1997), Cigarette Taxation in China: Lessons from International Experiences, *Tobacco Control*, 6: pp. 136 – 140.

16. Hu, T. W. Bai, I. Keeler, T. Barnett, P. and Sung, H. (1994), The Impact of 1989 California Major Antismoking Legislation on Cigarette Consumption, *Jotirnal of Public Health Policy*, 15: pp. 26 – 36.

17. Hu, T. W. Keeler, T. Sung, H. and Barnett, P. (1995), The Impact of California Anti-smoking Legislation on Cigarette Sales, Consumption and Prices, *Tobacco Control*, 4: pp. 534 – 538.

18. Hu, T. W. , Sung, H. and Keeler, T. (1995), Tobacco Taxes and the Anti-smoking Media Campaign: the California Experience, *American Journal of Public Health*.

19. Jin, S. (1995), Smoking-induced Health-related Economic Costs in China, *Journal Biomedical and Environmental Sciences*.

20. Jones, A. and Posnett, I. (1988), The Revenue and Welfare Effects of Cigarette Taxes, *Applied Economics*, 20: pp. 1223 – 1232.

21. Keeler, T. , Hu, T. , Barnett, P. and Manning, W. (1993), Taxation, Regulation and Addiction: a Demand Function for Cigarettes Based on Time-series Evidence, *Journal of Health Economics*, 12: pp. 1 – 18.

22. Lee, D. and vvagncr, R. (1991), The Political Economy of Tax Earmarking, in Wagner, R. (et al.), *Charging for Government*, New York: Routledge, Chapman and

Hall.

23. Liu, B. Q. , Peto, R. Chen, Z. et al. (1998), Tobacco Hazards in China: Proportional Mortality Study of 1 000 000 Deaths, *British Medical Journal* (in press) .

24. Manning, W. , Keeler, E. Newhouse, J. Sloss, E. and Wasserman (1989), The taxes of sin: Do Smokers and Drinkers Pay Their Way? *Journal of the America, Medical Association*, 261: pp. 1604 – 1609.

25. McMahon, W. and Sprenkle, C. M. (1970), A Theory of Earmarking, *National Tax Journal*, 23: pp. 255 – 261.

26. Musgrave, R. and Musgrave, P. (1980), *Public Finance in Theory and Practice*, New York: McGraw-Hill.

27. Novotny, T. and Siegel, M. (1996), California's Tobacco Control Saga, *Health Affairs*, 15: pp. 58 – 72.

28. Pierce, I. et al. (1994), *Tobacco Use in California: An Evaluation of the Tobacco Control Programs*, 1989 – 1993, La jolla, CA: University of California at San Diego.

29. Sung, H. , Hu, T. and Keeler, T. (1994), Cigarette Taxation and Demand: an Empirical Model, *Contemporary Economic Policy*, 7: pp. 91 – 100.

30. Tobacco Education Oversight Committee (19 ~ 3), *Joward a Tobacco-Free California: Exploring a New Frontier*, 1993 – 1995, Sacramento, CA: TEOC.

31. Tobacco Institute (1997), *The Tax BurdC 71 on Tobacco*, Washington, DC: Tobacco Institute.

32. *Tobacco international* (1993), Chinese Smokers pass the 300 Million Mark, *Tobacco International*, 7.

33. Townsend (1987), Cigarette Tax, Economic *welfare* and Social Class Patterns of Smoking, *Applied Economics*, 19: pp. 355 – 365.

34. Wagner, R. et al. (1991), *Charging the Government: User Charges and Earmarked Taxes in Principle and Practice*, London: Routledge.

35. Warner, K. E. (1990), Tobacco Taxation as Health Policy in the Third World, *American Journal of Public Health*, 80 (5): pp. 529 – 531.

36. Warner, K. E. , Chaloupka, F. , Cook, P. , Manning, W. , Newhouse, J. , Novotny, T. , Schelling, T. and Townsend, I. , (1995), Criteria for Determining an Optimal Cigarette Tax: the Economist's Perspective, *Tobacco Control*, 4: pp. 380 – 386.

37. Warner, K. E. and Fulton, G. A. (1994), The Economic Implications of Tobacco Product Sales in a Nontobacco State, *Journal of the American Medical Association*, 271: pp. 771 – 776.

38. Zimring, F. and Nelson, W. (1995), Cigarette Taxes as Cigarette Policy, *Tobacco Control*, 4: pp. 525 – 533.

第十三章 国际经验对中国卷烟税的借鉴意义

胡德伟

一、引言

吸烟有害健康，能够导致与吸烟有关的疾病如肺癌、心脑血管疾病从而引起早死。吸烟引起的疾病和早死也会造成巨大的卫生保健成本和生产力损失。

中国目前的吸烟率相对来说比较高。中国有 3 亿多的吸烟者，全世界的吸烟者中约有 30% 生活在中国（Tobacco Int.，1993）。之前已有研究估计：消费一吨烟草会造成一例死亡（Barnum，H.，1994）。也有预测表明，由于烟草的使用可能将会导致 5 000 万中国儿童早死（Novotny，T.，Peto R.，1998）。

1992 年全国家庭消费支出调查显示：中国城市居民人均卷烟支出（54.28 元，约 9.05 美元）高于卫生保健和医疗支出（41.51 元，约 6.92 美元），也高于酒和饮料支出（45.92 元，约 7.65 美元）（国家统计局，1993）。这项调查也显示，卷烟的人均年消费量为 33.03 包，低收入组、中等收入组和高收入组分别为 24.32 包、33.58 包和 45.09 包。

由于中国的吸烟者众多，中国成为最大的卷烟生产国也就不足为奇（国家统计局，1993）。1992 年，中国卷烟生产量为 3 285 万箱，约 821.25 亿包（一箱有 2 500 包卷烟），烟草生产种植面积为 185 万公顷，这与 1981 年相比，烟草生产量增加了 93%，烟草种植面积增加了 25%。1990 年，人均卷烟消费量达到了顶峰，为 1 437.8 支，在 1991 年略为下降到 1 417.3 支，在 1992 年下降为 1 400.4 支。从 1981 年到 1992 年，人均卷烟消费量增加了 62.8%。

近几年，中国在控烟方面取得了巨大进步，中国禁止所有的烟草广告、增加卷烟的进口关税、在一些公共场所禁止吸烟。当然，中国仍然是一个卷烟消费大国。一项最近的研究表示：在 1989 年有 89.56 万人死于与吸烟相关的疾病（金水高等，1988～1989）。1989 年由于吸烟引起的医疗保健支出估计为 69 亿元（11.5 亿美元），而生产力损失和早死值约为 201.3 亿元（33.5 亿美元）。这些资源的价值本应用于许多其他的社会生产服务中。

全世界各国政府机构和卫生政策制定者已广泛使用一系列可供选择的政策来控制烟草（Warner, K., 1990），包括禁止卷烟广告、禁止在公共场所吸烟、媒体的反吸烟宣传、禁止向未成年人销售卷烟和在自动售货机上销售卷烟、学校的健康教育和对卷烟产品征税。有些控烟手段明显地减少了烟草消费，而有些却不太清楚。人们普遍认为征收卷烟税是减少烟草消费的一种有效方法。不管卷烟税收如何不同，人们通常赞同烟税是政府财政收入的一项可靠来源，是政府获得财政收入的一个既方便又有效的方法，同时，烟税又能遏制卷烟的消费。

中国政府依赖于烟草税收，烟草税收是其财政收入的一项重要来源。现在的问题是：是否存在这样的机会，在提高现有卷烟税以利控烟的同时，仍然使政府在财政方面也能获益？本章的目的就是利用国际上实施烟税的经验，为中国政府在提高卷烟税的可行性方面提供借鉴。

二、卷烟税的基本原理和国际经验

经济学的基本原理指出，提高卷烟价格会减少卷烟的消费。卷烟的零售价由原材料价格、劳动力成本和税组成。通常说来，应按照不同的政府层次对卷烟征税，即联邦政府税、州税和地方税。最常见的烟税形式是根据销售数量而制定（即从量税），不过有些政府是按价格的固定比例来征税（即从价税）。

在中国，中央政府根据卷烟的生产数量向制造商征收烟税，卷烟一旦出厂，就不会再增加额外的税，因此，人们将此称为产品税。由于它是根据卷烟的产量征税，所以也被看做是一种从量税。所有烟厂的所有权和经营权都归政府所有，因此，征税的管理工作比较有效。

从量税较易征收且不会随着时间而变化，然而从价税会随着卷烟价格的变化而变化，并有可能需要更多的管理成本。不管烟税的形式如何，消费税是零售价格的组成部分，因此增加税收水平会减少卷烟的消费。然而，卷烟消费量的减少有可能来源于吸烟者卷烟消费量的减少，也有可能来源于吸烟者的减少。

（一）卷烟税的基本原理

我们使用两个原理来判断卷烟税是否合理（Zimring，F.，Nelson W.，1995）。第一个原理仅仅是将烟税看做政府增加收入的一种具有低管理成本的有效手段。以美国为例，1864 年，美国将增加的联邦烟税作为国内战争的经费，1951 年又将其用于朝鲜战争。因此，在 1960 年以前，烟税的制定和提高都是为了获得更多的收入而不是为了减少卷烟的消费。同样地，芬兰大幅度地提高卷烟价格（从 1975～1976 年的 7 个月期间价格提高了 60%）也主要是为了增加国家的收入（Pekurinen，M.，Valtonen，H.，1987）。

第二个原理是将烟税看做"使用者付费"。人们认为卷烟税包含了吸烟的外部成本，并阻止吸烟者吸烟，因此，通过降低与吸烟相关疾病的发病率和死亡率，征收烟税减少了与烟草相关的医疗保健成本。1964 年美国卫生总监发布了有关"吸烟与健康"的报告后，人们开始使用第二个原理，即通过提高烟税来达到控制吸烟的目的。从 1980 年起，一些国家如芬兰、丹麦、埃及、加拿大、尼泊尔、冰岛、秘鲁、澳大利亚和新西兰已经将提高烟税作为减少卷烟消费的一种手段。

由于提高烟税可以控制烟草的使用，很多国家和州政府将所增加的税收的一部分用于支持反吸烟活动，如健康教育、烟草相关疾病的医学研究和反吸烟的媒体宣传，如澳大利亚和新西兰就是这样做的。1987 年，澳大利亚的维多利亚州对烟草制品的销售额外征收 5% 的税作为健康促进的经费（Galbally，R.，1995）。还有一些国家，如埃及和尼泊尔（1995 年与其卫生部长 Yur Raj Sharma 进行的个人交流）将增加的税收用于健康相关的活动，如用于低收入妇女和儿童的医疗卫生保健，或用做低收入家庭医疗开支的补助（Reich，M.，1994）。

1998 年 11 月，加利福尼亚州投票通过了《加利福尼亚烟草税和健康促进法》（99 号提案）。这项法案将该州的卷烟消费税从每包 10 美分增加到每包 35 美分，并从 1989 年 1 月起开始实施。该法案清楚详细地说明了新税收将做何用途，包括预防和减少卷烟使用的健康教育项目、贫困者的医疗卫生保健、研究、公园、娱乐、环境项目和其他活动（Bal，D. G.，Kizer，K. W. et al.，1990）。接着，明尼苏达州也有了一个用烟草税收资助的项目（Harty，K. C.，1993）。99 号提案是美国第一个通过提高烟草消费税并发动反吸烟宣传来控制卷烟消费的州立法。

　　研究表明，在加州提高税收 6 个月后，卷烟的人均消耗减少一包，或者下降 10.9%，增税后一年，人均消耗量在以后的 3 年中保持在每月减少 3/4 包的水平，或者说减少 9.5%（Hu，T. et al.，1994）。

　　烟税的提高导致了卷烟销售的减少，那么州政府来自卷烟的财政收入下降了吗？答案是否定的。根据一项估计，卷烟的价格需求弹性为 −0.40：价格增加 10% 需求量会减少 4%（Sung，H. et al.，1994）。那么，价格增加的百分比比需求量减少的百分比高 6 个百分点。换句话说，提高价格而获得的价值高于因销售减少而损失的价值，因此，税收是增加的。1989 年，尽管总卷烟销售量下降了 14%，但是加利福尼亚州的实际卷烟税收增加了 200%。此后，每年的卷烟销售量继续下降，而收入却继续高于实施卷烟税之前的 1988 年。1993 年州卷烟税收仍然比 1988 年高 170%。

　　这对控烟政策的制定者和税收部门的政策制定者来说是一个非常重要的发现。只要卷烟的价格需求弹性小于 −1，那么提高烟税将会使得总税收增加。需求弹性越小，增税在减少卷烟消费量中的作用越小，但是增税在获得额外税收中的作用却越大。为了达到预期卷烟消费减少的理想水平和税收增加的理想水平，我们有必要了解卷烟价格需求弹性大小。

　　加利福尼亚州反吸烟 99 提案的通过是加利福尼亚投票人的一次重大成功。除了明尼苏达州和加利福尼亚州外，马萨诸塞州（Koh，H. K.，1996）、密歇根州和亚利桑那州也开展了类似的活动（即将税收收入用于控烟）。

（二）全球的卷烟税和零售价格

　　烟税是卷烟零售价格的主要组成部分。我们很有必要了解世界上卷烟零售价格中烟税所占的比例，中国政府也可以在制定烟税政策时参考这些信息。

　　多数烟税都是从量税，这意味着税额在零售价格中所占的比例可能会随着零售价格的增加而下降。换句话说，从量税的实际值会随时间因通货膨胀而下降。美国的一些州和其他国家除了征收从量税外还征收卷烟产品的其他销售税。因此，比较税额在零售价格中所占的比例是很有意义的。为了让所有的价格具有可比性，我们将每包卷烟的价格都转换成美元。

根据 1993 年 12 月所选 24 个国家（地区）的数据，卷烟的平均零售价从西班牙的 0.63 美元/包到挪威的 4.55 美元/包不等（Lynch，B. et al.，1994）。很多斯堪的纳维亚国家（挪威、丹麦、瑞士、芬兰）、西欧国家（英国和爱尔兰）和加拿大的卷烟零售价都超过了 3.00 美元/包。美国的平均价格为 1.80 美元/包。葡萄牙、阿根廷、中国台湾地区、西班牙和韩国的平均价钱都小于 1.50 美元/包。

这 24 个国家（地区）的卷烟税从西班牙的 0.42 美元/包到丹麦的 3.48 美元/包，平均为 1.66 美元/包。作为零售价构成的一部分，丹麦和英国的卷烟税所占比例最高，分别为 85% 和 77%。24 个国家（地区）中有 12 个国家所卷烟税占比例超过了 70%（Lynch，B. et al.，1994）。那些卷烟的平均价钱小于 1.50 美元/包的国家，它们的税率也同样很高：葡萄牙为 81%，阿根廷为 70%，西班牙为 70%，韩国为 60%（中国台湾地区例外为 47%）。

根据税务总局和财政部的官方数据显示：1988 年中国卷烟产品的税率从 35%～60% 不等，然而这些税率的计算都是站在生产者的角度。据 1993 年《中国统计年鉴》显示：1990 年卷烟的销售收入为 688.9 亿元（114.8 亿美元），1991 年为 767.5 亿元（127.9 亿美元）。政府从烟税中获得的收入在 1990 年为 270 亿元（45 亿美元），在 1991 年（国家统计局，1993）为 290 亿元（48 亿美元）。1992 年报道的零售价为 1.33 元/包（0.22 美元/包）。因此，1990 年和 1991 年实际的零售税率分别为 39.2% 和 37.78%。也就是说，消费者在卷烟上每花费 10 元（1.66 美元），就有 3.8 元（0.63 美元）到 3.9 元（0.65 美元）是用于付税。因此，从税率所占零售价格比例的角度来看，中国的税率和其他很多国家相比是不算高的。

（三）烟税制定的国际经验

在过去 10 年里，很多国家（地区）做了巨大努力，实现了将烟税立法，以此作为控烟的一项有效的政策手段。这些国家包括泰国、波兰、巴西、南非和中国的台湾地区。

美国 301 贸易法要求大多数亚洲国家对美国卷烟制品开放市场。在泰国，由于担心这项美国立法对人群健康有害，泰国心肺协会医学专家和健康专家与泰国癌症协会联合组织了一次反吸烟宣传活动，以此来宣示吸烟对健康的负面影响。他们还邀请了世界有名的控烟专家参访泰国，为烟草对肺癌和心脏病的有害影响提供循证研究依据。另外，他们还说服了国家立法者和佛教界领袖支持控烟议程。然而，泰国的烟草业是一个垄断行业，它们积极采取行动反对这些反吸烟活动。泰国国会在 1992 年颁布了提高烟税的立法，这项立法规定：将增加的烟草税收的一部分用于控烟活动（包括研究）和医疗保险。泰国的吸烟率从 1992 年的 26.3% 降到了 1999 年的 20.5%，同时，泰国政府的烟税收入在 7 年期间增长到 10 亿美元。

波兰的男性吸烟率最高，在 20 世纪 90 年代早期为 65%～75%，然而到了 1998 年，吸烟率下降到 39%。20 世纪 90 年代早期，波兰医学会公布了一系列关于吸烟对健康和经济负担负面影响的报告，研究人员也在学术杂志和媒体上公布了这些结果。然而，这些研究结果并没有得到波兰政府的支持。控烟工作者建立了一个健康促进与烟草控制协会，用于开展无数的控烟运动。1991 年，波兰国会推出了第一个控烟法律条款，经过 5 年坚持不懈的努力，波兰国会于 1995 年颁布了烟草控制法。

与中国一样，巴西不仅是一个烟草消费国，也是一个烟草种植大国，烟草种植是巴西全国经济的重要组成部分，因此，控烟面临着烟草业和烟草种植部门非常强大的反对力量。在 20 世纪 80 年代中期，巴西卫生部建立了一个控烟办公室，并邀请了娱乐界著名人士、电影明星和著名的政治家作为发言人。控烟办公室邀请经济学家来研究提高烟税对烟草业、烟草种植、政府收入和烟草消费的影响。研究结果发现，提高烟税对烟草业的影响非常有限，研究人员建议巴西政府提供经费来源和技术来帮助烟农转向种植其他农作物。由于这些研究结果得到政府与私人部门的配合，政府在 1995 年和 1999 年通过了烟草控制法律。为了减少由于烟税提高而可能导致的卷烟走私活动，巴西政府加强了打击非法烟草贸易的力度。从 1995 年起，巴西的吸烟率降低了，但同时烟草税收也增加了。

1993 年以前，南非还没有控烟政策，然而到 1999 年，南非已成为世界上在控烟方面进步最大的国家之一，它不仅在公共场所和所有的媒体实施了禁烟政策，而且提高了烟税。这些成就出现在 Cape Town 医学院教授发表关于吸烟有害的文章之后。卫生部也邀请了私人组织参加控烟活动。新政府和国会用了 5 年时间，在 1998 年时颁布了控烟法。随着法律的实施，卷烟的消费有所减少，政府的收入有所增加。1994～1995 年间，烟税提高了 25%，而卷烟消费减少了，同时政府从卷烟消费获得的收入增加了14%。一项历时3年的跟踪分析显示，虽然烟草业十分担心，但走私却既没有成为威胁也没有严重地影响到烟草种植。

中国台湾地区也有与泰国类似的情形，1987年，美国301贸易法要求台湾地区对美国的卷烟产品开放市场。这样，台湾地区以外的卷烟市场份额在接下来的一年里从2%增加到22%。私人非政府组织发起了一项控烟运动，他们邀请名人和一些重要的政治人物通过媒体来传播各种各样的控烟信息。学术研究者向立法委员会提供了吸烟的危害以及将烟税用于医疗保险和健康促进基金的国际经验。然而，烟草制品是在政府的垄断（台湾地区"酒类专卖局"，TTWMB）下进行生产，由于台湾地区以外卷烟品牌的激烈竞争，其卷烟的市场份额在1999年增加到44%。因此，TTWMB不再强烈反对控烟。到2002年，台湾地区加入WTO，立法者通过了健康与福利税私有化法。这是一个标志性税法，它明确了增加的烟草税收将用于以下四个方面：

（1）70%用于医疗保险；

（2）10%用于反吸烟活动；

（3）10%用于健康促进和疾病控制；

（4）10%用于福利补助。

随着2002年烟草税法的实施，烟草税收在接下来的一年里增加了70亿新台币，卷烟消费减少了18.6亿包（价格增加了22%，消费减少了6.6%）。为了增加控烟项目的经费，台湾地区在2005年第二次提高了烟税。

国际控烟经验为我们提供了以下借鉴：

（1）控烟的成功需要非政府健康促进组织、著名公众人物和政府机构的相互配合；

（2）成功的控烟法律需要有吸烟与健康、吸烟与经济负担的学术研究、媒体的宣传和政府关键部门的配合，不同时具备以上所有要素，成功是不大可能的；

（3）成功的控烟不仅需要法律条文，也需要严格的实施，以保证公众对法律的遵守；

（4）在众多控烟政策手段中，提高烟税是最有效的选择，如果将部分增加的税收用于控烟项目，那么控烟将会更有效。

三、政府收入和价格弹性

最适合的卷烟税赋水平应该取决于吸烟对社会所造成的经济负担，取决于征税的目的是用于控烟，或者是政府财政收入的最大化，这又有赖于价格弹性。美国关于吸烟的经济负担成本估计为 0.50 美元/包到 5.00 美元/包，这取决于对生命价值的假设和对卷烟使用所带来的负面影响范围的假设，例如，是否将与吸烟相关的低出生体重也包括在内（Maning, W. et al. , 1989, Hay, J. W. , 1995）。关于哪个成本数字应该作为卷烟税的依据，美国的研究人员没有统一的意见（Warner, K. et al. , 1995）。

另外，如果实施烟税的目的是为了控烟和同时使政府财政收入最大化，那么卷烟需求价格弹性的大小就是一个重要的参考。例如，在 1993 年克林顿时期所颁布的《卫生安全法》中，白宫就提议每包增加 75 美分的联邦消费税，以作为医疗保险项目的经费。1992 年征税和吸烟的数据显示，联邦政府的卷烟消费税每包增加 75 美分，就会避免 900 000 例早死发生（Congressional Budget Office, 1990）。

根据 1990 年世界银行的报告，1986 年，来自烟草产品、酒精饮料和汽油三类产品的收入约占中国产品总税收的 27%。1983 年，仅卷烟税收一项就达到了顶峰——占政府总收入的 14.84%，然后在 1986 年下降到了 6.70%。最近几年，卷烟税收又占到了政府总收入的 9.5%。例如，1992 年政府的总税收是 3 297 亿元（549 亿美元），同年卷烟的税收是 310 亿元（52 亿美元），因此，烟税占政府总收入的比例又增加到 9.4%。很显然，烟税是政府收入的一项主要来源。

为了阐明增加消费税会对政府财政收入所造成的影响，我们使用 1992 年的价格和销售数据。据《中华人民共和国年鉴》显示，卷烟每箱的零售价是 3 320 元（553 美元），共销售 3 265 万箱（国家统计局，1993）。一项最近的研究估计，中国四川省卷烟的需求价格弹性从 -0.65 ~ -0.80 不等，这略高于（即价格敏感性较高）许多发达国家，但是却不如巴布亚新几内亚高（国家统计局，1993；Zimring, F. et al. , 1995；Chapman, S. , Richardson, J. , 1990）。估计巴布亚新几内亚的消费税弹性在 -0.50 ~ -0.71 之间，价格弹性可能高达 -0.1 或 -1.42。在这个例子中，我们假设中国的价格弹性为 -0.65（为四川省价格弹性估计值的最小值）（毛正中，1996）。

根据上述信息，如果中国政府将卷烟的价格提高 10%，即从 3 320 元/箱（553 美元/箱）增加到 3 652 元/箱（608 美元/箱），那么卷烟的销售量将会减少 6.5%，但是，总的收入将会从 1 084.1 亿元（180.7 亿美元）增加到 1 115 亿元（185.8 亿美元），即增加 31 亿元（5.1 亿美元）的收入，收入增加了 2.9%。因此，由于卷烟的需求弹性绝对值小于 1，因此，当价格提高时总的收入将会增加。假设 1992 年的有效税率是 37.78%，为使价格提高 10%，有效税率就要提高到 43.43%，即有效税率提高了 15%。那么在这种假设下，总的税收将增加 18.2%，然而总的销售收入却只增加了 2.9%。

四、中国卷烟附加税的选择

由于吸烟对健康具有负面影响，我们有必要考虑对卷烟征收附加税。而且，为了促进中国医疗卫生的改革，扩大医疗卫生服务对穷人，特别是对无保险城乡低收入人群的覆盖面，我们也需要额外的资金来源（World Bank，China，1995）。包括美国（加利福尼亚）、尼泊尔和埃及在内的很多国家都已将烟草税收用于支付医疗卫生服务和健康保险金。最后，中国也需要进行一场健康促进运动（包括一项媒体反吸烟的宣传和学校的健康教育项目），它们需要获得经费支持。小部分附加税可以用作健康促进和疾病预防活动的基金。

正如上面提到的，中国现在对卷烟征收产品税，这些税都直接由生产者支付；还有余地让消费者在零售时，以销售税或消费税形式来支付卷烟附加税。目前，中国的卷烟税在零售价格中所占比例不到 40%，这比世界上许多国家都低，这些国家烟草税都超过了零售价的 60%。

征税的多少将由很多因素决定，其中一个重要的因素是要达到减少卷烟消费的目的。美国的数据显示，提税以后卷烟消费量会有所减少，1/3 是由于现在吸烟者戒烟，2/3 是由于吸烟者个人卷烟消费量的减少。其他的因素包括：（1）消费者承受额外经济负担的能力；（2）政府财政收入需要达到的目标；（3）对卷烟产业潜在负面影响的大小；（4）走私。

在加州 99 号法案实施前，加利福尼亚立法机关计划到 2000 年将该州的烟草消费减少 75%。加拿大在认识到较高的税率会引起加拿大和美国之间较多的走私后降低了该国的烟草税率。在埃及，为了有足够的收入给学校的孩子提供医疗保险，税额从 5 比索/包提高到 10 比索/包。因此，中国的卫生部、财政部和其他利益群体需要共同商讨来制定一项中国的提税议程。

　　各方都很关注烟税的提高。两个立即就会发生影响的是：为了逃避额外的税赋，走私会增加；从消费卷烟转移到卷烟替代品的（如烟斗和雪茄）。这两个影响都会削弱卷烟附加税的作用。很多国家（如加拿大）已经历了跨国界走私的问题。中国的走私已成为一个大问题，特别是在中国香港地区和中国大陆之间的走私活动。现在中国尚未完全有效地控制卷烟走私。如果不仅对卷烟征收附加税，而且对其他烟草制品也征收附加税，那么替代效应将会最小化。

　　提高烟税的一项长期的负面影响是会减少烟农和烟草业从业者的经济福利，即他们会面临收入减少或失业的问题。在这种情况下，政府应该制定一项长期的、循序渐进的计划，来将烟草种植转为种植其他农作物，提供贷款（贷款来源于卷烟税）将烟厂转变为非烟草生产工厂。对于一些特殊地理区域来说，必然会有一些不成比例的损失。美国也有类似的争论（Price Watehouse，1992；Warner，K.，Fulton，G.，1994；Chase Econometrics，1985）。巴西鼓励烟农转向种植其他现金农作物。在这个领域应该考虑更多的改革政策。世界银行也许能率先发起，不仅限制烟草生产的贷款，而且为烟草生产转为其他农作物生产提供贷款（Barnum，H.，1993）。

五、结论

　　由于吸烟对公共卫生和医疗保健成本的影响，世界上很多国家已主动开展了控烟运动。中国相对较高的吸烟率，提供了很大的税基，这也许是独一无二的。因此，提高烟税会对政府财政收入的增加和卷烟消费的减少产生重大影响。把从烟草生产者和消费者那里征得的税收加在一起，国家的总财政收入是会增加而非减少的。

　　由于目前国家和地方的征税结构，使得医疗卫生部门面临着有限的经费来源问题。因此，通过提高烟税来获得额外的收入，这对中国医疗卫生改革、健康促进活动和疾病预防来说，无疑是获得经费来源的一个黄金机会。

　　鉴于烟税的国际经验和中国目前卷烟消费状况，我们提出了以下建议：

（1）中国的烟税政策应该与减少烟草的使用联系起来。政府的政策制定者应该考虑将烟税作为达到健康促进和减少疾病的一项干预措施。

（2）研究显示，烟税是减少卷烟消费的一项有效措施。将一部分卷烟税收用于反吸烟活动将会加快控烟的步伐。

中国是一个人口大国，同时在烟叶生产和卷烟制造上也具有较大的地域差异，提高烟税将成为一个重要的政治和经济议题。建议中央政府选择某一地区进行小规模试验，以检验卷烟附加税对卷烟消费、政府财政收入、健康促进和医疗卫生经费的可能来源、中国卷烟制造业和烟草农业部门的潜在影响，取得经验；这与社会医疗保险先在一些地方试验是同一个道理。

参考文献：

1. 中国统计局：《中国统计年鉴（1993）》，中国统计出版社 1993 年版。

2. Chinese Smokers Pass the 300 Million Mark. *Tobacco Int*, 1993；7：pp. 3 – 5.

3. Barnum, H., The Economic Burden of the Global Trade in Tobacco. *Tobacco Control*, 1994；3：pp. 358 – 361.

4. Novotny, T., Peto, R., Estimate of Future Adverse Health Effects of Smoking in China. *Public Health Rep*, 1988；103：pp. 552 – 553.

5. Jin, S. G., Lu, B. Y., Yan, D. Y., Fu, Z. Y., Jiang, Y., Li, W., An Evaluation of Smoking Induced Health Costs in China（1988 – 1989）. *Biomed Environ Sci* 1995；8：pp. 342 – 349.

6. Warner, K., Tobacco Taxation as a Health Policy in the Third World. *Am J Public Health* 1990；80：pp. 529 – 530.

7. Zimring, F., Nelson, W., Cigarette Taxes as Cigarette Policy. *Tobacco Control*, 1995；4 Suppl 1：pp. 525 – 533.

8. Pekurinen, M., Valtonen, H., Price, Policy and Consumption on Tobacco：The Finnish experience. *Soc Sci Med* 1987；25：pp. 875 – 881.

9. Galbally, R., Using the Money Generated by Increased Tobacco Taxation. In：Slama K, et al. Tobacco and Health. *Proceedings of the ninth world conference on tobacco and health*, New York：Plenum Press, 1995：pp. 139 – 142.

10. Reich, M., *School Children's Health Insurance in Egypt Harvard School of Public Health Teaching case.* Cambridge, Massachusetts：Harvard Universuty, 1994.

11. Bal, D. G., Kizer, K. W., Feiten, P. G., Mozar, H. N., Niemeyer, D., Reducing Tobacco Consumption in California. Development of a Statewide Anti-tobacco Use Campaign. *JAMA*, 1990；264：pp. 1570 – 1574.

12. Harty, K. C. , Animals and Butts: Minnesota's Media Campaign Against Tobacco. *Tobacco Control* 1993; 2 , pp. 271 – 274.

13. Hu, T. W. , Keeler, T. , Sung, H. , Barnett, P. , The Impact of California Anti-smoking Legislation on Cigarette Sale, Consumption, and Prices. *Tobacco Control* 1995; 4 Suppl 1 , pp. S34 – S38.

14. Sung, H. , Hu, T. , Keeler, T. , Cigarette Taxation and Demand: an Empirical

21. Chapman, S. , Richardson, J. , Tobacco Excise and Declining Consumption; The Case of Papua New Guinea. *Am J Public Health* 1990; 80 ; pp. 537 – 540.

22. World Bank , China , *Health Finance Study: Health-care Financing Reform* , 1996 – 2001. (Preliminary draft) Washington, DC; Sep 1995.

23. Price Waterhouse , *The Economic Impact of the Tobacco Industry in the U. S Economy.* New York; Price Waterhouse, 1992.

24. Warner, K. , Fulton, G. , The Economic Implementation of Tobacco Product Sales in a Nontobacco State. *JAMA* 1994; 271, pp. 771 – 776.

25. Chase Econometrics , *The Impact of the Tobacco Industry in the United States Economy in 1983.* Bala Cynwyd , Pennsylvania Chase Econometrics , 1985.

第十四章 处在十字路口的中国：选择
烟草经济还是选择健康

胡德伟 毛正中 Michael Ong Elisa Tong 陶明 蒋和胜
Hammond，K. Kirk R Smith Joy de Beyer Ayda Yurekli

中国的卷烟消费和生产居世界之首。估计约有 400 多万户中国家庭以烟草谋生（或者是作为烟农、烟草行业员工，或者是作为卷烟零售商）（刘铁南，2004）。中国每年生产的卷烟超过 17 万亿支，2003 年的利税几乎达 20 亿美元，占中央政府总收入的 7.4%。

中国的吸烟者超过 3.5 亿人，被动吸烟者约有 4.6 亿人（Yang，G.，2002；Zhu，J.，1996）。吸烟对健康造成的负面影响已导致约 100 万人早逝（Liu，B. Q.，Peto，R.，Chen，A. M.，et al.，1998）。如果这种吸烟模式继续发展下去的话，到 2020 年，每年由于吸烟导致的早逝人数将会超过 200 万（Peto，R.，Lopez，A. D.，2001）。因此，中国政府在烟草行业的经济利益和人民健康的关注之间存在着政策争论。

在本章中，我们将首先回顾一下中国烟草的种植情况，接着分析中国的烟草行业情况。我们将分析烟税给中国政府带来的潜在影响，探讨与中国控烟相关的机会和挑战。这些发现将为决策者在考虑将烟税作为控烟措施时提供一个经济评估。

一、方法和数据来源

我们开展了两项调查：2002 年对四川省和贵州市的 1 003 户农户进行了访谈，2004 年对云南省的 586 户农户进行了访谈。调查收集了每种农作物的生产成本和收入，以便比较每种农作物之间的经济利润。由于多数农民没有账目记录，为了帮助农民回忆每种农作物的成本和收入，该调查设计了一种资源会计框架，该框架向农民详细地询问每项费用（种子、肥料、使用土地、工作日等）的类型、数量和单位成本。

成本包括租金、雇佣劳动力（全职或兼职）、烟叶加工成本和销售的运输成本。还详细询问了农户售给市场（或政府）的每种农作物的数量、类型和平均单位价格。根据这些收集的访谈数据，运用成本账目和收入来分析每种农作物（包括粮食作物、蔬菜、油料、豆类、水果和烟叶）的收益率。

使用中国烟草总公司和发改委公布的全国集合数据来描述和分析中国烟草行业的结构、利润、卷烟税收以及中国加入世界贸易组织对国内市场上外国卷烟所产生的影响。

要了解税收对卷烟消费和政府收入以及烟叶生产带来的影响，需要先分析卷烟价格和消费之间的关系。这种关系通过价格弹性（消费变化的百分比与价格变化百分比之间的比率）来反映。

可通过对需求函数的估计来获得价格弹性。基本的需求函数通常包括商品（卷烟）的价格、个人可支配收入和反映消费者口味和偏好的时间趋势。

为了分析卷烟附加税的影响，我们使用 2000 年对全国 16 000 位成年人吸烟情况调查所得的数据，建立线性回归模型，以此来估计数量和价格之间的相关性。

另外，我们于 2002 年访谈了中国西南地区 36 个镇/区的 3 400 户家庭。使用这些数据来分析低、高收入家庭之间吸烟行为和吸烟花费的差异，以及吸烟对中国低收入家庭生活水平的影响（Hu，T. W.，Mao，Z.，Liu，Y. et al.，2002）。使用交互表和回归分析来检验吸烟者家庭和非吸烟者家庭之间的差别，包括食品、居住、衣服和教育方面。

二、分析和讨论

（一）烟草种植：成本与利润

中国是世界上最大的烟叶生产国。2000 年，中国的烟叶产量达 266 万吨，约占世界总产量的 1/3。为了控制烟叶的供应，由国家烟草专卖局（STMA）来决定烟叶的生产配额，而中国农业部没有烟叶生产、定价和营销的权限。

虽然中国政府很清楚吸烟对健康的负面影响，也愿意考虑实施一些控烟措施（如禁止卷烟广告、青少年吸烟和公共场所吸烟），但政府至今仍未使用烟税来控制吸烟，这是因为政府担心增加烟税将减少烟农的谋生手段并且威胁到卷烟行业的经济基础。政府最近的一本出版物指出了中国烟草经济的重要性和吸烟对健康的负面影响（刘铁南，2004），然而，却没有对中国的烟草种植和卷烟工业的经济前景进行经济学分析。

中国烟草总公司（CNTC）（一个受国家烟草专卖局管理的垄断组织）控制着中国所有的烟叶生产和卷烟营销。因此，任何有关中国控烟的讨论都需要很好地了解烟叶生产对中国总体农业经济、政府收入的影响，也需要很好地了解政府在烟叶生产中的作用。

除了云南省、贵州省和四川省外，烟叶对中国其他地区的经济贡献率基本上都约为1%~2%。2003年，仅云南省对烟叶生产所征税收就占总税收的62%。烟叶对中国总农业经济的贡献率小于1%，然而，烟叶却是许多地方政府税收的重要来源之一。2005年，中国取消了除烟叶之外所有农产品的税赋，继续对烟叶征税并不意味政府有意控制烟叶的生产，因为烟叶生产的配额是由政府决定的。更确切地说，税收是地方政府的重要收入，而烟叶又是使烟草业产生高利润和税收的主要原料。因此，中国政府在烟叶的生产中扮演了重要的角色。

虽然宣称烟叶的生产对农民很重要，但有关农民烟叶生产成本和收入的实证性研究却极少。我们进行了两项调查，将烟叶生产的经济效益与烟农种植的其他农作物进行对比（Hu，T. W.，Mao，Z.，Yurekli，A.，2002；Jiang，H.，Mao，Z.，Hu，T. W.，2004）。

表14-1对四川省和贵州省1 003户农户所种植的每种农作物总成本和收入进行了总结（按耕地面积大小）。结果显示，水果的收入最高，接下来是烟草。虽然烟草的收入位居第二，但其小、中、大耕地面积的收入却仅为水果收入的2/3、1/2和1/3。然而，比较每种农作物的收入成本比可以发现，粮食作物和烟草的经济效益低于油料、豆类和水果。这些比率意味着农民在种植水果上每花费1元钱将会获得平均3.7元（0.45美元）的收入，少数农民获益更多，每花费1元钱将获得4.7元（0.57美元）的收入。另外，农民每花费1元钱种植烟草，却仅有2.4~2.8元（0.29~0.34美元）的收入，这也低于其他农作物（如豆类和油料）的经济效益。农民没有种植水果的原因很明显，包括不同的土地禀赋、气候、营销、政府对烟叶收购的保证以及政府分配给农民的烟草配额。

表14-1　　　　　　　2002年四川和贵州地区主要农作物的
总成本和收入（按耕地面积大小）

	小 (<0.5公顷) (7.5亩) (n=302)	中 (0.5~1.0公顷) (7.5~15亩) (n=361)	大 (>1.0公顷) (>15亩) (n=340)	样本总计 (n=1 003)
总成本（元）				
粮食作物	372	628	926	652
烟草	900	1 244	1 963	1 413
豆类	43	28	95	44
油料	55	79	173	122
水果	666	2 196	4 510	2 937
总收入（元）				
粮食作物	913	1 455	2 436	1 624
烟草	2 128	3 216	5 509	3 741
豆类	131	165	277	189
油料	170	319	637	452
水果	3 146	7 487	16 859	10 763
收入—成本				
粮食作物	541	827	1 510	972
烟草	1 228	1 882	3 546	2 328
豆类	88	137	182	145
油料	115	240	464	330
水果	2 480	5 291	12 349	7 826
收入成本比				
粮食作物	2.5	2.3	2.6	2.5
烟草	2.4	2.6	2.8	2.6
豆类	3.0	5.9	2.9	4.3
油料	3.1	4.0	3.7	3.7
水果	4.7	3.4	3.7	3.7

注：1亩=1/15公顷。

2004 年在云南省的调查数据也同样显示，烟叶种植每亩（中国测量土地的标准单位，1 亩 =1/15 公顷）的收入成本比最低，为 0.99。收入成本比最高的是桑树和桑蚕，为 4.00；接着是水果，为 2.00；水稻和小麦为 1.99；油料为 1.70。

研究发现，烟草并不具有最佳经济效益的现象不只是中国独有。印度的一项研究得出了以下的收入成本比：红花为 4.01，芥末为 1.33，烤烟为 1.2（Chari，M. S.，Kameswara，Rao，B. V.，1992）。烟草种植是一项劳动密集型工作，需要烤烟的设备，这些将减少土地的净收益。因此，可供选择的其他农作物有时会比烟叶产生更大的经济效益。

如国家烟草专卖局所说的，烟叶生产相对低的经济效益可能是由于市场上的烟叶供大于求的缘故，这可以通过相对低的政府采购价反映（Chen，Y.，2002）。政府对烟叶没有价格补贴政策。事实上，在过去 10 年里，虽然总消费者价格指数有所增加，但中国总的农业产品生产价格指数却没有增加（国家统计局，2003）。如果与其他农作物相比，烟草并不能带来更好的经济利润，那么为什么农民还要继续种烟呢？原因之一是地方政府分配给农民烟叶种植的配额，通过从烟叶中征税来获得收入；第二个原因是国家烟草专卖局在与农民签订的协议中提供了技术支持和采购保证，因此农民不用考虑烟叶的储藏或营销问题，就可以通过该协议确保来自于烟草的收入；第三个原因是这些省的土壤和气候都很适合种烟；最后，可能有些农民不知道存在可供选择的其他农作物。

现在是中国政府鼓励获利较少的烟农种植其他农作物的关键时期。中国农业部应该通过与国家烟草专卖局合作，为那些希望从种烟转向种植其他农作物的农民提供技术援助和经济激励。本研究的调查结果显示，烟叶生产并不是农民摆脱贫困或致富的方法。

（二）卷烟行业：垄断与 WTO

中国烟草总公司（CNTC）是世界上最大的烟草公司，2002 年生产了 1.722 万亿支卷烟，利税额达 1 400 亿元（170 亿美元），约占政府财政收入的 7.4%（刘铁南，2004）。因为 CNTC 是政府所有的垄断公司，所以它对中央政府的贡献既包括利润也包括税收。如表 14-2 所示，虽然烟草的利税值随时间一直在增加，但占政府总收入的比例却从 1996 年的 11.2% 减少到 2003 年的 7.38%；2001 年所占比例达最低，为 7.02%。这是由于最近几年中国经济在汽车、石油、纺织和高科技产业方面快速发展的缘故。

表 14－2　　　　　　　　　　烟草利税对中国中央政府收入的贡献

年　份	利税值（10 亿元）	政府总收入（10 亿元）	利税占总收入百分比（％）
1996	83	74.08	11.2
1997	90	865.1	10.4
1998	95	987.6	9.62
1999	99	1 144.40	8.64
2000	105	1 339.50	7.84
2001	115	1 638.60	7.02
2002	140	1 893.60	7.41
2003	160	2 168.10	7.38

注：8.2 元 = 1 美元。
资料来源：刘铁南：《烟草经济与烟草控制》。

　　政府对烟草生产者主要征收两种税：一种是增值税，税率为 17％；另一种是消费税，为 45％ 或 30％（按调拨价）并加每包 0.06 元的从量税。从生产者的观点出发，向政府所支付的税为厂价的 67％，但如果将生产者的税赋与卷烟的零售价相比，则有效税率为 38％ 左右（Hu，T. W.，Mao，Z.，2002）。为促进地方品牌卷烟的销售，地方烟草公司有时会对外省的卷烟品牌设置贸易壁垒。利润最大的几个烟草公司位于云南省、上海市、湖南省和河南省，这些公司都在卷烟制造方面有投资。然而，由于地方政府出于就业和税收的缘故，所以没有利润的烟草公司仍然存在。

　　政府对烟草业工人及农民的就业考虑已成为实施烟草控制的障碍。国家烟草总公司有 100 多万名员工，约占总雇佣人口的 0.4％。其中约有 50 万人从事烟草制造业（包括烟农），约占制造业总雇佣人口的 0.51％。

　　中国在 2001 年加入 WTO。作为成员国，中国同意：（1）降低烟叶进口关税；（2）降低卷烟关税；（3）取消烤烟和卷烟的出口退税；（4）取消出口补贴。以此作为对出口卷烟的奖励。这些协议使得外国卷烟在中国市场上更具竞争力，削减了中国烟叶在世界市场上的竞争力。

　　加入 WTO 使得中国取消了对烟草进口的长期限制；在国家垄断下有众多的烟草公司，但大多数烟草公司尚无法直接与跨国烟草公司竞争。从

1995～2000 年，总卷烟进口和出口量占国内市场的 0.8%。2000 年早期，进口的外国卷烟约占中国市场的 3%。CNTC 预计外国卷烟产品量在 2010 年前能达到中国烟草市场的 8%～10%（陶明，2004）。

加入 WTO 后，中国降低了烟叶和卷烟进口的关税，这增强了外国烟草产品的竞争力。烟叶关税已逐渐从 1999 年的 64% 下降到 2003 年的 25%，在 2004 年又下降到 10%（陶明，2004）。卷烟产品的关税从 2001 年的 49% 下降到 2003 年的 25%，关税的降低使得外国烟叶与国内烟叶具有同样的竞争力，而中国烟农已面临烟叶过剩的问题。中国的卷烟进口量已增加了 37%，从 2002 年的 6 851 万包增加到 2003 年的 9 392 万包。在 2003 年前，外国品牌（如万宝路或 555）约 20 元/包（2.50 美元）。现在的市场价格为 12 元/包（1.50 美元），这与一些国内流行的卷烟品牌（如红塔山，约 10 元/包）相差不多。随着中国经济的发展和个人收入的增加，中国（特别是城市里的年轻成年男性和女性吸烟者）对外国卷烟的需求也在增加。为控制外国卷烟的零售，过去是由中国烟草总公司来签发针对外国卷烟产品设立的特别零售许可证。而从 2003 年起，随着 WTO 协议中对特别零售许可证的取消，中国任何具有卷烟零售许可证（由中国烟草总公司签发）的零售商都可以销售外国卷烟。

面对这些经济挑战，中国烟草总公司已试着减少国内卷烟的品牌数量和关闭一些效率低下、规模小的卷烟厂。卷烟的品牌数量从 2001 年的 1 049 个急剧下降到 2004 年 12 月的 423 个，地方烟草公司的数量也从 2001 年的 185 个减少到 2004 年 12 月的 57 个。然而由于地方政府以前可能存在着地方区域垄断，这使得国家烟草总公司迫使地方烟草公司之间互相竞争。中国烟草总公司希望通过重组与兼并来达到卷烟生产、定价和营销方面的经济效率。虽然中国加入了 WTO，但中央政府并未同意外国公司在中国建厂或是与地方烟草公司进行合资。

要想同外国品牌竞争，首先考虑的应是对国内卷烟产品的质量进行改进。在过去，中国卷烟的焦油含量较高，但从 2004 年 7 月开始，中国禁止销售焦油含量 >15 毫克的卷烟。为符合国际标准（11.2 毫克），制造商现在需要使用新技术来减少焦油含量。其他的"质量改进"还包括进口烟叶（如从津巴布韦进口高质量烟叶）、改变卷烟包装、纸张和印刷等。

随着中国经济的发展，烟草控制的实施将会由于烟草行业对就业或政府财政收入相对贡献的减少而获得帮助。工业制造部门（如纺织部门、电子部门和汽车产品部门）也发展迅速。中国烟草业的工业产值从 1981 年的 80 亿元（10 亿美元）增加到 1997 年的 1 300 亿元（158 亿美元），再增加到 2002 年的 1 690 亿元（206 亿美元）；然而，烟草总产值占全国工业总产值的比例却从 1980 年的 1.57% 下降到 1997 年的 1.14%，到 2002 年不足 1%。随着政府对烟草经济和烟草税收依赖的减少，连同对国内烟叶需求的减少，烟草部门在中国的重要性也有所减弱。

明白经济发展优先状况的变化和烟草行业目前在中国的情况将有助于实施新的控烟方案。由于地方烟草公司的数量有所减少，烟草附加税将对中国烟草行业产生较小的负面影响。而由于国内烟叶需求量的减少，中央政府可以取消烟叶税，取而代之的是征收卷烟产品附加税。中央政府和地方政府共享税收收入，以弥补政府地方损失的收入。同时，这项策略使得烟农可以自由种植自己期望的农作物，有助于解决由于外国高质量烟叶进口量的增加而造成国内烟叶过剩的问题。

（三）卷烟消费和征税

使用中国 20 世纪 90 年代的集合数据和农户的横断面数据来估计价格弹性，弹性值从短期的 -0.35 到长期的 -0.66。使用 1990~2002 年全国人均卷烟消费和卷烟价格的时间序列数据，估计价格弹性值为 -0.144（毛正中、胡德伟、杨功焕，2005）。使用 2000 年对 16 000 人的调查数据，得出价格弹性值为 -0.154（毛正中、胡德伟、杨功焕，2004）。这两项最近所得的价格弹性值都低于使用 20 世纪 90 年代数据所估计的弹性值。家庭消费的调查显示，每户平均每月花费 25~125 元于卷烟——占家庭总支出的 5%~7%。以价格弹性为 -0.15 来估计，若价格增加 10%，卷烟消费将减少 1.5%，这相当于人均减少 1.02 包或总共减少 10.17 亿包卷烟的消费。

据卷烟/烟叶生产技术比计算（Wang, S., Li, B., 2000），卷烟消费减少 10.17 亿包将使烟叶的使用减少 1.69 万吨。减少的 1.69 万吨烟叶，相比全国 266 万吨烟叶的总产量来说非常微不足道，特别是考虑到中国存在烟叶过剩的问题。

横断面数据可用于不同收入组别之间的比较。数据显示低收入组对价格反映较强。穷人组的价格弹性为 -0.59，低收入组为 -0.23，中高收入组为 -0.02，高收入组的价格弹性为正为 0.25。2005 年的研究显示，将税提高 10% 将使净税收增加 300 亿元（36 亿美元）。由于低收入组的价

金水高
中国疾病预防控制中心
中国，北京

Theodore Keeler
University of California
Berkeley, CA, USA

刘远立（YuanLi liu）
Harvard School of Public Health
Harvard University
Cambridge, MA, USA

Michael Ong
School of Medicine
University of California
Los Angeles, CA, USA

饶克勤
中国卫生部　卫生统计信息中心
中国，北京

Kirk R. Smith
School of Public Health
University of California
Berkeley, CA, USA

孙琦
北京大学
中国，北京

朱海燕（Hai-Yen Sung）
Institute for Health and Aging

University of California
San Francisco, CA, USA

陶明
复旦大学　管理学院
中国，上海

Elisa Tong
Department of Genera Internal Medicine
Unicersity of California
Davis, CA, USA

王丽平
中国疾病预防控制中心
中国，北京

Xiao-peng Xu
School of Public Health
University of California
Berkeley, CA, USA

杨功焕
中国疾病预防控制中心　控烟办公室
中国，北京

杨艳
中国疾病预防控制中心　控烟办公室
中国，北京

Ayda Yurekli
Tobacco Control Unit
World Bank
Washiongton, DC, USA